第一辑 深圳创新发展系列

深圳创新发展2020书系

深圳的国际科技产业
创新之路

乐正◎主编

海天出版社

·深圳·

图书在版编目（CIP）数据

深圳的国际科技产业创新之路 / 乐正主编. — 深圳:
海天出版社, 2019.7
（深圳创新发展2020书系. 深圳创新发展系列）
ISBN 978-7-5507-2633-8

Ⅰ.①深… Ⅱ.①乐… Ⅲ.①区域产业结构—研究—
深圳 Ⅳ.①F269.276.53

中国版本图书馆CIP数据核字（2019）第062067号

深圳的国际科技产业创新之路

SHENZHEN DE GUOJI KEJI CHANYE CHUANGXIN ZHI LU

出 品 人　聂雄前
责任编辑　梁　萍
责任校对　赖静怡
责任技编　梁立新
封面设计　龙瀚文化

出版发行　海天出版社
地　　址　深圳市彩田南路海天综合大厦（518033）
网　　址　www.htph.com.cn
订购电话　0755-83460239（邮购）　83460397（批发）
内文排版　深圳市龙瀚文化传播有限公司　0755-33133493
印　　刷　深圳市新联美术印刷有限公司
开　　本　787mm×1092mm　1/16
印　　张　17
字　　数　220千
版　　次　2019年7月第1版
印　　次　2019年7月第1次
定　　价　88.00元

目　录

第一章　一座因创新而生的城市

创新型经济是以知识和人才为依托，以创新为主要驱动力，以发展拥有自主知识产权的新技术和新产品为着力点，以创新产业为标志的经济。创新型经济具有以下特征：依据科技创新路线图建立起产学研合作创新的平台；依据人才是第一资源的思路建立集聚创新创业人才的制度；建设高效并有集成创新能力的创新型政府。经济发展的每个阶段都需要寻求经济发展的新动力，创新型经济概念提出的意义在于：首先，创新成为经济发展的一种类型，指以科技创新作为经济运行、发展导向和着力点的经济；其次，创新型经济成为当前经济发展的一个阶段性特征，同时成为新的发展机遇，这意味着创新型经济是当前经济发展的新动力；再次，创新型经济成为当前经济转型升级的一个重要方向。

深圳作为我国改革开放的前沿阵地，充分利用全球产业大转移的宝贵机遇，在发展创新型经济方面抢得先机，特别在高新技术产业方面取得显著成果。在短短30多年时间里，深圳已经建立起包括四大支柱产业和新兴产业在内的创新型经济，并成为经济发展的主要动力和引擎。同时，深圳在创新型经济蓬勃发展的基础上，正在国家创新型城市、国家自主创新示范区建设上阔步前进，并加快建设现代化国际化创新型城市和深圳科技、产业创新中心。

第一节　创新型经济在全球兴起

20世纪70年代后期,世界政治经济局势发生重大变化,经济全球化和区域一体化成为时代的潮流。两次石油危机和世界经济危机的爆发,严重打击了西方国家的重工业,迫使这些国家大力推进技术创新,发展高附加值、低耗能的技术密集和知识密集型产业,并将劳动密集型和部分资本密集型产业进一步向外转移。随着一系列重大科学发现和技术突破,以信息技术产业、互联网、新能源等产业为重点的、体现创新为主要驱动力的创新型经济迅速成长,世界各国不断加大政府投入力度,改善创新发展的政策环境、经济环境和国际环境,加速推动创新型经济的发展,创新型经济成为各国经济发展的动力和战略制高点。

创新型经济作为最先进生产力的代表,是科技与经济结合的直接体现。以创新型经济中的高新技术产业来说,20世纪80年代以来,世界高新技术产业迅速发展,高技术产业化进程加快,并成为世界经济发展的主导趋势。首先,信息技术、生物技术、新材料技术等高新技术直接催生了信息产业等一批新兴产业。作为高新技术产业代表的信息产业迅速崛起,成为世界第一支柱产业和带动世界经济增长的原动力。其次,信息、生物、能源、纳米等技术与传统产业有机结合,以强大的渗透性、带动力和成长性,推动着传统产业升级换代,并促使各种生产要素紧密结合,大幅度提高劳动生产率。与此同时,科技成果产业化速度空前加快,生产发展的技术平台不断提升,新兴产业不断涌现。据有关资料统计,美国20世纪90年代经济持续高速增长,其中35%来自高新技术产业的发展,而65%源于传统产业的技术升级和生产率的提高。以创新型经济中的创意产业为例，在后危机时代，以知识为核心的创新竞争力日益显现，以文化、设计、智慧、思想为主要要素的创意产业迅速崛起，并以极快的速度扩展、渗透到其他产业，成为引领许多国家和地区产业创新和结构调整的重要力量。据联合国统计，创意产业已占全球GDP的7%，并以每年10%的速度在增长，大大高于全球GDP的增长速度。

创新型经济的发展不仅加速了发达国家产业结构的知识化、高度化发展，也使国际产业转移呈现出高度化趋势。特别是进入21世纪以后，跨国公司投资策略调整主要以经济效益为目的，从扩张型投资逐步转向效益型投资，由投资劳动密集型产业为主转向技术层次高、知识含量高、产业化程度高、资本密集度高的创新型经济，这也日益成为国际产业转移的重点领域。据2008年《中国高技术产业发展年鉴》数据显示，资本技术密集型产业转移占国际产业转移和国际投资总额的比重超过50%。

当前，全球新一轮科技革命和产业变革蓄势待发，以信息网络、人工智能、生物技术、清洁能源、新材料、先进制造等领域为代表的创新型经济呈现跃进态势，催生新经济、新产业、新业态、新模式，对人类生产方式、生活方式乃至思维方式将产生前所未有的深刻影响。创新以及创新型经济成为各国实现经济再平衡、打造国家竞争新优势的核心，正在深刻影响和改变国家力量对比，重塑世界经济结构和国际竞争格局。2016年9月，习近平总书记在杭州举办的二十国集团工商峰会开幕式上发表主旨演讲就强调，建设创新型世界经济，开辟增长源泉，并指出创新是从根本上打开增长之锁的钥匙，以互联网为核心的新一轮科技和产业革命蓄势待发，人工智能、虚拟现实等新技术日新月异，虚拟经济与实体经济的结合，将给人们的生产方式和生活方式带来革命性变化。

第二节　中国创新型经济在开放中借势成长

　　20世纪70年代末80年代初，全国的工作重心逐步转移到经济建设上来。改革开放的总设计师邓小平同志审时度势，从世界格局和振兴中华民族的战略高度出发，以非凡的智慧和远见提出了改革开放的重大战略。与此同时，亚洲新兴工业化国家和地区的劳动力成本迅速上升，廉价劳动力的优势迅速丧失。因此，亚洲"四小龙"再次借助国际产业转移的机遇，承接发达国家转移的资本密集型产业，已经失去比较优势的劳动密集型产业向中国等国家转移。

　　40年前，中国的工业以及高新技术产业的发展得益于此次产业转移，但限于技术发展的初级阶段，尚处于产业链的低端位置。20世纪80年代起，美国个人计算机和互联网行业的发展，开启了一个新的时代，由美日欧跨国公司主导全球配置的产业链条，发展中国家凭借劳动力优势占据加工组装环节，然后通过资本积累和技术进步逐步向中间产品、关键零部件产品的生产以及销售等上下游提升竞争力。亚洲"四小龙"正是在此基础上完成计算机产业的升级换代，并将大量组装环节向中国沿海转移。在经济全球化背景下，中国的产业升级开始由劳动密集型向资本、技术密集型产业提升，并向销售、研发等产业链高端环节延伸。

　　进入新世纪以来，随着互联网、电子商务、智能手机、新材料、新一代信息技术、人工智能等新技术的发展，科学进步和经济发展深度融合，中国的创新型经济取得长足的发展和进步。特别是"十二五"以来，党中央、国务院高度重视科技创新，做出深入实施创新驱动发展战略的重大决策部署，创新型经济的各项指标取得可喜的成绩。科学技术部科技统计数据显示，2015年中国的R&D经费总量为14169.9亿元，"十二五"期间年均增长11.5%，在全球R&D经费大国中增长速度最快。R&D经费总量排名居世界第二位，占全球R&D经费比重16.4%，分别高出第三位的日本和第四位的德国6个、9.4个百分点。R&D经费投入强度达到2.07%，比上年提升0.05个百分点，比2010年提升0.36个百分点，已经达到中等发达国家投入强度水平。企业的R&D经费占全社会的比重达到76.8%，比2010年提升3.1个百分点，有R&D活动规模以上的工业企业达到73570家，比2009年翻一番，企业的R&D经费投入主体地位更加突出。发明专利申请量和授权量分别达到110.19万件、35.93万件，比2010年增长1.8倍、1.7倍，每万人口发明专利拥有量6.3件，比"十二五"规划提高3件。PCT国际申请量达到3.05万件，比2010年增长1.5倍，居世界第三位，比2010年提高1个位次。战略性新兴产业增加值占国内生产总值比重达到8%左右，产业创新能力和盈利能力明显提升。高新技术产业企业数29631家，比2010年增长5.1%，主营业务收入14万亿元，比2010年增长87.9%，经营利润8986.3亿元，比2010年增长84.1%。高新技术产品进出口额12046亿美元，比2010年增长33.1%，其中出口额6553亿美元，比2010年增长33.1%。技术市场成交额达到9836亿元，比2010年增长1.5倍。146家国家高新区园区生产总值达到80657.6亿元，占国内生产总值比重达到11.9%。国际科技论文数稳居世界第二位，被引用数升至第四位。科技进步贡献率达到55.3%，比2010年提高4.4个百分点，经济增长的科技含量不断提升。国家综合创新能力世界排名第18位。高速铁路、水电装备、特高压输变电、杂交水稻、第四代移动通信（4G）、对地观测卫星、北斗导航、电动汽车等重大装备和战略产品取得重大突破，部分产品和技术开始走向世界。科技创新国际化水平大幅提升，国际科技合作深入开展，国际顶尖科技人才、研发机构等高端创新资源加速集聚，科技外交在国家总体外交中的作用日益凸显。全社会创新创业生态不断优化，国家自主创新示范区和高新技术产业开发区成为创新创业的重要载体，科技与金融结合更加紧密，公民科学素质稳步提升，全社会创新意识和创新活力显著增强。

第三节 深圳创新型经济发展的奇迹

深圳经济特区在建立之初，是一个创新资源十分贫乏的城市。科技方面，大学、科研院所、重点实验室、大型仪器设备制造等基本是空白。1979年，深圳全市只有一家年产值70万元的无线电厂。"一个农机站，两名工程师"，这就是深圳科技的全部家底。金融方面，深圳1979年仅有中国银行深圳办事处，农业银行、建设银行深圳支行等少数网点，而证券、保险则一片空白。物流业方面，只有星星点点的小渔船码头、坑坑洼洼的乡村公路、简易冷清的罗湖火车站。文化方面，因地缘关系，深圳较早受到香港、台湾文化的影响，歌舞、娱乐成为当时深圳典型的流行文化，但文化产业基本为零。

在全球化的浪潮中，深圳敏锐抓住国际产业转移的历史机遇，充分把握了中国改革开放从传统的计划经济体制向社会主义市场经济转轨的有利时机，利用特区政策大胆先行先试，在全国率先通过体制和机制创新，充分发挥市场配置资源的作用，同时注重产业政策的导向作用，努力克服人才、大学、科研机构缺乏等不利因素，营造了一个适于创新型经济和人才聚集、快速成长的"栖息地"和创业氛围。最为重要的是，一大批极富创新和冒险精神的企业家和具有个人奋斗精神的"新深圳人"，使深圳的创新型经济经历了"经

济体制改革""外向型经济""高科技""自主创新"等几个阶段，从
无到有壮大发展了高新技术产业、现代物流业、金融业、文化产业
四大支柱产业，生物、互联网、新材料、新能源、新一代信息技术、
文化创意、节能环保七大战略性新兴产业，海洋、生命健康、航空航
天、机器人及可穿戴设备智能制造业四大未来产业，深圳也从南海
之滨的一个小渔村发展成一座现代化国际化创新型城市和国际科
技、产业创新中心。回顾深圳市创新型经济的发展历程，大致可以
分为以下四个阶段：

一、深圳创新型经济的萌芽和起步阶段（1979—1992）

1978年12月，具有重大历史意义的十一届三中全会召开，开
启了改革开放历史新时期。1979年1月，撤销宝安县，设置深圳市。
1979年7月，中央批转广东省委、福建省委关于对外经济活动和灵活
措施的两个报告，决定在深圳、珠海、汕头和厦门试办特区。1980
年8月，全国人大常委会第十五次会议通过《广东省经济特区条
例》，这标志着深圳等经济特区的正式建立。

建特区之初，深圳依靠特区政策优势和区位优势，面向国内外
引进资金、技术和人才。中国改革开放之初，以信息技术为主要推
动力的知识经济在全球呈现加速发展之势，各跨国公司也加快了其
全球产业布局的步伐。深圳作为我国最早的经济特区和开放地区之
一，其创新型经济从起步就注定要融入全球经济一体化当中。深圳
的创新型经济就是在这样的背景下开始起步。在改革开放政策指引
下，深圳抓住国际性产业转移的机遇，以产业政策为导向着力推进
高新技术产业的发展，特别是利用特区先行先试的"试验田"地位，
大胆进行体制与机制上的创新，营造了一个适于创新创业的环境，

充分发挥市场配置资源的作用,各种国际国内要素资源的快速聚合,加速了以高新技术产业为代表的创新型经济的萌芽和起步。

从1979年深圳建市到1992年邓小平南方谈话,这一阶段为深圳创新型经济的萌芽和起步阶段,主要特征是进行经济体制改革、基础设施建设和发展外向型经济。特别是从1986年开始,深圳经济特区进入一个在计划经济体制之外发展外向型经济和全面市场取向经济改革的新阶段。

(一)进行经济体制改革

从建立特区之初,深圳就以市场为取向,以基本建设管理体制和价格体制改革为突破口,率先在全国对工资制度、基建体制、劳动用工制度、价格体制、企业体制、劳动保险制度、干部人事制度以及政府机构等方面进行改革,这就冲破了传统计划经济体制的束缚,为特区对外开放和建设的发展扫除了一定障碍,并对全国城市经济体制改革产生了示范效应。1984年,邓小平说,"深圳的发展和经验证明,我们建立经济特区的政策是正确的"。从1986年开始,深圳就全面推进市场取向的经济体制改革,主要举措是:率先进行国有企业股份制改革,创新国有资产管理体制,实现企业承包制、股份制,推行产权转让和破产等;改革金融体制,建立多层次、开放型的金融市场,引进一批外资银行,创办招商、深发展等区域性股份制银行,成立全国第一家外汇调节中心,建立有色金属期货市场,公开发行股票,建立证券交易所;突破国有土地传统管理体制,首次进行土地公开拍卖;改革住房制度,逐步实现住房商品化;机构调整和公务员制度试点改革;深化劳动、工资制度改革,实行劳动合同制,建立社会保障制度。通过这些改革,旧体制的框架基本被打破,初步形成了以市场调节为主、计划调节为辅的经济体制和运行机制。1988年,国务院批准深圳市在国家计划中实行单列,并赋予其相当于省一级的经济管理权限。1992年,全国人大常委会授予深圳市人民代表大会及其常委会和市政府制定地方法律和法规的权力。

(二)进行基础设施建设

开始城市基础硬件建设和软件建设,如蛇口港区、赤湾港区、盐田港区、新港码头、东角头码头、上步码头等动土兴建,黄田机场开工建设及航线的开通,包括广深铁路、公路、高速公路等在内的陆路建设的开工。此外,还有蛇口油库、市话工程、华侨城等一批基础设施的建设,都为深圳对外开放、经济发展提供了良好的条件,同时为深圳发展现代物流业打下良好的基础。

(三)发展外向型经济

在对外开放方面,利用外资和技术兴建了赤湾港、蛇口港、盐田港、东角头码头、蛇口油库、市话工程、华侨城、广深高速等一批基础设施;扩大招商引资力度,利用境外资本和技术积极发展"三来一补"企业和"三资"企业;积极开展同内地实行跨地区、跨行业、多层次、多形式的横向联合,建立了一大批内联企业;与中国科学院合作,创建科技工业园,开始发展高新技术产业;创建沙头角、福田两个保税工业区,促进外向经济发展;组建一批外贸骨干企业,积极发展转口贸易和远洋贸易;开放妈湾码头、皇岗口岸和沙头角口岸,深圳机场通航。通过这一系列开放措施,迅速形成了以工业为主、工贸结合的外向型经济。1987年,深圳出口贸易大于进口贸易,扭转逆差局面。1988年,深圳出口总额居全国大中城市第二位。1992年开始,深圳进出口贸易总额一直居全国大中城市第一位。

此外,还提出"时间就是金钱,效率就是生命"和"深圳速度"

这些具有全国重大影响的理念。深圳市蛇口工业区是国内第一个采用大量贷款建设的工业园区，因提出"时间就是金钱，效率就是生命"而在国内产生深刻影响。全国当时最高的楼宇深圳市国际贸易中心大厦开建，大厦共53层，施工中在国内第一次采用大面积的滑模工艺，从第30层开始，平均每三天建一层，速度之快达到了世界一流水平，并被冠以"深圳速度"。

这一时期，深圳经济开始起飞，以年均37.4%的速度增长，1979年深圳生产总值不到2亿元，1983年突破10亿元，1987年突破50亿元，1989年突破100亿元，1991年突破200亿元，1992年突破300亿元，达到317.32亿元。1988年4月，据电子工业部发布的数字，深圳电子产品出口产值7.79亿元，占全国电子产品出口总额的21.48%，名列全国各城市之首。1992年，深圳成为全国首个出口超百亿美元的城市，当年出口额120亿美元。

二、深圳创新型经济快速发展阶段（1993—1997）

20世纪80年代末90年代初，世界经济进入新一轮发展周期。以全球新技术革命浪潮为契机，欧美等国家着手进行大规模的产业结构调整，以保持其在世界经济中的领先地位。大量劳动密集型产业和很多一般技术密集型产业，比如电子、精细化工、纺织、塑料产业等均开始向东亚新兴工业化经济体和其他发展中国家转移。"广场协议"签署后，在日元大幅升值的影响下，日本继续实行一系列经济结构调整政策，大量增加对外投资，并向海外转移部分较为先进的产业和劳动密集型产业。与此同时，亚洲"四小龙"营商成本大幅升值，迫使他们进行产业结构调整，香港向内地投资的趋势也逐渐增强。

一方面，世界经济结构的调整，提供了许多引进外资、吸收先进技术的良好机遇，为中国融入国际产业分工创造了有利的条件；另一方面，随着世界经济重点向东亚地区转移以及东亚地区由传统的垂直分工向水平分工转化，直接为中国吸引亚洲"四小龙"的投资和拓展国际市场提供了良好的机遇。而此时的深圳经济特区已形成了较好的投资环境，经过10多年的发展也奠定了一定的经济基础，初步形成了一个较为合理的产业结构体系。特别是具有以内地为依托、充分利用国内先进的科技力量和特区信息便利的优势，具备率先承接西方发达国家和东亚新兴工业化经济体内有较高科技含量的产业转移的条件。

进入90年代，深圳密切注视全球经济格局的变化，追踪产业结构调整的潮流，把调整优化产业结构特别是发展高新技术产业作为经济发展的新突破口。并根据市场经济中高新技术产业发展的规律和特点，敏锐提出"将特区建成高新技术产业开发生产基地"的思路，把发展高新技术产业作为深圳的第一经济增长点。在这个转型过程中，深圳市委市政府充分发挥了主导作用，明确了高新技术产业在全市经济发展中的战略地位。正是由于政策上对发展高新技术产业战略地位的认识不断深化，才能够在实际工作中确保对高新技术产业的支持，这也是深圳高新技术产业持续快速发展的关键因素。

从1992年邓小平南方谈话到1997年，为深圳创新型经济的快速发展阶段，突出表现就是高新技术产业快速发展，成长为支柱产业，提出建设区域性金融中心，对外经济合作进入更高水平。以邓小平南方谈话和党的十四大为标志，我国改革开放和现代化建设进入了一个新的发展阶段，深圳经济特区也进入一个新的发展阶段，由过去主要依赖中央赋予经济特区的优惠政策，转变为主要依靠提高自身素质，增创新优势。

（一）高新技术产业快速发展成长为支柱产业

这一阶段为深圳高新技术产业的成长壮大阶段，深圳高新技术产业进入第一个发展高潮。高新技术产业产值以年均增速超过60%的速度增长，成为经济新的增长点。1997年，深圳高新技术产业产值为474.51亿元，占工业总产值的34.9%，是1991年的20.8倍。到1997年，深圳已初步形成计算机及其软件、通信、微电子及基础元器件、新材料、生物工程、机电一体化、激光七大领域的高新技术产业群。其中，计算机和通信产业的产值占高新技术产值的比重超过75%。出现了一批高新技术骨干企业，一些高新技术产品在国内外市场已占有一席之地。

（二）提出建设区域性金融中心

随着深圳的建设、发展，一大批金融资本、金融人才等资源加速集聚，深圳金融业的发展由小到大、由弱到强。深圳坚持创新金融产品和服务的同时，坚持金融监管创新及接轨国际，如深圳在全国率先借鉴巴塞尔协议实行风险资产管理，1989年在农业银行深圳分行率先试行，1993年颁布深圳市银行业资产风险管理规定，1994年在全市推广。特别是为了加强信贷市场的监管，既能充分发挥银行业务交叉的优势又能克服和消除其劣势，深圳创新性提出贷款证制度，贷款证制度后来演化为全国的贷款卡制度。1990年年底，深圳证券登记公司和深圳证券交易所先后运行，启动了我国资本市场试验探索。早在1988年，深圳就提出建设区域金融中心的可能性；1992年，提出建设区域性金融中心的目标；1996年，将区域性金融中心正式写入五年规划；2011年，深圳"十二五"规划提出建设全国金融中心。

（三）对外经济合作进入更高水平

这一时期,在对外开放方面,注重引进外资的质量和产品技术含量,优先引进高新技术和知识密集型企业;建立外商投资服务中心和外商投诉中心,率先对外商和外籍人实行国民待遇;按国际惯例深化推进口岸体制重大改革,进一步简化查验手续;扩大对外贸易,实施走出去战略,拓展国际市场,提高对外贸易的质量和水平,促进对外贸易持续增长;积极推进深港投资与贸易合作、基础设施和口岸合作、金融服务业合作、旅游合作等。

同时,这一时期在体制改革方面继续探索,主要进行体制创新和建立框架。深圳提出在全国率先建立社会主义市场经济体制的目标,围绕这个目标,在建立现代企业制度、完善市场体系、转变政府职能、完善社会保障制度、建立适应市场经济的法规体系等方面继续进行大胆探索,从而初步形成了社会主义市场经济体制的基本框架。

这一时期,深圳经济继续保持快速发展,年均增速高达31.1%。生产总值1993年突破400亿元,1994年突破600亿元,1995年突破800亿元,1996年突破1000亿元,1997年突破1200亿元,达到1297.42亿元。1997年,深圳金融业增加值达到156.25亿元,占生产总值比重12.0%,比1991年提高近1个百分点。

三、深圳创新型经济重点发展阶段（1998—2008）

从1997年亚洲金融危机到2008年世界金融危机爆发,这个时期是深圳创新型经济重点发展的阶段,重点确立了高科技、金融、物流、文化四大支柱产业,并且各产业均得到不同程度的发展,其中高新技术产业实现了跨越式的发展,金融业稳居全国第三,以供应链、物流金融服务、电子商务等为代表的现代物流业开始出现，文化产业也异军突起并快速发展。

（一）高新技术产业实现跨越式发展

这一时期，深圳的科教兴市活动在高起点上不断向前推进，加大对高新技术产业的引导和扶持，使其继续保持强劲的增长势头。1999年5月，首届中国高新技术成果交易会在深圳隆重举行，证明深圳市发展高新技术产业的战略决策已经获得国家的认可，高交会的成功举办为深圳市高新技术产业的发展注入强大动力。从2000年开始，国际IT业相对疲软，对高新技术企业的认定标准也不断提高，深圳高新技术产业仍然在变化莫测的内外环境中破荆前行。2000年，深圳高新技术产业产值突破1000亿元，到2008年，产值达到8710亿元，实现了"八级跳"，说明深圳高新技术产业已经具备一年完成增长产值过千亿元的实力。与此同时，拥有自主知识产权的高新技术产品产值占高新技术产品总产值的比例逐步增加，自2000年突破50%后，2008年达到59.1%，这标志着深圳的高新技术产业发展已经完成了从加工装配向自主发展的转变。深圳高新技术产业发展迈上新台阶，深圳开始阔步迈向国家创新型城市。经过前两个阶段的发展铺垫，深圳不但基本构建起以市场为导向、以企业为主体、以政府为主导的区域科技创新体系，而且正致力于建设国家创新型城市，担当起为建设创新型国家探路的神圣使命。特别是深圳高新技术产业发展迅猛，高新技术产品产值连续多年位居全国各大中心城市前列。

（二）金融业稳居全国第三城

金融业步入新一轮加速发展轨道。2008年,深圳金融业总资产达到2.5万亿元;金融机构本外币存款余额1.43万亿元,贷款余额1.12万亿元;实现增加值969.36亿元,占生产总值比重达到12.4%,比1997年提高0.4个百分点;实现税前利润759亿元,增长超过2倍;32家中小企业成功在境内外上市,在深交所中小企业板挂牌的上市公司已达22家,占全国的10%。成功发行全国首只中小企业集合债券,民营中小企业融资环境进一步优化。平安保险成为我市首家跻身世界500强的本土企业,在我国世界500强非国有企业中排在首位。

（三）物流新业态蓬勃发展

2000年5月,深圳市第三次党代会将现代物流确定为深圳市三大重要支柱产业之一,明确提出以建设现代物流中心城市为目标,将发展物流业基础设施的重点工作转移到引导、规范物流业的发展规范上来。随着电子商务的兴起、"互联网+"的普及以及物流业和各业态的融合发展,深圳现代物流业涌现了供应链物流、电子商务物流、物流金融服务、物流新兴技术等新兴业态和技术,也推动了现代物流业的转型升级、创新融合发展。以供应链为例,目前全国80%以上的供应链管理公司总部聚集在深圳,其中包括怡亚通、飞马国际、普路通、华富洋等行业龙头企业,深圳成为全国供应链管理行业名副其实的领军者。

（四）文化产业异军突起

文化产业在经济社会发展中的作用日益重要,特别是随着深圳高新技术产业的发展，文化产业在深圳结构调整和转型升级的作用就日益突出。作为全国较早发展文化产业的城市，市委市政府高度重视文化产业的发展，于2004年提出"文化立市"战略，把其列为继高新技术产业、金融业、现代物流业之后的第四大支柱产业。深圳的文化产业得到加快发展。2008年，深圳文化系统共获省级以上奖项595项，其中国际级奖79项、国家级奖412项、省级奖104项；市属专业艺术单位共举办各类艺术演出505场；全市公共图书馆597座，公共图书馆总藏量1395.36万册（件），总流通1737.02万人次；全市拥有区级及以上博物馆、纪念馆20座，拥有广播电台1座、电视台2座、广播电视中心3座、有线广播电视站20座，广播电视人口覆盖率达100%；公开发行报纸14家，公开发行期刊38家；全年出版图书627种。

这一时期，由于深圳创新型经济的发展，尤其是四大支柱产业的跨越式发展，深圳经济保持平稳增速，即使遇到2008年世界性金融危机，深圳经济增速并没有出现明显下滑迹象，仍以年均15.5%的速度快速增长，生产总值总量于1998年突破1500亿元，2000年突破2000亿元，2003年突破3000亿元，2004年突破4000亿元，2006年突破5000亿元，2007年突破6000亿元，2008年突破7000亿元，达到7786.79亿元。

2006年8月21日，美国《时代》周刊发表了一篇题为《深圳的诞生与再度辉煌》（作者：迈克尔·舒曼）的重要文章。文章不吝版面、大篇幅报道了深圳的创新和转型问题。文章开门见山提出，"深圳是中国现代工业革命的摇篮"；并且认为深圳正在进行的转型"将再次给整个中国提供答案"，而评价马化腾的腾讯将"预示着深圳的未来"。马化腾和他的腾讯仅仅是深圳高新技术产业快速崛起的一个典型人物和企业案例。在深圳，除了马化腾、任正非、王传福等这些大家耳熟能详的名字之外, 还能信手拈来一大批令国际同行瞩目的企业家。除了腾讯、华为、中兴、比亚迪等一些已广为人知的大中型创新企业, 深圳还活跃着一大批高质量的创新型中小企业。2008年, 一家名不见经传的深圳科技企业——朗驰公司在"德勤中国高科技、高成长50强"当中位列第五。朗驰公司被业界视为专业的产品提供商、安防行业最具潜力的民族品牌之一, 公司三年的收入增长率为3679.8%。这家高新技术企业自主研发并拥有独立知识产权的网络传输设备软件、硬件系列产品, 在同类产品中具有领先优势。正是有大批像"朗驰"这样的创新型企业持续出现, 才使深圳的自主创新呈现出欣欣向荣、生生不息的喜人势头。

深圳的创新型经济尤其是高新技术产业的成就也得到中央的关注。2008年11月, 国务院总理温家宝在深圳调研时指出:"面对当前这场金融危机的冲击, 在整个珠江三角洲企业生产经营普遍比较困难的时候, 深圳为什么相对要好一些? 就是因为产业升级抓得早, 自主创新抓得早。因此, 应对金融危机就有了准备, 也有了能力。这是一条极为重要的经验。一个地方资源是有限的, 但是人的创新能力是无限的。深圳发展的基本经验就是解放思想, 调动人的积极性, 发挥人的创造能力。"

四、深圳创新型经济全面发展的新阶段（2009— ）

2008年深圳成为全国首个国家创新型城市, 深圳创新型经济全面发展, 这一时期, 深圳全面落实创新驱动发展战略, 深入实施国家创新型城市总体规划, 出台创新驱动发展各项文件, 积极构建综合创新生态体系, 重大创新成果不断涌现, 创新能力建设实现重大跨越, 综合创新生态体系更加完善。2014年, 深圳成为首个以城市为基本单元的国家自主创新示范区；2015年，深圳市第六次党代会首次提出建设现代化国际化创新型城市；2016年，国家"十三五"规划草案首次提出加快深圳科技、产业创新中心建设。

（一）顶层设计布局战略性新兴产业

2008年国际金融危机后，深圳开始谋划布局发展新兴产业，促进新技术、新业态、新模式等融合创新发展，夯实新经济发展的产业基石，率先制定新兴产业发展规划相关政策。2009年，深圳制定生物产业、互联网产业、新能源产业振兴发展政策。2011年，深圳制定新材料产业、节能环保产业文化创意产业、新一代信息技术产业振兴发展政策。战略性新兴产业政策的实施极大地促进了深圳产业结构的不断调整与转型，使战略性新兴产业成为深圳经济增长的主引擎。目前，深圳已成为国内战略性新兴产业规模最大、集聚性最强的城市，产业总规模已达2.3万亿元，涌现了华为、中兴、腾讯、比亚迪、华大基因、大疆等一批领军企业。统计表明，深圳经济近几年的快速健康发展，一定程度上得益于战略性新兴产业的高速发展。2016年，深圳战略性新兴产业增加值合计7847.72亿元，占生产总值比重达到40.3%。七大战略性新兴产业中：新一代信息技术产业增加值4052.33亿元，比2015年增长9.6%；互联网产业增加值767.50亿元，比2015年增长15.3%；新材料产业增加值373.40亿元，比2015年增长19.6%；生物产业增加值222.36亿元，比2015年增长13.4%；新能源产业增加值592.25亿元，比2015年增长29.3%；节能环保产业增加值401.73亿元，比2015年增长8.2%；文化创意产业增加值1949.70亿元，比2015年增长11.0%。

（二）前瞻布局未来产业

2013年年初，在战略性新兴产业发展势头良好基础上，深圳开始布局海洋、生命健康、航空航天三大未来产业的发展，并出台振兴发展政策，用于支持产业核心技术攻关、创新能力提升、产业链关键环节培育和引进、重点企业发展、产业化项目建设等。2014年，深圳又出台《深圳市机器人、可穿戴设备和智能装备产业发展规划（2014—2020）》《深圳市机器人、可穿戴设备和智能装备产业发展政策》等一系列政策，培育机器人、可穿戴设备、智能装备等未来产业。2017年起，深圳着力实施"十大行动计划"。其中，明确提出要在生命健康、海洋经济、航空航天等未来产业领域规划建设10个集聚区，培育若干千亿级产业集群，勾勒出清晰的深圳未来产业轮廓。随着深圳扶持未来产业发展的政策举措不断"加码"，政策红利效应逐步彰显，整个未来产业已形成逾4000亿元的产业规模，深圳未来产业正在形成新的竞争优势，逐渐成为新的经济增长点。四大未来产业中：海洋产业增加值382.83亿元，比2015年下降9.0%；航空航天产业增加值84.68亿元，比2015年增长5.8%；机器人、可穿戴设备和智能装备产业增加值486.42亿元，比2015年增长20.2%；生命健康产业增加值72.35亿元，比2015年增长17.9%。

专栏1-1：深圳未来产业正在形成新的竞争优势

《2016年深圳机器人产业发展白皮书》显示，深圳机器人企业超过460家，产值约787亿元，同比增长24.9%，工业增加值约288亿元，同比增长26.8%。

另一组数据也显示，同属未来产业的海洋产业，也在深圳快速发展。以海洋电子信息、海洋生物、海洋高端装备等为代表的海洋未来产业，2016年产业增加值约256.1亿元，大幅超出海洋经济同期增速，占海洋生产总值的比重达18.3%。深圳正力争跻身全国海洋经济中心城市。

生命健康产业也在快速发展，目前年产值已突破300亿元，新一代基因测序能力位居世界第一，干细胞和肿瘤免疫细胞治疗、基因治疗等生物医疗产业发展基础较好，部分领域跃居国际领先地位，涌现出华大基因、北科生物等一批知名企业。近5年来，深圳生物产业以年均16%的增速发展。

深圳经济近几年的快速健康发展，得益于一批批未来产业领域龙头企业的快速发展。大疆占据全球消费级无人机70%以上市场份额，各类飞行平台和手持设备用户遍及100多个国家和地区，公司估值达100亿美元。2015年逾百亿元的销售额中，80%来自海外。碳云智能正在开发的人工智能平台，有助于促进疾病治疗、健康保健、精准营养及相关研究发展，这被认为是未来发展个性化医疗的重要因素，目前公司估值达10亿美元。东方红海特卫星公司制造的全球首颗脉冲卫星已成功发射，实现了工业级产品应用于航天。如今，中集、大疆、超多维、优必选、东方红海特、奥比中光等以龙头企业为引领、"独角兽"企业为骨干、中小型企业为基础的产业梯次体系已然形成。

以优必选为例，公司成立于2012年，是一家集人工智能和人形机器人研发、平台软件开发运用及产品销售为一体的全球性高科技企业。2008年，优必选从人形机器人的核心源动力伺服舵机研发起步，逐步推出了消费级人形机器人、商业人形机器人和Jimu机器人相关产品。公司估值已经超过10亿美元，成为机器人领域的"独角兽"。2016年成功推出Jimu机器人品牌，并成功入驻全球部分Apple Store零售店。目前优必选积极打造"硬件+软件+服务"机器人生态圈，并力争在人工智能领域实现较大突破，让机器人走进千家万户。

（三）加快建设现代化国际化创新型城市和国际科技、产业创新中心

2015年5月21日，中国共产党深圳市第六次代表大会在深圳会堂隆重开幕，时任市委书记马兴瑞作了题为《解放思想，真抓实干，勇当"四个全面"排头兵，努力建成现代化国际化创新型城市》的报告，对深圳未来五年作了定位，提出未来五年深圳率先全面建成小康社会、努力建成现代化国际化创新型城市的主要目标任务是：努力建成更具改革开放引领作用的经济特区、更高水平的国家自主创新示范区、更具辐射力带动力的全国经济中心城市、更具竞争力影响力的国际化城市、更高质量的民生幸福城市。2016年3月5日，十二届全国人大四次会议审议《中华人民共和国国民经济和社会发展第十三个五年规划草案》，草案擘画出中国未来5年经济社会发展的宏伟蓝图，其中提到"支持东部地区率先发展，支持珠三角地区建设开放创新转型升级新高地，加快深圳科技、产业创新中心建设"，对深圳做了更为清晰的城市定位，深圳也制定实施了国际科技、产业创新中心建设方案，着力推动创新生态再优化、创新能力再突破、创新经济再升级。

这一时期，深圳的创新型经济全面发展，质量高、结构优、创新强、速度稳成为深圳经济特区发展的新常态。生产总值从2008年的7786.79亿元跃升到2016年的19492.60亿元，年均增长10.0%。2016年，高新技术产业增加值6560.02亿元，同比增长12.2%；金融业增加值2876.89亿元，同比增长14.6%；物流业增加值1984.50亿元，同比增长9.4%；文化及相关产业增加值1100.91亿元，同比增长15.4%，四大支柱产业增加值合计12522.32亿元，占生产总值比重64.2%。七大战略性新兴产业中，新一代信息技术产业增加值

4052.33亿元，同比增长9.6%；互联网产业增加值767.50亿元，同比增长15.3%；新材料产业增加值373.40亿元，同比增长19.6%；生物产业增加值222.36亿元，同比增长13.4%；新能源产业增加值592.25亿元，同比增长29.3%；文化创意产业增加值1949.70亿元，同比增长11.0%；节能环保产业增加值401.73亿元，同比增长8.2%。四大未来产业中，海洋产业增加值382.83亿元，同比下降9.0%；生命健康产业增加值72.35亿元，同比增长17.9%；航空航天产业增加值84.68亿元，同比增长5.8%；机器人、可穿戴设备和智能装备产业增加值486.42亿元，同比增长20.2%。新兴产业增加值合计7847.72亿元（剔除行业间交叉重复），同比增长10.6%，占生产总值比重40.3%。同时，创新动能更加强劲，科技研发投入持续增加。作为首个国家创新型城市和国家自主创新示范区和国家赋予的"科技、产业创新中心"，深圳以更强大的创新力量，致力于打造成一个现代化国际化创新型城市。2016年，深圳全社会研发投入超过800亿元，是2009年的2.86倍，占生产总值比重达4.1%，仅次于居世界前列的以色列和韩国。重大创新成果不断涌现。2016年，深圳PCT国际专利申请量超过1.8万件，是2009年的4.7倍，连续13年居全国各大中城市之首，占全国专利申请量的一半，占世界的5%，其中华为、中兴专利申请量居世界第一和第三位。2015年万人有效发明专利拥有量65.7件，是全国平均水平的13.4倍。2016年新增国家、省、市级重点实验室、工程实验室、工程研发中心、企业技术中心创新载体1493家。苹果、微软、高通等全球知名科技企业在深设立研发中心。福布斯2015年发布的"中美创新人物"中国10人名单中，深圳占4席。2014年中国科学十大进展中，深圳有两项研究成果入选。2016年深圳新增国家级高新技术企业2513家，是上年增量的3倍以上，累计达8037家，是2009年的7.7倍。深圳已经成为中国乃至世界的"创新之城"，

"创新"也成为深圳的代名词,成为创业、创客之都。深圳作为新兴城市,涌现出华为、中兴、腾讯、比亚迪、大疆等一批知名民营企业,其中华为稳居全球通信设备制造商第一位,2016年营业收入达到5200亿元,同比增长31.6%,2015年在世界五百强中居126位,同比提升99位;2016年腾讯营业收入增长40%以上;比亚迪是新能源汽车制造商,2016年新能源汽车产量增长116%;大疆主要生产无人机,占全球80%市场份额,营业收入同比增长80%以上。按常住人口推算,平均每13个人中就有一个商事主体,平均每26个人开有一家公司,深圳已成为名副其实的"创业之都"。柴火空间、创客工场、矽递科技等创客机构在国内外创客领域已具有一定的知名度和影响力。《创客地图》上所描绘的华强北,已成为全亚洲顶尖的电子元器件集散地之一,为世界范围内最具有创造力的人群提供创新平台,全球最大的硬件创新孵化器HAXLR8R从硅谷移入深圳华强北。

第四节 深圳创新型经济快速崛起的重要启示

经过30多年的发展,深圳高新技术产业取得了令人瞩目的成绩。特别是近年来,深圳把自主创新作为城市发展的主导战略,促使创新型经济全面发展。创新型经济为什么会在深圳这样一个产业基础比较薄弱、创新资源比较缺乏的城市取得如此巨大成功,原因是多方面的。其中最重要的启示有四点:政府的前瞻性与正确引导、民营企业所有权机制创新、企业成为自主创新的主体和高新技术产业的市场化运作方式。

一、政府的前瞻性与正确引导是高新技术产业发展的重要前提

发展创新型经济，关键是政府必须善于审时度势，把握机遇，做出正确的战略抉择，不能错失发展机遇。深圳的创新型经济尤其是高新技术产业在十多年前便成为充满活力的支柱产业，关键是历届市委市政府领导正确地估计了国际国内经济发展的前景和走势，正确地分析了深圳经济发展的优势和劣势，并适时做出了转变产业发展战略方向的抉择，有计划地收缩了发展势头很好的"三来一补"企业，把发展的重点转向以电子信息、新能源、新材料和生物技术为代表的高新技术产业。不仅在人力、财力、物力上给以倾斜，而且着力于营造良好的综合环境。随后，深圳先后颁布了几百个有关高新技术产业发展的地方性法规和条例，其中《无形资产评估管理办法》《企业技术秘密保护条例》《计算机软件著作权保护条例》等许多法规都是开全国之先河。1998年出台的《关于进一步扶持高新技术产业发展的若干规定》（22条），在优惠政策、税收、土地使用、户口入籍等方面为高新技术企业打开方便之门，其扶持力度之大为全国所罕见。进入新世纪，深圳敏锐地抓住"创新经济"这个关节点，在发展自主创新方面先行一步，并在全国率先把自主创新作为城市未来发展的主导战略。政府在把握机遇，因势利导抓创新的同时，能找准自身定位，既不越位，也不错位，把着力点始终放在营造良好的发展环境上。特别是深圳在拥有立法权以后，为高科技企业的发展开展了多项专门立法工作，对深圳高科技企业的发展创造了非常有利的条件，例如支持高科技企业的发展、企业内部的职工持股、技术及产权交易等。关于高科技方面的立法，深圳先后以政府规章和人大法律两种形式，立下十几个条例，深圳鼓励支持高新技术产

业发展的33条、22条都是从立法角度来促进高科技发展的。总之，历经多年努力，深圳已经形成包括政策环境、法制环境、人才环境、金融环境、产业配套环境、城市功能环境等在内的良好的综合环境，这种环境使科技人才和高新技术企业得以尽情发挥其能量。

同时，在金融产业、现代物流业、文化产业、七大战略性新兴产业、四大未来产业发展方面，无不体现深圳决策层的前瞻谋划和顶层设计。

二、制度创新是创新创业最重要的基础

如果说深圳创新型经济的最大亮点是高新技术产业，那么深圳高新技术产业的亮点就是民营科技企业。据调查，深圳市民营企业占全部高新技术企业数的65%以上，从业人员占全市高新技术产业长期从业人员的35%以上。民营企业数量多，但用工少，这与深圳民营企业注重劳动者质量、研发型所占比重较大有关，比如华为、联想、迈瑞等民营企业。此外，从不同经济类型企业的统计数据分析，深圳民营企业从事研发科技活动的人员最多，民营企业的科技研发活动处于主导地位，研发人员强度达25%以上；而外资企业和国有企业从事研发人员强度分别为6%和9%，均低于民营企业。

在发展民营高科技企业这一点上，深圳可谓颇具战略眼光。深圳比较早地鼓励和扶持民营经济进入高新技术产业。早在1987年，深圳市就颁发了《关于鼓励科技人员兴办民间科技企业的暂行规定》，此举引发了深圳民间科技企业创业的热潮，华为就是这个时候创办的。在这之后，深圳市一直给予民间科技企业政策扶持和资金扶持，将其与国企同等对待，不搞歧视，不分彼此。在国内当时的政策环境下，民营企业特别是私营企业根本没有发展空间，所有制

改革也是一个比较敏感的问题。当时对单一所有制进行改革是全国性的，深圳敢于先行先试，最早鼓励科技人员兴办民间科技企业，为未来深圳高新技术产业的蓬勃发展打下了重要的基础。

以华为公司为例，1988年华为还是一家注册资金只有2万元、员工十多人的从事交换机代理业务的小作坊式公司。到90年代初期，短短几年时间，华为公司就实现年销售额40多亿元。当时，时任国家体改委党组书记安志文，以及高尚全、王全国，中央党校的教授王珏等一行到深圳调研时，了解到国家和省市各级政府均没有向华为投资一分钱，非常惊异于华为的快速崛起。华为公司的回答非常简单："就凭两个红头文件。"这两份红头文件就是中央关于股份制改革的文件，以及深圳市政府出台的《关于鼓励科技人员兴办民间科技企业的暂行规定》。两份红头文件允许国有企业中的科技人员出来创办民营企业，这才有了华为，以后又通过股份制改造越做越大。体制机制的改革激发了企业的活力，华为现在已经是世界著名的通信设备制造商。2016年，华为的营业收入高达5200亿元，已经成为全球第一大移动设备商。可以说，没有制度为基础，就没有世界级企业华为的诞生；没有制度为基础，深圳高新技术产业也不可能在短短十几年时间实现如此巨大的跨越式发展。由此可见，民营经济和高新技术产业的结合，创造了一种强劲的"双赢"局面，使深圳民间科技企业成为最有活力、最具潜力的经济力量之一。

三、企业主体地位的确立是高新技术产业发展的基本保证

长期以来，我们的科技管理模式沿袭了苏联体系，科研院所和大专院校是创新的主体，科研活动是自主创新的主战场，科学家掌握着自主创新的话语权。这种创新路径固然能够获得一些局部成

功,但也让科研和生产形成"两张皮"。深圳由于没有多少独立科研院所和大专院校,从一开始就把企业的技术创新作为自主创新的主要战场。技术创新说到底是一个经济层面的活动,深圳是国内最早按照经济规律管理技术创新过程的城市,缺少独立科研院所本来是深圳的劣势,但在一个特殊的历史时期,敢闯敢试的深圳人独辟蹊径,不但避开了自主创新的理论误区,而且走出了一条颇具深圳特色的科技发展之路,逐步形成了以市场为导向、产业化为目的、企业为主体、官产学研资介紧密结合的区域性创新体系。特别是形成了四个90%,即90%以上研发机构设立在企业,90%以上研发人员集中在企业,90%以上研发资金集中在企业,90%以上职务发明专利出自企业。为了后续的技术储备,深圳不断与高等院校和科研院所加强联系,深圳清华研究院、深港产学研基地、深圳国际技术研究院、虚拟大学园纷纷崛起。"十二五"期间,南方科技大学、香港中文大学(深圳)建成招生,深圳吉大昆士兰大学等10所特色学院加快建设,在校全日制大学生由7万人提高到9.5万人。同时,大力引进各类人才,如"十二五"期间,引进"珠江人才计划""孔雀计划"创新团队分别为33个和63个,"海归"人才1.8万余人,拥有全职在深工作院士13名,"千人计划"人才154人,享受国务院政府特殊津贴专家916人。同时,围绕企业家地位发展人才战略,由企业家决定创新的话语权,克服官本位的文化障碍,知识产权保护工作也取得了显著成效。深圳是国内市场经济的最先试水者,也最先体味到企业才是市场主体,企业若想生存、发展、壮大,必然要求成为技术创新的主体,也只有这样才能使科技研发的成果最大限度地产业化,企业也因此获得竞争优势。这使深圳不像国内其他地区为科技成果的转化而苦恼,不存在科研与成果转化"两张皮"的问题。

四、市场化的运作方式是发展创新型经济的最佳途径

创新型经济尤其是高新技术产业的发展，是一个从基础应用研究到实现产业化的连续过程。产业化是它的最终目的，高新技术的科研成果只有转化为生产力，才能对整个社会的发展做出贡献，才能形成自我良性循环的可持续发展模式。在市场经济条件下，推进高新技术产业化要以企业为主体，更要依靠市场的力量。深圳得益于作为全国改革的试验场，率先建立起市场经济体制的框架，高新技术产业的主要资源都是通过市场配置的。人才是发展高新技术产业的首要条件，深圳率先成立了全国第一家企业化管理的人才服务公司，成立了常设型人才智力市场和高级经理人才评价推荐中心，形成了相对配套并且市场化的人才劳动力市场，为高新技术产业凝聚了大量的宝贵人才。深圳较早建立获得技术成果的市场渠道，如科技成果交易中心、南方国际技术交易市场、技术市场促进中心等，特别是一年一度的高交会，搭起了企业与高等院校、科研机构之间的桥梁，成为全国重要的科技成果交易中心。深圳探索建立风险投资市场体系，吸引了国内外的风险投资机构，风险资金规模约占全国的三分之一。深圳加大了保护知识产权的力度，成立了专司此项工作的知识产权局，还先后建立了专利、科技创业、科技开发交流、技术市场、科技成果交易、技术经济、无形资产评估、技术合同仲裁、科技顾问委员会、生产力促进中心等科技中介服务机构，形成了相对完善的中介服务体系。"需求是创新之母"这个发达国家的创新经验，在深圳得到了很好的验证，资源由市场配置，技术研发的方向由市场确定，创新路径也从市场出发逐步向创新链的上游推进。实践证明，市场化的运作方式是深圳高新技术产业获得持续快速发展的最佳途径，具有最大的经济合理性。

第二章　深圳高新技术产业的创新历程

深圳市高新技术产业发展，大致分为以下四个阶段：第一阶段是从1979年到1990年，这一阶段为深圳高新技术产业起步并逐步发展阶段；第二阶段是从1991年到1997年，这一阶段为深圳高新技术产业的茁壮成长阶段，并且发展成为深圳的重要支柱产业；第三阶段从1998年到2008年，这一阶段为深圳高新技术产业的跨越式发展阶段，高新技术产值实现十年"八级跳"，并且于1999年成功举办首届高交会；第四阶段是从2009年至今，深圳高新技术产业发展迈上新台阶，深圳开始阔步迈向国家创新型城市。深圳高新技术产业的崛起和创新型城市的建立，给予我们许多宝贵的经验与启示。

第一节　深圳高新技术产业的兴起

一、深圳高新技术产业从"零"开始起步

（一）建市之初，深圳高新技术产业一片空白

1979年前，宝安县只是一个贫困的农业县。建市初期，深圳百废待兴，经济基础十分薄弱，高新技术产业则是无从谈起。当时，全

市能和科技两个字沾上边的仅有中国水产科学院南海水产研究所盐田试验站，以及市属的农科、林科、水产、农机共5个科研机构，主要为农业生产服务，工业及其他领域科研一片空白。全市有工业企业224家，主要生产化肥、小农具、日用小商品等支农产品，仅有市辖宝安县无线电厂一家电子工厂，生产小功率变压器、农用电动机等简单电子产品，年产值约70万元。1979年年底，全市有科技人员350余人，其中只有2名工程师，无高级技术人员。

（二）凭借"窗口"优势大力引进先进技术

深圳利用毗邻香港的区位优势，借助内地丰富的原材料和劳动力资源，大力吸收海外资金、技术、设备、原材料和初级产品、经济和科技信息、科学管理理论和方法等资源，通过应用、加工、消化、再对外和对内辐射，采取合资经营、合作经营、来料加工、补偿贸易等方式大力兴办"三资"企业和"三来一补"企业，逐步引进了国外先进技术项目。1980年，全市有"三资"企业33家，"三来一补"企业270家，其中电子企业有7家。随着"三资"企业和"三来一补"企业的大量兴起，深圳工业逐步打下基础，高新技术产业开始萌生。

1982年，光明华侨电子厂开深圳引进国外先进技术的先河，率先引进了日本的自动波峰焊锡剪脚机和立体声信号发生器。是年年底，深圳全市共引进机器设备2.1万余台（套），近30%达到国内先进技术水平。1983年，"康丽牌"双卡式收录机荣获国家经贸委颁发的优秀新产品证书。1984年，"三洋牌"彩色电视机产品质量超过日本三洋同类产品水平。

为有效促进科学技术与生产部门相结合，1984年5月，深圳市科委打破了地方科委只负责科研管理的旧框框，经市政府批准，成立了深圳市先科技术开发公司，旨在引进国外资金，创建和发展高新技术产业。同年9月,市政府颁布《深圳经济特区引进先进技术鉴定暂行办法》,旨在推动高新技术的引进。1985年4月,先科公司与荷兰飞利浦公司签订了引进全套激光、唱盘生产线和技术的合同。先科公司成为中国当时唯一开发激光产品的企业,在方兴未艾的国际市场上争得宝贵的一席之地。

(三)深圳科技工业园和一批科研机构的诞生

1985年7月,经过国务院认定,深圳市政府和中国科学院创办,广东国际信托投资公司参与合办了第一个国家级"深圳科技工业园",也是全国第一个开发区。当时,该区占地3.2平方公里,规划为管理科技区、工业生产区、生活居住区、商业中心区,是一个以企业形式建设、开发和管理,集生产、科研、教育于一区的基地。这是把现代科技与生产紧密结合起来的一次新尝试。根据深圳市政府委托中国科学院编制的发展规划,深圳科技工业园是一个以吸引国外先进技术、引进外资、开拓新技术产业、开发和生产高技术产品为宗旨,以电子信息、新型材料、生物工程、光电子、精密机械等领域为重点的生产、科研、教育相结合的综合性高技术产业基地。科技工业园的出现不仅宣示我国第一个高技术产业开发区的诞生,而且预示着深圳科技发展进入有计划、有步骤地依托内地,在引进和移植国外先进技术的基础上不断创新的轨道。科技工业园的设立不仅为深圳发展自己的高新技术产业摸索途径,也为全国的科技体制改革积累了经验。

20世纪80年代初,深圳市委市政府先后成立了新技术研究所(1982年5月)、电子研究所(1982年7月)、科技情报研究所(1982年7月)等一批科研机构。1982年至1984年,全市科研基建和设备投资超过1000万元。此外,深圳大学和一些企业也开始建立一些研究机构和产品开发的技术部门。新技术研究所主要从事新技术新工艺的引进、消化、吸收和推广；电子研究所主要从事计算机网络工程技术与通信技术的研究开发；科技情报研究所主要从事科技情报信息研究与服务、科技网的建设与管理。这些科研机构主要依靠地方财政的投资，大部分属事业单位性质，行政上隶属于政府各部门。在特区建设的起步阶段，这些科研机构主要是为基本建设和最早发展起来的电子工业产业服务的，但没有与生产部门相互结合，这是由当时特区改革开放的深度和广度，以及工业企业发展规模所决定的。

（四）中兴、华为等一批科技企业的创立

1985年，深圳通过外引内联的方式，相继成立天马微电子公司、科健股份公司、开发科技公司等一批企业，全市共建立从事电气机械及器材制造业、电子及通信设备制造业、仪器仪表及计量器具制造业企业126家，实现工业产值12.5亿元，占当年工业总产值的37.9%。同年，一家中国内地的国有企业——中国航天系统的691厂决定到深圳经济特区寻找合作伙伴，并派出厂里的技术科长侯为贵等人到深圳经济特区进行联络筹备工作。经多方奔走和洽谈，与香港运兴电子贸易公司和航天系统的长城工业公司深圳分公司达成共同投资建立合资企业意向。1985年，深圳市政府正式批准深圳中兴半导体有限公司成立。

1987年2月，深圳市政府颁布了《关于鼓励科技人员兴办民间科技企业的暂行规定》，在社会上引起了强烈反响，由此拉开了特区科技人员以"自筹资金、自愿组合、自主经营、自负盈亏"的方式组建民营科技企业的序幕。是年，华为科技有限公司成立，从事程控交换机生产。华为成立初期总资产仅几万元，由几个科技人员合

伙组建，全部股份由员工持有。3月，借鉴国外经验，根据中国民间科技的特点，深圳科技园建立了民间科技开发基金和中心，在此基础上，1988年1月投资100万元，建立了一个以企业经营方式运作的"新企业孵化器"民间科技创业中心，有力地促进了民间科技企业的发展。

为促进科研成果转化为生产力，1989年由国家科委生物工程中心牵头，在深圳组建了全国最大的基因工程药物产业化基地。经过几年的努力，完成中国第一个基因工程药物的研究、中试、生产和商品化进程，打破了美国权威人士称之为"天方夜谭"的断言，把中国人基因克隆和表达的"干扰素"的生产、开发与产业化的梦想变成了现实。同年，全市涌现出计算机、程控交换机、集成电路、通信设备、激光技术、中空玻璃和新材料等一大批高新技术产品，电子工业出口值占全市工业总产值的60%以上。1988年，深圳高新技术产品产值4.5亿元，占全市工业总产值的5%。

到1990年，深圳彩电、录音机、微型计算机的产量、出口量居全国大城市之冠，加上电话机、不间断电源、磁头、软磁盘片、液晶显示器等，形成了深圳电子工业自产产品体系。电气机械及器械制造业、电子及通信设备制造业、仪器仪表及计量器具制造业共有企业412家，实现工业产值80.5亿元，占工业总产值的40%。

二、政府引导科技发展的最早尝试

1979年建市和1980年建立经济特区后，深圳的产业方向怎么走，特区人心里并没底。1980年8月，时任国家进出口管理委员会、国家外国投资管理委员会副主任兼秘书长的江泽民同志，在五届全国人大常委会第十五次会议上作关于在广东、福建两省设置经济特区和《广东省经济特区条例》的说明时提出："经济特区采取与内地不同的体制和更加开放的政策,充分利用国外的资金和技术,发展高技术研究制造业和其他行业。"这是有文字记载的中央第一次对深圳经济特区提出要发展高新技术产业的记录。8月26日,第五届全国人民代表大会第十五次会议批准实施的《广东省经济特区条例》规定,对《条例》公布后两年内投资兴办的企业,或者投资额达500万元以上的企业,或者技术性较高、资金周转较长的企业,给予特别优惠待遇。

1982年,根据深圳市委市政府的指示,由市委政策研究室牵头,市规划局等单位参加,编写《深圳经济特区社会经济发展规划大纲》(1982—2000)。这是一份经济发展战略报告,它包括深圳市各行各业的发展目标、方向和计划,提出深圳的工业以电子工业为主,产品主要面向国际市场;提出特区要建设现代化工业,要求技术是先进的,设备是现代化的,管理是科学的,经济效益是最好的。12月,深圳将该大纲呈报党中央、国务院、广东省委省政府,并以此指导深圳工业的发展。1985年11月,深圳市科委召开了第一次科技工作会议,在市委书记梁湘和市长李灏主持下,确立了以外向型工业为主的特区经济发展方向。

为创造高新技术产业发展的良好政策环境,1987年深圳市政府颁布了《加强我市工业企业新产品开发、技术开发的暂行规定》《关于确认和考核外商投资的产品出口企业和先进技术企业实施办法》《深圳市科学技术进步奖励暂行办法》等一系列文件,有力促进了科技企业高新技术的引进。同年,赛格集团公司引进多层陶瓷电容器技术,先科技术开发公司引进大面积镀膜玻璃自动化生产技术,中康玻璃公司引进彩管玻壳及彩色显像管生产技术,华达电源系统公司引进免维护工业电池生产技术,这些企业均从事相关高新技术产品的生产。

为进一步改革科研经费拨款制,变无偿用款为有偿使用,1987年10月成立了"深圳市科学技术发展基金会",市政府每年拨出1000万元作为发展基金。基金会同时吸纳国内外社团组织、企业和个人的有偿或无偿资助,并以多种形式对科技项目进行有偿投资。基金会成立以后,先后对电子、光学、新材料、食品、医药、精密模具、综合开发等20个项目进行了投资,取得了良好的效益。科学技术发展基金会的成立,促进了特区科技投资资金市场的形成与发展。同时,市科委与国家科委的新技术创业投资公司联合成立了深圳市新技术创业基金会,支持高新技术的发展,加速技术成果的商品化进程。

1988年下半年,为促进特区高新技术产业发展,加快传统产业的技术进步,深圳还在国内率先制定了《加快高新技术及其产业发展暂行规定》。此外,根据国家科委实施星火计划的有关精神,深圳市科委于1989年年底制定了《深圳市"八五"(1991—1995)星火计划发展规划(草案)》,提出"八五"星火计划要继续坚持以科技进步振兴中小企业和农村经济,调整和优化产业结构,发展特区外向型经济。1990年9月,深圳市政府制定并实施《1990—2000年深圳科学技术发展规划(草案)》,明确提出90年代市科技发展重点领域是电子信息、新材料和生物工程技术。这些规划是特区创办者们在发展科技事业过程中不断探索的结晶,同时确立了发展高新技术产业的基本思路,对深圳未来高新技术企业的发展起到了重要的引领和推动作用。

三、重大历史事件回顾

（一）深圳确立发展以工业为主导的外向型经济

1980年8月26日，国务院制定《广东省经济特区条例》，提出要把深圳办成一个综合性的经济特区。1981年，中央发布文件进一步指出："深圳、珠海的特区应建成兼营工、商、农、牧、住宅、旅游等多种行业的综合性特区。"直到80年代中期之前，特区一直面临选择发展何种主导产业的问题。深圳领导班子根据中央和省有关领导同志的再三强调和自身在实践中的体会，认为应该把以工业为主发展外向型经济作为关键来抓，才能推动整个综合性经济特区加快发展。时任深圳市委书记的李灏同志也广泛宣传发展"轻、小、精、新"的工业。1985年11月，国务院在深圳召开了"深圳经济特区发展外向型工业座谈会"。在这次会议上，时任深圳副市长的周溪舞同志代表市政府作了题为《加强内部经济联合，促进深圳工业外向型发展》的汇报发言。

1985年年底至1986年1月，国务院副总理谷牧在深圳主持召开第二次全国特区工作会议，会议明确中国经济特区建立外向型经济的发展目标和工作重点，并按小平同志要求的那样，努力建成"技术的窗口，管理的窗口，知识的窗口，对外政策的窗口"。2月7日，国务院批转《经济特区工作会议纪要》，要求特区产业结构应以具有先进技术水平的工业为主，工业投资以吸引外资为主，引进应以先进技术为主，产品以出口为主。随着产业结构的不断调整，深圳高新技术产业发展进入起步阶段。第二次全国特区工作会议之后，深圳正式确立以工业为主的外向型经济发展方向。这个转机奠定了深圳工业发展的基本思路，也为深圳高新技术产业的发展开了个好头。

　　完善投资环境是深圳外向型工业发展的第一项基础性工作。在创办经济特区之前，深圳的本土工业非常薄弱。当时深圳发展外向型工业的优势在于两个方面：一是毗邻香港的地缘优势；二是深圳有大片未经开发的土地和众多廉价的劳动力。深圳特区要进一步开展对外经济、技术合作和发挥特区应有的作用，就要充分发挥特区的优势，不断完善投资环境。而深圳特区建设初期以市场经济为导向，在劳动工资、物价、流通体制、外汇、外贸体制、经营体制等方面进行一系列改革，也是改善深圳投资环境的重要手段。

　　狠抓内部经济联合是促使深圳外向型工业发展的第二项基础工作。80年代中期，国内提出"军转民"（军用工业转为民用工业）的建设思路，许多"大三线"的企业希望通过深圳这个窗口走向国际市场，这为深圳实施经济联合、壮大本土工业提供了难得的机遇。早在1983年，深圳就制定了《深圳经济特区近期内联企（事）业若干政策的暂行规定》，并强调"内联"的重点是工业项目。经过反复实践，深圳内联工业企业形成了四种基本的组织形式：一是由国务院工业部委牵头，联合各省市同行业和深圳组成联合股份公司，如纺织部组织的华联纺织有限公司；轻工业部组织的振华兴华联合股份有限公司、广深医药联合有限公司等。二是由深圳工业行业公司和国务院有关部委在深圳的分公司组成工业集团公司或联合公司，如电子工业集团公司、有色金属总公司和深圳的公司组成联合公司。三是以国务院有关工业部委为主，组织所属企业到深圳办厂，如中航技进出口有限责任公司等。四是以深圳市的市属企业为主，和国内各省市地方的企业或部属企业组成独立的内联企业，如华发电子公司、第二砂轮厂深圳联合公司等。这一时期电子工业占了深圳工业的半壁江山，而赛格集团是当时深圳电子工业发展的重量型企业，并且为后来深圳高新技术产业的成长壮大奠定了坚实的基础。

（二）所有制改革催生一大批民间科技企业

20世纪80年代末90年代初，当中国内地还在讨论"姓资姓社"问题，计划经济还占主要成分之时，深圳已着手探索所有制改革，大力鼓励民间创办科技企业。1987年2月4日，深圳市政府颁发了《关于鼓励科技人员兴办民间科技企业的暂行规定》（以下简称《暂行规定》），并责成市科技发展中心负责组织、协调、管理和指导科技人员兴办民间科技企业的工作。鼓励科技人员兴办民间科技企业是科技改革的组成部分，是一项政策性很强的重要工作，也是深圳市在改革中面临的新鲜事物。为此，当时的深圳科技部门（科委）还特别召开了"市民间科技企业座谈会"，围绕在深圳特区兴办民间科技企业的意义、设想、意见以及面临的各种具体问题进行座谈。1989年深圳还成立了"科技创业服务中心"，对民间科技企业实施指导、协调、管理，并提供综合服务。

自1987年2月颁布《暂行规定》起，到5月初已经有48家民间科技企业申报注册。这些申报注册的民间科技企业有这样一些特点：一是来自四面八方，面广点多。从48家企业负责人原工作单位看，分别来自北京、上海、广州、西安、武汉、成都、昆明等十几个地区。二是中高层科技人员多。48个申报企业负责人中，有教授、高级工程师等高级职称的共8人，有讲师、工程师等中级职称的共31人。许多科技人员都是带着自己的最新科技成果来办企业的。比如河北承德自动化计量仪器厂原总工程师刘宗奇辞去职务，与其他3名股东各出资2.5万元，在深圳办了五岳电子技术股份有限公司。到1989年年底，深圳共批准成立民间科技企业162家，其中已登记注册的有152家。到1990年，深圳民间科技企业产值超1000万元的有3家，超百万元的有17家。其中华为公司产值、销售额均超过3500万元。

　　这些企业以科技人员为主体,以市场为导向,以高新技术及外向型为目标,以科技成果商品化为重点,实行自筹资金、自由组合、自主经营、独立核算、自负盈亏,在国内外市场的激烈竞争中显示出旺盛的生命力。一篇题为《充满活力的一株幼苗:对深圳民间科技企业的考察》的报道中,华为掌门人任正非表示:"我们这些辞职或停薪留职的科技人员,离开国营单位,自己出来找饭吃,大家都有背水一战的危机,人人奋力拼搏,没有内耗,没有扯皮现象。在一个国营企业里,厂长、经理往往要用60%的时间去处理人际关系,想干成一件事是很难的。兴办民间科技企业,能在一生中搞出一两个市场需要的拳头产品,这一生也就算没白过!"

　　20世纪90年代初,国家科委顾问谢绍明及《中国科技产业》杂志社执行社长王建华对深圳市民间科技企业做了一项调查,报告显示深圳民间科技企业中的科技人员80%以上来自内地大专院校、科研单位、军工部门,这些科技人员基本上是五六十年代培养出来的大学生,他们都有一定的政治觉悟和较好的技术基础,其中不少是在内地担任过科级、处级以上行政职务的人。80年代新毕业的大学生、研究生也占一定比例。内地来的科技人员绝大部分都是看中深圳优越的环境,想到特区干出一番事业。此外,当时深圳的民间科技企业约有7000家属于电子和计算机行业,其他分属轻工、化工、机械及生物技术等行业。约有60%的企业主要从事高新技术领域的开发和生产工作,拥有近百项专利技术。

　　按照《暂行规定》,深圳特区科技人员可以以现金、实物、个人专利、专有技术、商标权等形式,投资入股创办民营企业。由于当时深圳的体制灵活多样,在发展高新技术产业中鼓励搞股份制,动员社会力量,实行厂房入股、资金入股、技术入股,高新技术企业还可以利用外资或请外国专家的"头脑"来入股。这就大大调动了科技人员从事开发及生产、销售、咨询服务的积极性,吸引了内地大批有知识、有成果和有冒险精神的企业家来深圳创办科技企业。实践证明,此项规定的出台对后来深圳发展高新技术产业具有里程碑式的意义,促成了华为、中兴通讯等一批高科技民营企业的诞生,也因此促成了深圳研发机构、研发人员、科技成果、专利90%以上在企业实现的基本格局。

第二节　深圳高新技术产业茁壮成长

一、深圳高新技术产业迅猛增长

20世纪80年代末90年代初,欧美等发达国家进行产业结构调整,特别是把大量劳动密集型产业和不少一般技术密集型产业向东亚新兴工业化经济体和其他发展中国家转移,深圳市委市政府审时度势,确立了以高新技术产业为先导的发展战略,把调整优化产业结构特别是发展高新技术产业作为经济发展的新突破口,深圳高新技术产业迎来了第一次发展热潮。1991年至1997年,深圳高新技术产品产值以年均65%的速度迅猛增长,成为新的经济增长点。1991年,深圳高新技术产品产值仅22.86亿元,占工业总产值的8.10%。到1997年,产品产值猛增到474.51亿元,占工业总产值的34.86%。初步形成了七大领域高新技术产业群和电子信息、生物工程、新材料三大支柱产业,出现了一批高新技术骨干企业,一些高新技术产品在国内外市场占有一席之地。民间科技企业发展方面,到1997年深圳共认定民间科技企业417家,工业总产值72亿元,占全市工业总产值的5.3%,高新技术产品产值58.4亿元,占全市高新技术产品产值的12.3%。

进入20世纪90年代，深圳高新技术产业一直保持高速增长的势头。在这期间，全市工业总产值增长4倍，高新技术产品产值增长10倍以上。到1993年，高新技术产值增长到77.3亿元，占全市工业总产值的14.19%。1994年，深圳高新技术产品产值更是猛增到139.27亿元。到1997年之前，深圳已初步形成计算机及其软件、通信、微电子及基础元器件、新材料、生物工程、机电一体化、激光七大领域的高新技术产业群。其中，计算机和通信产业的产值占高新技术产值的比重超过75%。

一些高新技术产品在国内外市场已占有一席之地。早在1994年，深圳年产微型计算机4.5万台，占全国产量35%；计算机板卡6000万块，占全国产量70%，占世界产量10%；计算机软盘驱动器5万台，占全国产量90%；计算硬盘100万台，占全国产量90%，占世界产量3%；计算机开关电源450万台，占全国产量75%；显示器150万台，占全国产量50%；计算机软盘片2.5亿片，占全国产量50%，占世界产量10%；计算机硬盘磁头350万只，占世界产量16%；打印机20万台，占全国产量80%；程控交换机250万线，占全国25%；电话机产量3000万台，占全国的50%，位居首位；光缆和光纤产量分别达6000公里和5万公里，居全国第二位。

20世纪90年代中期，深圳已吸引了一批内地高新技术企业集团，如长城计算机集团、联想、新潮、太极等创办开发与出口基地，全市从事高新技术产品生产开发的企业达500家左右，形成一批高新技术骨干企业。1991年深圳开始认定高新技术企业工作至1994年年底，共认定高新技术企业59家，认定高新技术产业群（专用集成电路设计群、多媒体技术开发群）企业27家，认定高新技术项目34项。上述59家高新技术企业分别占全市新技术产品产值、利税的

70%左右，成为深圳高新技术产业的主体。这些科技开发企业吸引了内地大批优秀的科技开发人才进入深圳，内地科研成果和国外技术不断向深圳迁移，成为特区发展高新技术产业的骨干力量。到1994年年底，深圳已建立起一支超15万人的专业技术队伍，其中高级职称7260人，中级职称10.3万人，初级职称4.4万人。这些人员中，科技人员约占70%以上。到1997年年底，电子信息、生物工程、新材料等三大支柱产业的高新技术产品产值达到338.25亿元，比1996年增加24.3%。

二、政府积极引导营造高新技术产业发展的综合环境

（一）制定前瞻性的产业发展规划

1990年，深圳市召开第一次党代会，会议认为要充分利用特区作为技术窗口的优势，建立和运用现代化的信息系统，跟踪世界新技术革命的进程，引进先进技术设备，培育一批高科技产业。充分运用现代先进技术，特别是适用先进技术装备和改造传统工业，努力开发新产品，采用新设备、新材料、新工艺，逐步形成科研、引进、创新、推广和应用相结合的机制。同年，深圳市制定了2000年经济社会发展规划，确定了"以科技进步为动力，大力发展高新技术产业和第三产业"的战略方针。

1991年，颁布了《1990—2000年深圳科学技术发展规划》，明确提出了深圳科技发展的战略目标：以发展先进适用技术为重点，以开发高新技术产品为龙头，推动现有产业结构、产品结构调整与技术升级，促进以工业为主导的外向型经济发展与腾飞。建成和完善以替代进口、出口创汇型先进适用技术，高、新技术产品设计、制造及大规模生产工艺开发为主的、科研生产一体化的研究开发体

系,推动企业科技进步,把深圳市建设成为中国南方高新技术产品开发和生产的重要基地之一。

1993年,制定了《深圳市高新技术产业十年规划和"八五"计划纲要》,明确提出把发展高新技术产业作为深圳市的经济发展重点产业。同时,从1993年起,市科技局、计划局每年编制和发布下一年度《深圳市科技计划项目指南》,为各单位申报科技项目提供指导。

1995年,深圳市召开第二次党代会,会议提出以高新技术产业为先导,重点抓好计算机等主导产业,大力培育高新技术骨干企业,提升高新技术产品产值在工业产值中的比重。同年,根据高新技术产业迅猛发展的实际情况,制定了《深圳市科学技术发展"九五"计划和2010年规划》,该《规划》指出:到2000年,全市综合科技实力要达到全国经济发达地区的平均水平,产业科技水平要居国内先进水平,技术进步对国民经济增长速度的贡献率达到45%,全市高新技术产业年产值占工业总产值的比重达到40%;2010年全市综合科技实力的产业科技水平争取达到"四小龙"的平均水平,技术进步的贡献率达到65%,高新技术产业年产值占工业总产值的比重提高到50%。

(二)制定政策和法律、法规,引导和扶持高新技术产业发展

1991年6月,深圳市政府首次颁布《关于加快高新技术及其产业发展暂行规定》,这是深圳特区为促进高新技术产业发展首次提供的法律依据。该部法规规定了深圳特区发展高新技术的技术领域、产品认定及地方、国家和国际标准,明确了组织领导、企业认定、优惠扶持政策等事项。同年8月,颁布了《关于依靠科技进步推动经济发展的决定》。

1992年6月,制定《深圳市认定高新技术企业试行办法》,市科

技局负责深圳市高新技术企业的认定,认定范围从开发区扩大到全市,不分经济性质、隶属关系,且认定标准高出国家和省级标准。同时,还对高新技术企业实行动态管理,两年复查一次,对一些达不到标准的企业要取消高新技术企业称号。根据该办法,认定深圳科技工业园内的深圳金科特种材料有限公司、深明技术有限公司等17家企业为国家高新技术产业开发区高新技术企业,深圳开发科技公司、华为技术公司、海王药业公司等13家企业被认定为深圳市高新技术企业。

1993年6月,深圳市政府颁布了关于民间科技企业的第一个行政法规《深圳经济特区民办科技企业管理规定》,规定了民办科技企业设立条件、认定程序和组织形式,确立了民科企业的法人地位,进一步放宽政策,规范管理,并逐项落实了民科企业的税收、户口、职称、出境等各项鼓励与扶持优惠政策。为此,深圳吸引了大批国内外科技人才,形成了一支生机勃勃的高新技术产业大军,促使深圳民科企业步入发展的快车道,迅速成为深圳高新技术产业发展的生力军。

1994年1月,制定《深圳市高新技术企业认定暂行办法》,在原《深圳市认定高新技术企业试行办法》的基础上,将高新技术企业划分为开发型、生产型和应用型。文件对开发型、生产型和应用型高新技术企业的年总产值、年销售额、人均总产值分别制定了标准。至此,深圳市高新技术企业、深圳市国家高新技术产业开发区高新技术企业、深圳市高新技术项目的认定和管理走向制度化、规范化。

1996年,为推动高新技术产业上规模、上档次,深圳市制定了《深圳市高新技术产业三个一批战略》,将电子信息、生物工程、新材料确立为高新技术的三大支柱产业,同时确立了26家高新技术重点企业和19个创名牌产品,并在资源配置、人才引进、政策扶持等方面向进入"三个一批"(形成一批支柱产业,创办一批大型企业集团,创造一批名优产品)计划的企业和产品实行倾斜。

1997年,深圳针对高新技术产业规模不断扩大,同时面临珠江三角洲周边城市和东南亚国家激烈竞争的现状,结合特区实际,制定了高新技术产业国际化的战略。即将一批民族品牌高新技术产品推向国际市场;推动高新技术企业的经营活动国际化,形成一批跨国经营的高新技术企业;积极引进国外高新技术大公司并促成其本土化;广泛参与国际分工,使深圳高新技术产业成为全球高新技术制造业的有机组成部分。此项战略出台不久,先后有IBM、COMPAQ等几十家外国高新技术企业来深圳投资办厂或设置办事处。康佳、华为、中兴等公司的产品在占领国内市场的基础上,开始进军国际市场,日渐扩大销售范围。

1997年12月,为扶持起步中的高新技术项目产业化发展,制定和颁布了《深圳市高新技术项目认定试行办法》。将高新技术项目分为开发型高新技术项目和生产型高新技术项目,并对认定条件、程序进行了规定,进一步加强了对高新技术企业高新技术项目确认的指导。

(三)营造高效、全方位服务与良好、宽松的生产及社会环境

加强政府部门横向之间的协调,为高新技术企业提供优质服务。1991年,深圳市委市政府成立了"发展高新技术及其产业领导小组",负责领导协调和推进产业化工作。1993年,《深圳经济特区加快高新技术及其产业发展暂行规定》更是以法规的形式规定了"发展高新技术及其产业领导小组"及其办公室的主管部门和职责,始终把为企业服务作为科技管理工作的重点来抓。在提供服

务中，以市科技局为主，从计划、财政、税收、国土、治安等多方面入手，多部门联合做好服务工作，多为企业办好事、做实事。1997年，为了让中国农业大学的一项"863"项目落户深圳，几个月内，市科技局李连和局长七上北京进行协调。政府良好、廉洁、高效、全方位的服务，有力地促进了深圳高新技术产业的发展。

技术市场体系是深圳高新技术产业迅速发展的重要保证。1993年，深圳成立了技术市场促进中心、无形资产评估事务所和质量认证中心，分别承担技术市场政策法规咨询服务，技术市场管理及技术市场服务，无形资产评估、咨询、科研和培训，以及质量体系评审和注册等主要职能。其中，深圳市无形资产评估事务所的创办，被我国理论界誉为"这一领域的超前探索"，使深圳在企业股份制改造、外商的无形资产入股和转让、国内的技术贸易、国外技术引进、企业变更破产清算和相关的司法保护实践中遇到的大量无形资产评估问题迎刃而解。1995年至1996年，深圳又成立生产力促进中心和知识产权事务中心两家机构，分别承担推广高新技术应用、协助企业提高技术水平和生产效率，以及知识产权保护的宣传、培训、咨询及研究等职能。健全的科技服务体系为深圳高新技术产业发展提供了良好的生产环境和宽松的社会环境。

深圳还积极推动技术贸易的发展。1996年，深圳市先后组织了全国60所重点高校及中科院的科教成果发布和项目洽谈会等一系列大型的技术贸易活动。在荔枝节期间还增设了技术交易分会场，吸引海内外高新技术成果到深圳实现商品化和产业化。市技术市场形成以来，出色地扮演了"二传手"的角色，充分发挥了"科技红娘"的重要作用，先后与全国120多所高等院校和科研院所建立了联系，搜集高新技术项目万余个，同深圳市近200家企业进行技术挂钩，使一批高科技成果进入企业，"孵化"成为产品走向市场。全市技术交易总额自1993年以来,每年以20%以上的速度增长,1997年达到3.5亿元。

20世纪90年代以来,深圳积极探索不同所有制经济共同发展高新技术产业的路子,并取得了积极成效。一是对外商投资的高新技术企业以及民营科技企业实行与国有企业相同的待遇,在科研立项、科技贷款、入户指标、微利商品房指标、高科技用地等各项政策上一视同仁。二是通过试点、推广,引导和鼓励国有经济与其他经济成分联合,探索在高新技术产业发展过程中公有制新的实现形式。以中兴通讯公司为例,由于实行了国有民营的经营方式和产权结构,使双方的优势互补,公司规模迅速扩大,效益不断提高,1997年公司销售额超过10亿元,成为上市公司中业绩最好的企业之一。国有资产在5年中增值100多倍。

(四)形成多渠道、多层次科技投入体系

通过政府投入的杠杆作用,引导社会资金进入高新技术产业。市、区财政拨款的科技三项费用(新产品试制费、中间试验费、重大科研项目补助费),作为政府的导向资金。1991年,制定了《依靠科技进步,推动经济发展的决定》,明确规定市、区、县的科技三项费用要占当年财政预算的1%—2%,市级科技基本建设投资原则上应占市级基本建设投资总额的2%—3%。从1992年到1997年,市级财政拨款三项费用达3.08亿元,年均递增25%以上。支持项目862个,配套科技贷款5.5亿元,带动企业自筹资金31.9亿元,新增利税60亿元,节汇创汇17.7亿美元。此外,在企业组建市级以上工程技术开发中心时,市政府还出资加以扶持,每个中心支持500万元,引导企业再配套500万元至1500万元,通过建立工程技术中心,带动企业和整个产业的技术开发。

20世纪90年代初，深圳在鼓励技术研究开发方面也做了不少努力，制定了一些优惠政策。比如，高新技术企业可提取销售收入的3%—10%作为开发费用；高新技术企业试制新产品的单台设备5万元以下者可进入成本，5万元以上者经税务机关批准也可进入成本；高新技术企业引进技术项目投产之后，可免征3年所得税；以及高新技术企业人员出国出港指标，可享受特殊优待等。这些优惠政策在一定程度上鼓励了企业提高技术水平的积极性。

为科技企业提供贷款和风险融资。1992年经市科技局与人民银行深圳支行、市投资管理公司协调，成立了科技贷款协调小组，每年科技贷款指标5000万元，实际贷款额达到9000多万元，每年都支持了10余个项目，年增产值6亿至8亿元，年增利润1亿至1.5亿元，受到金融界和企业界的普遍欢迎和好评。同时，为探索高新技术与金融资本有机结合的路子，1994年，成立了深圳市高新技术产业投资服务有限公司，专门为高新技术企业或民办科技企业申请金融贷款提供担保服务，对技术成熟、市场前景好、附加值高的项目，政府还采取投资参股经营的办法。到1997年年底，该公司累计担保贷款8.7亿元，支持了中兴、华为、奥沃等50多家高新技术企业、60多个高新技术项目和民办科技企业的发展。

实行对高新技术企业优先安排股票上市的政策。深圳市政府积极创造条件，对于国家分配的上市指标，优先考虑有较高技术含量和较好市场前景的高新技术企业，以带动高新技术产业的发展。华源实业公司、天马微电子公司、科健股份公司、开发科技公司、中兴通讯公司等高新技术企业先后在深交所上市交易，筹集了大量社会资金，使高新技术企业不断壮大发展。

三、重大历史事件回顾

（一）珠江三角洲地区发展高新技术产业座谈会在深圳召开

1993年年初，时任中央政治局委员、广东省委书记谢非率队到深圳调研高科技产业发展情况后，当即决定在深圳召开"珠江三角洲地区发展高新技术产业座谈会"，加快推动广东省高新技术产业的发展，加快高新技术的商品化、产业化和国际化进程。6月，座谈会在深圳银湖召开，谢非主持会议并发表了重要讲话，省委常委、副省长和20个市的党政一把手参加了会议。这次会议对深圳高新技术产业的发展给予了肯定，在深圳产生极大反响，形成了努力发展高新技术产业的共识，大大提高了全社会支持高新技术产业发展的积极性。

会后，广东省制定了《中共广东省委、广东省人民政府关于扶持高新技术产业发展的若干规定》（粤发［1993］9号）。该规定从高新技术产业的运行机制、资金投入、税收政策、进出口监管、建设用地、国际合作与交流以及用人政策七大方面入手，提出了33项具体政策，形成了系统、完整的高新技术产业政策体系。这是广东省首次完整、单独阐述高新技术产业政策的纲领性文件，具有很强的操作性，包含许多制度创新内容。例如，提出了深化管理体制改革，按企业化、商品化、市场化的要求，建立以企业为主体、以高新技术开发为依托、以市场为导向的高新技术产业发展的运行机制。发展不同经济形式的高新技术企业，培育高新技术企业主体。省、市各专业银行每年从新增贷款规模中划出不少于10%的资金作为高新技术产业政策性专项贷款，实行优惠利率，用以支持高新技术产业的发展。优先批准高新技术企业发行债券、股票和股票上市，鼓励以股份合作形式兴办高新技术企业等新办法和新举措。这标志着广东高新技术产业进入了一个全面推动的新阶段。

"珠江三角洲地区发展高新技术产业座谈会"后,深圳市委市政府积极规划发展高新技术产业高度,认真指导。时任深圳市领导厉有为、李子彬等多次召开高新技术企业人员座谈会,并深入企业考察,帮助解决实际困难与问题,市科技局、规划国土局、人事局、住宅局、税务局、外事办、人民银行等在高新技术企业的税收、用地,高新技术项目的贷款,高新技术企业技术人员的户口指标、住房及赴港长证等方面制定了一系列优惠政策,为高新技术产业发展创造条件。此次座谈会对深圳高科技产业的战略定位起到了至关重要的作用,从此,深圳高科技产业进入持续高速发展的阶段。

(二)深圳市高新技术产业园区的成立

进入20世纪90年代,在深圳第一个开发区——深圳科技工业园附近,相继组建了深圳市高新技术工业村、京山民间工业村、中国科技开发院、国家电子技术应用工业性试验中心等高新技术产业开发区。在同一区域出现数个功能相同的开发区,在管理上又隶属于不同部门,如不加以整合,各个开发区之间争夺资源、重复建设、恶性竞争的局面将难以避免。

如何趋利避害,把同一区域出现四个功能相同,但在管理上分别隶属于不同部门的开发区统一起来的议题,被提上议事日程。1996年5月,深圳市政府二届三十二次常务会议做出决定:对深圳湾畔原有的深圳科技工业园、深圳市高新技术工业村、京山民间工业村、中国科技开发院、国家电子技术应用工业性试验中心、深圳大学、第五工业区实行一区多园的管理体制,组建"深圳市高新技术产业园区",吸引和开办高素质、高水平的企业及科研机构。成立由市长李子彬为组长,市委常委、常务副市长李德成,副市长郭荣俊,副秘书长刘应力为副组长的深圳市高新技术产业园区领导小组，由科技局、计划局、经发局、规划国土局等19个部门负责人为小组成员，领导小组下设办公室，对高新技术产业园区实行统一领导、统一规划、统一政策、统一管理。新的园区交通方便，地理位置优越，位于特区西部，北起广深高速公路，南至滨海大道，东起沙河中路，西临麒麟路、南油大道，占地11.5平方公里。实行开放式管理，加强政府行为，标志着深圳高新技术产业园区一个崭新的管理体制的形成。新的管理体制也给深圳高新区带来了旺盛活力，深圳高新区由此进入一个全新的历史发展时期。同年9月，国家科委批准该区为国家级高新技术产业园区。

1997年6月，深圳市政府讨论通过了《深圳市高新技术产业园区发展规划纲要》，内容涉及高新区发展的目标、功能和体制。根据该规划，高新区的发展目标是建成国内一流、国际上有影响的高新技术产业园区。高新区的功能定位为成为深圳市大规模、高效益的高新技术产业区；企业运行机制的试验区；科技成果的转化区；国内、国际经济技术的合作区；高层次人才的培养教育区。高新区产业发展的重点是电子信息、生物工程、新材料、光机电一体化四大产业，其中电子信息产业是高新区的重点支柱产业。高新区的产业布局分为北区、中区和南区，按照"大分散、小集中、分清层次、区别对待"的原则，北区以工业用地、安置大型生产型科技企业为主；中区以发展新材料、计算机、生物医药工程为主，并改造一批传统工业企业；南区以技术开发型企业为主，重点发展电子信息产业。1997年，深圳市高新技术产业园区全年实现工业总产值135亿元，比上年增长25%，占全市高新技术企业产品产值的28.5%，为全市高新技术产业持续、健康发展奠定了坚实的基础。

第三节　深圳高新技术产业实现跨越式发展

一、深圳高新技术产业迈上快车道

（一）高新技术产业产值实现了十年"八级跳"

20世纪90年代末期，在国际IT业相对疲软的情况下，国内高新技术产业发展格局出现重要变化，北京、上海高新技术产业加速发展，国内高新技术产业从深圳独大转变为三强鼎立，京、沪、深三地围绕高科技成果、人才、资金等资源展开了激烈的竞争。深圳市高新技术产业在新的格局下经受了考验，继续保持高速发展的良好态势，各项指标均有较大幅度的提高。

2000年，深圳高新技术产品产值迈上第一个千亿台阶，为1064.45亿元，比上年增长29.84%，占全市工业总产值的比重达到42.28%，比上年增长2个百分点；全市从事开发生产高新技术产品的企业有553家，比上年增长32.30%，开发、生产高技术产品1028种，比上年增长29.84%；高新技术产品出口66.33亿美元，比上年增长29.21%，占产品销售收入的比重为55.67%。

2003年，深圳高新技术产品产值迈上第二个千亿台阶，达到2482.79亿元，比上年增长45.20%，占全市工业总产值达到48.93%。如果把90年代初作为高新技术的起点，深圳实现高新技术产品产值第一个千亿元用了10年时间，而实现第二个千亿元产值仅用了3年时间。

2004年至2008年，深圳高新技术产业的增长情况令人欣喜：2004年全市实现高新技术产品产值3266.52亿元，同比增长31.57%；

2005年，这一数字达到4885.26亿元，同比增长49.56%；2006年达6293亿元；2007年进一步攀升至7598亿元；2008年实现高新技术产品产值8710亿元，这不仅突破了第八个千亿级跨越，更意味着里程碑式的突破，实现了"八级跳"，说明深圳高新技术产业已经具备一年完成增长产值过千亿元的实力。

深圳高新技术产业在快速增长中呈现出如下特点：一是拥有自主知识产权的高新技术产品产值占高新技术产品总产值的比例逐步增加，自2000年这一比例突破50%（达到50.22%）后，2004年至2008年这一比例分别为56.73%、57.81%、58%、58.6%和59.1%，标志着深圳的高新技术产业发展已经完成了从加工装配向自主发展的方向转变。二是高新技术产品产值占工业总产值的比例逐步增加，1998年至2008年这一比例分别为35.44%、40.47%、42.2%、45.87%、47.88%、48.93%、50.18%、51.06%、52%、54.93%和54.92%。三是全市高新技术企业不断增加，2004年至2008年经认定的高新技术企业总数分别达到943家、1144家、1505家、2748家和3086家。四是企业规模达到了一个新水平，首次出现了超千亿元的企业，截至2005年年底，高新技术产品产值超1000亿元的有1家，超200亿元的有5家，超100亿元的有8家，超50亿元的有14家，超20亿元的有32家，超10亿元的有49家，超亿元的有308家。五是电子信息产业仍居主导位置，占高新技术总产值的比例一直在90%以上，这一方面是深圳高新技术产业的鲜明特点，另一方面也存在结构性安全隐患，始终是一个要破解的课题。

（二）产业化基地、孵化器和园区建设有新突破

2005年，科技部批准深圳为"国家半导体照明工程产业化基地"，至此，深圳拥有国家"863"计划产业化基地、国家集成电路深

圳产业化基地、高新技术产品出口基地、中国青年科技创新行动示范基地、国家火炬计划软件产业基地、国家生物产业化基地等国家级高新技术产业化基地的头衔。此外,深圳是全球最大的U盘生产基地、国内最大的机顶盒生产基地、国内最大的"智能停车场管理设备"生产基地、国内重要的大型精密医疗器械和医用电子仪器生产基地。高新技术产业化基地建设日益成为深圳市培育科技型企业和发展高新技术产业的重要载体。

至2005年,深圳共有32家科技企业孵化器,其中有5家被认定为国家级孵化器,6家被认定为市级科技企业孵化器,孵化器总面积62万平方米,总投资33亿元,财政投资15亿元,民间资本也参与其中。孵化器在为深圳市科技产业化服务、促进科技成果转化、引导中小高新技术企业渡过创业期、培育科技型中小企业和创新创业人才、提升地区产业结构、促进高新技术产业发展等方面发挥了独特的重要作用。比如,天安民营科技园完全由企业投资5000万元,建成的孵化器为园内500多家中小民科企业提供服务,成功孵化出太光通讯、云海计算机、清华彩虹等一批知名的民营高科技企业。

深圳高新技术产业园区自成立以来实现了产业和创新的高速发展,2005年高新区工业总产值1368亿元,是1996年高新区成立之初的13.7倍,高新技术产品产值1324亿元,出口87.46亿美元,累计实现税收262亿元。在创新方面,截至2006年,高新区共申请专利6126件,其中发明专利申请量4353件,占专利申请总量的71%。高新区在占全市0.6%的土地上实现每平方公里工业总产值118.92亿元、创造了全市14.3%的工业总产量和超过50%的专利拥有量。官、产、学、研、资、介相结合的区域创新体系是高新区的重要体现,一大批国内外知名企业研发中心在此汇集,43所海内外院校组成的"虚拟大学院"共设立各类实验室、研发中心、工程中心63个,两院院士活动基地、企业博士后工作站、工程技术中心和国家重点实验室，共同构筑了服务企业的公共技术平台。高新区形成的自主创新"生态环境"，使其成为深圳自主创新的排头兵。

（三）形成了一批拥有自主知识产权的本土企业群体

深圳30年的经济发展经历了从"深圳加工""深圳制造"到"深圳创造"的积极转变，通过提高企业自主创新能力逐渐形成了一大批本土成长起来、拥有自主知识产权的企业群，形成了以通信产业群、计算机产业群、集成电路产业群、软件产业群、医疗设备和新材料产业群为主导的高新技术产业群。从2004年起，实现了两个50%的超越，即高新技术产品产值占工业总产值超过50%，其中自主知识产权产品产值又超过全部高新技术产品产值的50%，这一比例在全国也是遥遥领先。在通信、医疗设备和电池等高科技行业，深圳已经占据了全国行业技术领域的制高点和大规模的市场份额。自主创新活动带动了技术密集、知识密集和高增值行业的发展，使深圳经济增长方式发生深刻变化，2008年，深圳每平方公里生产总值产出达到4亿元，是国内单位面积生产总值产出最高的城市。

不同高新技术产业群在创新模式上也各具特色，如通信行业的华为、中兴走的是一条由下游向上游递进的逆向之旅，他们专注于研发，杜绝其他一切诱惑；后起之秀腾讯虽是软件出身，却另辟蹊径，注重概念研发，依靠经营软件，并融入时尚、技术等各要素，把无污染、高效率的打包服务卖得有声有色，也正是这种基于游戏的经营模式，把"QQ"玩转全国；新材料领域的比亚迪，从事二次充电电池研究、开发、制造和销售，将劳动密集和技术密集结合起来开展技术创新，成为世界电池行业的巨头。通过原始创新、消化创新、集成创新、服务创新、技术创新、管理创新等不同的创新模式,既造就了华为、中兴这样的民族骨干企业,也正在造就腾讯、朗科、迈瑞、比亚迪、大族激光这些不断壮大的企业,形成雁阵和梯队的发展态势。

(四)形成了一大批创新资源

2000年,全市专利申请量达到4431项,比上年增长34%,评出科技进步奖119项,其中,有23项获广东省科技进步奖,4项获国家科技进步二等奖,是历年获国家科技进步奖最多、水平最高的一次,显示深圳技术创新能力有了质的进步。2004年,深圳全市专利申请量和授权量在国内大中城市中已经名列第三,2008年这一数字有了进一步提高。2008年,在政府科技投入继续增加,全社会研发投入稳步增长,企业研发活力不断增强的情况下,全市创新能力有了新的提升,形成了一大批创新资源。

一是全社会研发投入稳步增长。2008年全社会用于高新技术产品研究、开发的经费预计达260亿元,比上年增长15%,占全市生产总值的3.3%左右。拥有自主知识产权的高新技术产品产值预计达5100亿元,占全部高新技术产品产值的59%左右。

二是专利申请量保持较快增长。全市专利申请量36249件,列全国大中城市第三位,仅次于上海(52837件)、北京(43515件);其中发明专利申请量18757件,列全国大中城市第二位,仅次于北京(28401件)。国外专利申请量较快增长,PCT国际专利申请量2709件,比上年增长24.8%,连续五年居全国第一。特别值得一提的是:世界知识产权组织公布的数据显示,2008年全球专利申请公司(人)排名榜上,华为公司凭借全年递交1737件申请量首次占据榜首,结束了飞利浦连续10年的榜首地位。

三是一批有较大影响力的科研机构落户深圳。科技部同意在深圳建设具有千万亿次计算能力的"国家华南超级计算中心";依托深圳先进技术研究院建设深圳产业创新研究院的前期工作已经展开;深圳航天科技创新研究院已挂牌成立。

四是涌现出一批自主创新基础研究成果。华大基因提交的《第一个亚洲人基因组图谱》被国际权威学术刊物《自然》接受,作为封面故事于2008年11月6日发表,该论文的科学发现对基因科学研究和产业发展都具有重要的指导意义。另外,华大基因在高交会期间公布了大熊猫基因组序列图谱、人工克隆猪等成果,引起海内外广泛关注。

五是一批产业链关键项目和新能源民生科技项目开始产生效益。世纪晶源化合物半导体基地第二期工程于2008年10月底投产;五洲龙公司新能源电动汽车大规模示范运行顺利实施;比亚迪DM双模电动车即将投产;深超光电投资建设的华南地区第一条第五代TFT-LCD面板生产线于2008年12月正式投产,标志着华南地区结束了没有大尺寸液晶面板生产线的历史。

二、政府科技规划和相关扶持政策的出台

（一）推进高新技术产业发展的重要规定出台

1998年,随着深圳科教兴市活动在高起点上不断向前推进,深圳市委市政府对高新技术产业的发展愈加重视,高新技术产业发展的优先地位得到进一步加强,一些重大政策和举措相继出台。1998年年初,新任市委书记张高丽主持的深圳市委第一次常委扩大会议,《关于进一步扶持高新技术产业发展的若干规定》(以下简称《22条》)获得通过。春节后上班第二天,深圳市政府常务会议也通过了这一文件。《22条》是当时市政府出台的扶持高新技术产

业发展政策中内容最全面的一个政府文件,除了将已有的政策汇集重申,在研究开发投入、投资担保、税收优惠、技术入股、调干、调工等方面有了较大的突破。《22条》从起草文件到正式出台,仅用了两个多月,充分反映了深圳领导层加快发展高新技术产业的决心,也反映了深圳各部门通力合作的高效率。《22条》在国内外产生了广泛的影响,中央有关领导对深圳发展高新技术产业的举措表示赞赏,国内传媒竞相报道,兄弟省市纷纷来人来电咨询,外商投资企业和国内企业十分关注,深圳科技界更是备受鼓舞,发展高新技术产业的热情高涨。

1999年9月,在《中共中央国务院关于加强技术创新,发展高科技,实现产业化的决定》颁布不久,深圳市政府对《关于进一步扶持高新技术产业发展的若干规定》进行修订,出台了新的《22条》;1999年12月,深圳市科技局、财政局、国税局、地税局、计划局、经发局六部门联合发文,对1998年4月发布的《22条》实施办法进行修订,出台了新的实施办法;2000年3月,深圳市人事局、外事办、住宅局、公安局、教育局五部门也就科技人才引进中的具体政策规定出台了实施办法修订版。新的《22条》及两个配套的实施办法,在引导和扶持高新技术产业发展方面涉及的范围更广、扶持的力度更大、操作性更强。

(二)IT产业动荡情况下深圳市委再出台重要文件

2001年,世界IT产业发展急剧放缓,美、日、欧盟三大经济体同时走入低谷,中国正式加入世界贸易组织,对于以电子信息产业为主体的深圳高新技术产业来说,尽管当年取得了24.14%的增长率,但未来发展将面临越来越多的不确定性因素。正是在这种情况下,2001年7月,在中共深圳市委三届三次全体(扩大)会议后,出台了《中共深圳市委关于加快发展高新技术产业的决定》（以下简称《决定》），这是继《22条》之后，深圳领导层在发展高新技术产业方面又一个里程碑式的重要文件。与《22条》以优惠政策为主体不同，《决定》重点阐明了新时期发展高新技术产业的指导思想。这一指导思想中有很多提法与以前不同，如第一次提出以高新技术产业带为主要载体，突出体制创新、技术创新和管理创新；提出用高新技术产业改造和提升传统产业，推动产业升级，加强信息化建设；提出保护知识产权，防范投资风险；提出努力把深圳建设成为规模优势明显、产业特色突出、创新体系完善、创业投资活跃、科技人才荟萃、综合环境优良的高科技城市。《决定》还从建设高新技术产业带、突出高新技术产业发展重点、完善区域技术创新体系、发展创业资本市场、加强人才队伍建设、培育崇尚创新的社会氛围六个方面阐述了实现指导思想的方法和路径。《决定》的推出表明，在贸易增长和全球信息技术产业发展放缓，对深圳高新技术产业发展造成较大影响的情况下，深圳坚定发展高新技术产业的决心没有动摇，而且提出了更加明晰的发展思路，对深圳高新技术产业向更高层次迈进是个有力的推进，产生了广泛的影响。

（三）2004年的"一号文件"与完善区域创新体系

2004年，深圳高新技术产业发展进入一个新的春天，其突出标志就是一项重大战略决策的出台。1月18日，市委市政府2004年"一号文件"《关于完善区域创新体系，推动高新技术产业持续快速发展的决定》正式出台，在社会上引起了强烈的反响。此前不久召开的市委三届八次全会上，市委书记黄丽满强调，深圳确立建设国际化城市的五个内涵中，第一个就是"高科技城市"。在"一号文件"出台当天共有600多人参加的全市高新技术产业工作会议上，代市长李鸿忠表示：要旗帜鲜明、毫不动摇地把发展高新技术产业摆在更加突出的位置，作为建设国际化城市的第一动力。党政一把手抓"第一生产力"，从"第一内涵"到"第一动力"，表明深圳创新开始了新的超越。"一号文件"有以下几个特点：一是把完善区域创新体系作为深圳高新技术产业发展的切入点，根据新形势下深圳高新技术产业发展中的薄弱环节，有针对性地提出了改革的对策和思路，如建设高新技术公共技术平台、完善高新技术产业链、培育高科技产业孵化体系、拓展高新技术发展空间等；二是把发展高新技术产业的着力点从以往主要依靠优惠政策向营造综合环境转变，突出以人为本，在加快人才培养、弘扬创业文化、推动产学研合作、加强科技信息网建设等方面有新举措；三是注重资源整合，提出了一系列整合财政资金的措施，支持重点领域和产业的发展；四是突出制度建设和体制创新，鼓励高新技术企业采用管理股、政府对创业投资予以匹配等；五是加快整合市政府投资的各类科研机构建设。

（四）"四个难以为继"的提出与建设创新型城市

2005年5月16日，市委书记李鸿忠在深圳市第四次党代会上分析了深圳在发展过程需要解决的问题，并将其总结成四个"难以为继"，即在经济飞速跨越的背后，制约深圳经济发展的矛盾也日益凸现：深圳的土地、空间有限难以为继；能源、水资源短缺难以为继；人口不堪重负难以为继；环境承载力严重透支难以为继。这四个"难以为继"是深圳发展的系列瓶颈。2005年8月5日，《人民日报》全文刊载了市委书记李鸿忠的文章《实施自主创新战略　建设创新型城市》，文章对在四个"难以为继"的状况下深圳如何发展作了全面论述，表明深圳要坚定不移地走自主创新的路子；文章特别强调要充分发挥政府的积极作用，认为自主创新是具有很强的外部经济性的活动，仅靠市场杠杆很难使创新活动处于社会需求的最优水平，必须发挥政府的积极作用，努力营造有利于自主创新的环境，对自主创新形成有效的激励。这为2006年确立实施自主创新型城市的战略作了理论上的铺垫。

四个"难以为继"在深圳高新技术产业发展中也有表现。首先表现为粗放型发展特征明显：以深圳高新区为例，其工业用地面积大致与台湾新竹工业园相当，但两者在企业数量、企业规模、产值、就业人数等方面相差甚远。2002年新竹工业园就业人数接近10万人，实现产值折合人民币2200亿元。单从高新技术产品产值看，数十平方公里的一个新竹工业园，就相当于2000平方公里的一个深圳。其次是核心技术的缺失：深圳高新技术产品中，拥有自主知识产权的高新技术产品产值占到了55%，但具自主知识产权的核心技术不多，如操作系统、CPU、IC都不是自己的，包括一些龙头企业也是这样，没有上游技术之根，深圳的高科技只能受制于人。而且高新技术产业中一般加工装配的比例仍然较高，占用资源多，为当地的经济贡献却很少，使高新技术产业本身的发展难以为继。四个"难以为继"的提出，表明深圳必须进一步改变发展模式，坚定不移地走自主创新的路子。

（五）2006年的"一号文件"再为创新添动力

2006年1月4日，深圳市委市政府又一次以"一号文件"的形式颁布了《关于实施自主创新战略 建设国家创新型城市的决定》，这是相隔两年时间以市委市政府名义颁布的第二个"一号文件"。这个文件提出，"以创新作为新的历史条件下深圳发展的生命线和灵魂，把深圳建设成为重要的高新技术产业基地和国家创新型城市"，"要以提升科技自主创新为主线，全面推动思想观念创新、发展模式创新、体制机制创新、对外开放创新、企业管理创新和城市管理创新，使创新的意识、创新的精神、创新的力量贯穿到现代化建设的各个方面，使创新成为今后及社会发展的内在动力，成为驱动经济社会持续协调发展的主导力量"。"一号文件"颁布后，市政府马上组织20个部门参与研究，完成了20个配套政策的制定，形成了推动自主创新的"1+20"政策框架。把创新从科技发展战略、产业发展战略进一步提升为城市发展的主导战略，并辅以具体实施的系列配套文件。

2008年6月，《深圳经济特区科技创新促进条例》通过深圳市人大审议，并于10月1日起实施。该条例是经济特区第一部关于科技创新的基本法，进一步把自主创新的制度机制保障上升到法律层面，将对深圳科技创新产生深远影响。

三、重大历史事件回顾

（一）从荔枝节到高交会的华丽转身

1998年4月20日至29日，深圳市主要领导带队赴厦门、上海、大连学习考察后，受"大连国际服装节"的启发，市委书记张高丽提出办一个科技节的设想。在随后向广东省委省政府作汇报时，李长春书记很感兴趣，认为这不仅是深圳的大事，也是广东省的一件大事。他建议把名称改为高新技术成果交易会，希望办出"广交会"一样的水平、一样的规模、一样的影响。

在高交会第一次领导小组会议上，深圳市领导认为，仅仅依靠深圳自身的力量难以实现"大规模、高水平、国际化、讲实效"的既定目标，必须争取国家有关部委的支持。在深圳领导层充分讨论的基础上，1998年8月，市长李子彬与科技局局长李连和赴北京，向科技部、信息产业部、外经贸部、中国科学院的领导征询意见,争取他们的加盟支持。征询取得了圆满成功,三部一院同意参加高交会,确定会议为国际级的交易会,并获得了国务院的批准,这使高交会成为第三个国家级交易会。至此完成了从荔枝节改为最初的科技节,到深圳市的高新技术成果交易会,再到中国国际高新技术成果交易会的确立过程,使高交会一开始就站上一个高起点。

1999年10月5日至10日,国务院总理朱镕基宣布首届中国国际高新技术成果交易会开幕。来自美国、加拿大、德国、澳大利亚、日本、英国等27个国家的402家高科技企业、大学、研究所、金融机构,130多家国际著名公司和国内著名企业参加了展览和交易。仅采访的境内外记者就达1100多名,他们在十多天的专题报道中称"高交会开创了深圳高新技术产业的新时代","她将掀起一场中国科技创新的革命"。

截至2009年,高交会已成功举办11届。温家宝为2008年第十届高交会做出重要批示:"办好高交会,推进高新技术产业化,对于自主创新、调整经济结构、转变发展方式具有重要意义。"汪洋也对进一步办好高交会寄予厚望,"经过十年不懈努力,高交会被成功打造为'中国科技第一展'。希望再过十年,力争把高交会打造成为世界科技第一展!"

(二)深港创新圈:从概念到成功实践

"深港创新圈"这一概念是深圳市政府于2005年7月在北京汇报深圳的自主创新工作时首次提出的,并得到了国务院和有关部委领导的肯定。当时大家对这一概念还没有形成十分清晰的认识,对"深港创新圈"的理解主要围绕以科技合作为核心展开。为此,2005年12月,深圳市科技和信息局与香港创新科技署共同召开了"建立深港创新圈专题研讨会"暨"深港创新圈"第一次高层论坛，国家有关部委、广东省科技厅、香港特别行政区及深圳市的代表约50人参加了这次内部会议。会议对建立"深港创新圈"的必要性、可行性，以及"深港创新圈"的定位、目标、主体、模式做了较为广泛的讨论，为深圳市委市政府在"一号文件"中正式提出这一概念奠定了理论基础和社会共识。

2006年1月4日，深圳将加快建设"深港创新圈"写入市委市政府的"一号文件"——《关于实施自主创新战略　建设国家创新型城市的决定》。2006年2月，深圳市政府提出："应将深港创新圈建设成为国际上有影响、国家战略中有地位、对区域发展有贡献的创新圈。"2006年4月，深港两地又召开了"深港创新圈"第二次高层论坛，并出台了工作方案。2006年8月，深港双方多次沟通协商，共同起草了"深港创新圈"合作协议，协议草案前后磋商半年左右。2007年3月，"深港创新圈"合作协议得到广东省政府、国务院港澳办正式批准。

"深港创新圈"是由深港两地政府与民间力量共同促成，在市场驱动下，以科技创新为核心，通过汇聚两地创新资源、产业链而形成的一个跨城市、高聚集的区域创新体系及产业聚集带，是深港两地创新资源集中、创新活动活跃的区域，并将发展成为引领、支撑和提升深港地区及珠三角区域自主创新能力的世界级区域创新中心。

自《合作协议》签署以来，在国家和广东省委省政府的大力支持下，在深港两地政府的高度重视和积极推动下，"深港创新圈"各项工作取得了全面、深入、务实、成效性的进展：一是建立了"1+3"工作制度，二是形成了共同资助的创新机制，三是联合招商取得重大成果，四是形成了更紧密的创新互动，五是共同搭建了一系列公共信息平台。

第四节　深圳成为首个国家创新型城市

一、深圳阔步迈向国家创新型城市

（一）深圳高新技术产业产值冲刺2万亿元大关

自2008年深圳成为首个国家创新型城市，深圳就坚持把创新驱动作为城市发展主导战略，践行深圳质量、深圳标准，全面深化科技体制改革，加快推进以科技创新为核心的全面创新，科技创新生态体系显著完善，科技创新质量明显提高，战略高技术水平持续提升，新兴产业发展迅猛，从"跟跑"向"并跑""领跑"转变，在全球创新版图中引领、支撑经济社会发展的作用显著增强。

深圳市高新技术产业在突飞猛进的发展中也遇到过挫折，受2008年亚洲金融危机影响，2009年深圳高新技术产业产值首次出现负增长，产值总量达到8507.81亿元，比上年下降2.3%。随着亚洲金融危机影响逐渐变小，深圳高新技术产业产值又恢复了较快的增长态势，但受内外部复杂多变的形势影响，特别是随着国内经济步入新常态，深圳高新技术产业产值增速逐渐平稳。2010年，深圳高新技术产品产值首次突破1万亿元，达到10176.19亿元，比上年增长19.6%；2011年这一数字达到11875.61亿元，比上年增长16.7%；2012—2016年，深圳高新技术产业产值分别为12931.82亿元、14159.45亿元、15560.07亿元、17296.87亿元、19222.06亿元，分别比上年增长8.9%、9.5%、9.9%、11.2%、11.1%。深圳高新技术产业产值从1979年兴起到2000年迈向千亿元大关，用了22年；从2000年千亿元大关迈向2010年万亿元大关，用了10年；从2010年的万亿元大关迈向2017年的2万亿元大关,用了7年。

(二)综合创新能力持续增强

自2008年以来,深圳成为全国首个以城市为单元建设的国家自主创新示范区,深入实施国家创新型城市总体规划,顶层设计不断强化,发布实施经济特区技术转移条例、创新驱动发展"1+10"等一系列全局性、前瞻性的政策文件。2008—2015年全市研发投入分别为260.39亿元、279.71亿元、333.31亿元、416.14亿元、488.37亿元、584.61亿元、640.07亿元、732.39亿元,占生产总值比重由2008年的3.34%提高到2015年的4.18%,接近居世界前列的以色列和韩国。2016年深圳PCT国际专利申请量为19648件,连续13年稳居全国首位,比2008年增长222.6%,占全省比重83%,占全国比重46%,占世界比重8.4%,居世界各国和地区第四位,超过德国(18315件),其中中兴(4123件)和华为(3692件)分别居世界第一、第二位。2016年,深圳专利申请量接近15万件,达到145294件,同比增长37.7%,其中发明专利申请量首次超过5万件,达到56336件,占申请总量的38.8%,有效发明专利达到9.5万件。深圳多次位居福布斯中国创新城市榜首。

(三)科技创新加速向引领式创新迈进

深圳聚焦目标、突出重点、集中力量,围绕战略性、前沿性领域,主动布局重大科技计划项目,突破核心关键技术瓶颈,取得一批重大科技成果。"十二五"期间,共获国家技术发明一等奖、国家科技进步一等奖等56项国家科学技术奖励,较"十一五"期间增长70%。大亚湾中微子"第三种振荡"科研成果入选《科学》杂志年度全球十大科学突破。4G技术、互联网、基因测序、3D显示、柔性显示、新能源汽车、超材料、无人机等领域创新能力处于世界前沿，其中华为、中兴在第四代移动通信TD-LTE技术领域的基本专利占全球1/5，并率先在5G领域布局，光启拥有全球超材料领域86%以上的核心专利，华大基因新一代基因测序能力与超大规模生物信息计算分析能力居全球第一，北科生物建成亚洲最大的综合性干细胞库群和全球首个通过美国血库学会认证的综合干细胞库。

（四）高端创新资源集聚能力显著增强

深圳实施人才强市战略，努力打造人才宜居宜业宜聚城市。大力实施引进海外高层次人才的"孔雀计划"，举办国际人才交流大会，集聚海内外各类创新型人才。累计引进省级"珠江人才计划"创新团队31个、"孔雀计划"创新团队64个、"千人计划"人才154名、"海归"人才约6万人，其中2人获得陈嘉庚青年科学奖，9人入选福布斯发布的"中美创新人物"。面向全球引进优质教育资源，推进高等教育开放式跨越发展，加快推进深圳大学、南方科技大学等高水平大学建设，哈尔滨工业大学深圳研究生院获教育部同意筹备本科教育，加快深圳北理莫斯科大学、清华-伯克利深圳学院等一批专业化、开放式和国际化特色的学院建设。广泛开展国际创新合作，积极参与中微子实验国际合作项目、国际基因组计划和国际植物组学研究等国际大科学计划，微软、英特尔、甲骨文、三星等一批跨国公司研发中心落户深圳，华为、中兴分别累计在全球布局了47个和18个研发中心。

（五）创新载体呈现裂变式发展

深圳主动顺应全球新一轮科技革命潮流和趋势，建设了一批开放式的重大科技基础设施、创新载体和服务平台。国家超级计算深圳中心、大亚湾中微子实验室和国家基因库建成使用。国家、省、市级重点实验室、工程实验室、工程（技术）研究中心、企业技术中心等创新载体由2010年的419家增加到2015年的1283家，规模增长逾2倍。瞄准前沿领域，培育了集科学发现、技术发明、产业发展"三发"一体化发展的新型研发机构近70家，这些机构以其突出的创新能力和巨大的增长潜力，成为引领源头创新和新兴产业发展的重要力量。

（六）创新型经济"主引擎"作用更加突出

大力实施生物、互联网、新能源、新材料、文化创意、新一代信息技术和节能环保七大战略性新兴产业规划和政策。深圳七大产业规模年均增长20%以上，为同期生产总值增速的2倍，总规模由2010年的8750亿元增加到2015年的2.3万亿元，增加值占生产总值比重由2010年的28.2%提高到2015年的40%。2015年，电子信息产业增加值共5085亿元，占生产总值比重达31.8%。在此基础上，又先后前瞻布局了生命健康、海洋经济、航空航天、机器人、可穿戴设备、智能装备等未来产业，着力打造梯次型的现代产业体系，培育创新型经济新的增长点，2015年未来产业总规模已突破4000亿元。

（七）企业向全球创新链、价值链上游攀升

深圳进一步强化企业在技术创新体系中的主体地位，实施高新技术企业培育计划。科技型企业超过3万家，国家级高新技术企业由2010年的1353家增加到2015年的5524家，五年增长超过3倍，形成了强大的梯次型创新企业群，成为我国企业参与国际竞争的先锋队。一批具有国际竞争力的创新型龙头企业迅速崛起，腾讯、华为入选波士顿咨询公司评选的"2015年全球最具创新力企业50

强"，比亚迪成为全球同时具备新能源电池和整车生产能力的先进企业，研祥智能是全球第三大特种计算机研发制造厂商。大疆、超多维、光峰光电、柔宇科技等一批高成长性的创新型中小企业不断涌现。

（八）综合创新生态体系日益完善

深圳加快科技金融试点城市建设，全面推进科技、产业、管理、金融、文化、商业模式等方面创新，VC/PE机构达4.6万家，本地企业中小板、创业板上市总量连续9年居大中城市首位。在移动互联、云计算、基因、北斗卫星等领域建立45个产学研资联盟和10个专利联盟，推动新兴产业协同创新。与科技部共建国家技术转移南方中心，获批成为国家首批科技服务体系建设试点城市和"中国创新驿站"首批试点地区。提出"创新、创业、创投、创客"的"四创联动"新思路，成功举办首届国际创客周，弘扬"敢于冒险、勇于创新、追求成功、宽容失败、力戒浮躁"的创新文化，柴火创客空间等一批众创空间蓬勃发展，高交会、IT领袖峰会、BT领袖峰会等成为促进创新创业的重要平台，大众创业、万众创新氛围更加浓厚。

二、政府科技规划和相关扶持政策的出台

（一）2008年出台《关于加强自主创新促进高新技术产业发展的若干政策措施》

2008年9月，为进一步增强自主创新能力，提升高新技术产业发展水平，促进产业结构优化升级，加快国家创新型城市建设，深圳市政府出台《关于加强自主创新促进高新技术产业发展的若干政策措施》，鼓励企业、高等院校和科研机构承担《国家中长期科

学和技术发展规划纲要》重大专项、国家重大科技基础设施、国家高技术产业发展计划、国家科学中心、国家实验室等建设任务,凡在深圳建设实施的,予以配套支持;设立产业发展与创新人才奖,安排创新创业计划专项经费,扩大我市人才公寓供应计划规模,加大吸引人才力度;在税收方面为企业提供优惠,继续强化企业主体地位;保障土地资源供给,拓展产业发展空间;优化创新环境,加速知识与技术成果产业化;建立和完善多层次资本市场,改善融资环境等。

(二)2010年出台《关于加快转变经济发展方式的决定》,2011年出台《关于加快产业转型升级的指导意见》

为率先转变经济发展方式,积极调整和优化产业结构,加快产业转型升级步伐,2010年10月,深圳市委市政府出台《关于加快转变经济发展方式的决定》,着重从自主创新、优化产业结构、深化改革、开放式发展、加快城市化、增进民生幸福等几个方面推动经济发展方式转变。2011年10月深圳市政府提出《关于加快产业转型升级的指导意见》,指出坚持产业升级与转移合作相结合、城市更新与产业转型相结合、技术创新与成果转化相结合、淘汰低端与引入高端相结合的基本原则,通过产业转型升级,推动战略性新兴产业规模化、高技术产业高端化、优势传统产业品牌化,构建以"高、新、软、优"为特征的现代产业体系。在产业结构、技术创新、空间布局、人口结构等方面实现战略性转型,推动规模效益迈上新台阶,成为"加快转型升级、建设幸福广东"的先行市,争当全国产业转型升级的示范市。

（三）2012年出台《关于努力建设国家自主创新示范区 实现创新驱动发展的决定》

为充分发挥科技对经济社会发展的支撑引领作用，2012年深圳市委市政府出台《关于努力建设国家自主创新示范区 实现创新驱动发展的决定》，指出要完善以企业为主体的技术创新体系、创新科研机构建设的体制机制、加快科技管理体制改革，全面激发创新活力；要大力发展战略性新兴产业、积极优化产业组织形态、不断拓展科技创新与新兴产业发展空间，打造具有国际竞争力的战略性新兴产业集群；要完善民生科技发展机制、加快社会管理领域科技支撑体系建设、促进城市低碳绿色发展，发挥科技支撑作用；要探索有深圳特色的协同创新模式、加强区域创新合作、全力推进深港科技合作、扩展国际科技合作的广度和深度，完善开放式创新体系；要完善人才激励机制、促进科技和金融结合、大力弘扬创新文化，打造创新环境，优化创新生态。

（四）2016年出台《关于促进科技创新的若干措施》《关于支持企业提升竞争力的若干措施》《关于促进人才优先发展的若干措施》和《关于完善人才住房制度的若干措施》组合型政策

为在更高水准上推动新一轮创新驱动发展，2016年深圳陆续出台关于促进科技创新、提升企业竞争力、促进人才优先发展、完善人才住房制度组合型政策。

《关于促进科技创新的若干措施》形成了"创新科技管理机制，打造科技体制改革先行区；提升产业创新能力，打造新兴产业聚集区；强化对外合作，打造开放创新引领区；优化综合创新生态体系，打造创新创业生态区"的政策框架，总共62条措施，其中47条属于新增政策，15条在原有政策基础上加大了支持力度。

《关于支持企业提升竞争力的若干措施》是在深圳市委市政府做大量前期调研，市委书记马兴瑞、市长许勤多次率队赴企业了解发展情况，主持召开座谈会听取企业的政策需求和意见建议的基础上出台的，是针对在深的所有企业，无论规模大小，具体包括鼓励企业创新、技术改造、开拓外贸方面等诸多领域进行了创新，总共8部分、37条措施，支持企业做大做强做优。

《关于促进人才优先发展的若干措施》共有178个政策点，属于新增的有86个，强化的有70个，重申的有22个，在政策方面实现五大突破：一是在财政投入的力度上有重大突破，二是在人才安居保障上有较大突破，三是在释放市场活力和发挥用人主体积极性方面有较大突破，四是给各类人才"松绑"方面有较大突破，五是在优化人才服务方面有较大突破。

《关于完善人才住房制度的若干措施》共25条，分为创新和完善人才住房制度顶层设计、加大人才住房建设和供应力度、建立健全人才住房工作保障机制三大部分，主要包括六大政策创新点。

三、重大历史事件回顾

（一）深圳成为全国首个创建国家创新型城市试点城市

增强自主创新能力，建设创新型国家，是党中央、国务院在新时期做出的重大战略决策。与国内其他城市相比，深圳的自主创新在全国城市当中位居第一，条件最好。更重要的是，深圳市委市政府对于创新城市的建设给予了高度关注。早在2005年，深圳市第四次党代会就提出了"实施自主创新战略，建设自主创新型城市"的奋斗目标。2006年，深圳颁布《关于实施自主创新战略　建设国家创新型城市的决定》，同时开展相关配套政策的制定，对于城市创新体系的勾画做了比较深入的研究。2006年4月，深圳市政府向国家发改委呈报了《关于恳请国家发改委共建深圳区域创新城市的请示》，这是深圳市政府第一次向国家发改委申请建设创新型城市。此后，国家发改委经济主管部门及相关司局指导布局和协调深圳建设了国家级软件出口基地、生物产业基地、循环经济示范城市和综合性高技术产业基地，为创建国家创新型城市奠定了坚实的基础。2008年3月，深圳市政府赴京向国家发改委呈报了《关于深圳建设国家创新型城市的请示》，并汇报了深圳建设国家创新型城市的基本情况。

　　2008年6月，国家发改委正式复函同意深圳创建国家创新型城市的总体设想，要求深圳创建创新体系健全、创新要素集聚、创新效率高、经济社会效益好、辐射引领作用强的国家创新型城市。由此，深圳成为全国第一个，也是目前唯一的建设国家创新型城市的试点城市，这是深圳自主创新工作一个新的里程碑。此次国家发改委对深圳创建国家创新型城市的支持，意味着深圳的这一城市战略得到了国家层面的认同，上升到了国家战略层面。随即，深圳市成立了由发改局牵头，会同市科信局、规划局、财政局、人事局、文化局、质监局、知识产权局、高新办等单位组成的规划联合编制小组，抓紧研究编制建设规划。2008年9月深圳市政府专门召开自主创新大会，出台《关于加快建设国家创新型城市的若干意见》和《深圳国家创新型城市总体规划（2008—2015）》等重要文件。2009年2月，深圳正式公布《国家创新型城市总体规划实施方案》。根据实施方案，深圳计划力争用两三年时间，建成一批知识创新基地、技术创新基地和公共创新服务平台，启动实施一批重大创新计划和专项工程，培育壮大一批创新型中小企业和创新中介服务机构,自主创新的区域影响力初步显现。

《关于加快建设国家创新型城市的若干意见》的中期目标是,到2015年城市创新体系基本完善,自主创新能力明显增强,在创新投入、创新应用、创新成效、创新环境等方面居国内领先水平,成为我国高新技术研究开发及产业化的重要基地和区域创新中心,率先建成国家创新型城市。全社会研发投入占全市生产总值5.5%以上,科技进步贡献率60%以上,每万人年度专利授权数量32件以上,高新技术产业增加值占全市生产总产值40%以上。远期目标是到2020年,全社会研发投入占全市生产总值7%以上,城市创新能力大幅提升,拥有一批国际化创新型领军人才,聚集一批高水平研发机构,形成一批跨国创新企业,建成国际级创新中心和高技术产业基地,成为具有国际竞争力的创新型城市。

(二)战略性新兴产业和未来产业的提出

早在2008年国际金融危机之时,深圳就已着手谋划布局发展新兴产业,促进新技术、新业态、新模式等融合创新发展,夯实新经济发展的产业基石。2009年,深圳率先制定战略性新兴产业发展规划政策,先后出台实施《深圳生物产业振兴发展政策》《深圳互联网产业振兴发展政策》《深圳新能源产业振兴发展政策》,2011年出台《深圳新材料产业振兴发展政策》《深圳文化创意产业振兴发展政策》《深圳新一代信息技术产业振兴发展政策》,2014年出台《深圳节能环保产业振兴发展政策》,并制定相关产业规划及配套政策。此外,还深入推进国家战略性新兴产业区域集聚发展试点,加快建设23个战略性新兴产业基地(集聚区)。七大战略性新兴产业政策及相关规划的实施极大地促进了深圳产业结构的不断调整与转型,使战略性新兴产业成为深圳经济增长的"主引擎"。

目前, 深圳已成为国内战略性新兴产业规模最大、集聚性最强的城市, 产业总规模已达2.3万亿元。

2013年年初, 为积极培育和发展生命健康、海洋、航空航天等未来产业, 大力实施创新驱动发展战略, 加快转变经济发展方式, 推动军民融合深度发展, 构建以"高、新、软、优"为特征的现代产业体系, 形成梯次发展的产业结构和新的竞争优势, 实现有质量的稳定增长和可持续的全面发展, 深圳市政府在前期布局的六大战略性新兴产业发展势头良好基础上, 着手布局生命健康、航空航天、海洋等未来产业发展, 并印发了《深圳市人民政府关于印发未来产业发展政策的通知》。为了积极培育和发展深圳市机器人、可穿戴设备和智能装备产业, 2014年, 深圳市政府印发了《深圳市机器人、可穿戴设备和智能装备产业振兴发展政策》。至此, 深圳的整个产业布局已经非常清晰, 即七大战略性新兴产业和四大未来产业。

(三)加快建设现代化国际化创新型城市和国际科技、产业创新中心

2015年5月21日, 中国共产党深圳市第六次代表大会在深圳会堂隆重开幕, 时任市委书记马兴瑞作了《解放思想, 真抓实干, 勇当"四个全面"排头兵, 努力建成现代化国际化创新型城市》的报告, 对深圳未来五年作了定位。报告首次提出"建成现代化国际化创新型城市"新概念, 报告瞄准"创新型城市""一流科技创新中心"建设目标, 提出"高质量建设国家知识产权示范市""打造创投之都、国际创客中心和创业之都"等多项具体举措, 未来五年深圳率先全面建成小康社会、努力建成现代化国际化创新型城市的主要目标任务是: 努力建成更具改革开放引领作用的经济特区、更高水平的国家自主创新示范区、更具辐射力带动力的全国经济中心城市、更具

竞争力影响力的国际化城市、更高质量的民生幸福城市。

2016年3月5日，十二届全国人大四次会议审议《中华人民共和国国民经济和社会发展第十三个五年规划草案》，草案擘划出中国未来5年经济社会发展的宏伟蓝图，其中提到的一些深圳元素，令人鼓舞、催人奋进，特别是"支持东部地区率先发展，支持珠三角地区建设开放创新转型升级新高地，加快深圳科技、产业创新中心建设"，更是对深圳提出新的期望和要求。深圳市政府为加快建设国际科技、产业创新中心，抢抓新一轮科技和产业变革战略机遇，实施新一轮创新发展战略布局，特制定实施了国际科技、产业创新中心建设方案，着力推动创新生态再优化、创新能力再突破、创新经济再升级，自2017年起开始实施"十大行动计划"：布局十大重大科技基础设施，设立十大基础研究机构，组建十大诺贝尔奖科学家实验室，实施十大重大科技产业专项，打造十大海外创新中心，建设十大制造业创新中心，规划建设十大未来产业集聚区，搭建十大生产性服务业公共服务平台，打造十大"双创"示范基地，推进十大人才工程。

第五节　深圳加快迈向国际创新中心

一、危机之危，国际金融危机冲击下的失衡

作为引领改革开放潮流的深圳，其市场化程度相对较高，外向型经济特征明显，这些曾经都是深圳实现经济快速腾飞的优势和基础条件。但2008年国际金融危机爆发后，也由于这些原因，深圳成为受到冲击最严重的城市之一。深圳统计部门的数据显示，2004

年后，深圳规模以上工业企业的出口交货值，占销售产值的比重就超过了六成。金融危机后，深圳企业出口增速明显放缓，2008年深圳企业集团出口销售额与上年同比增长3.9%，增速回落达11.5个百分点。到2009年二季度，规模以下工业企业订单较一季度持平或下降的仍然占到了75.6%，其中下降的达62.9%。综合看，到2009年上半年，深圳仍有85.0%的企业不同程度地受到金融危机的影响，最突出的影响是订单减少，销量下降。从各行业的情况看，订单减少的工业企业有78.5%，商业企业有64.7%；根据企业产品销售市场情况看，外销市场为主的企业（外销产值比例占80%以上）为88.1%，内销市场为主的企业（内销产值比例占80%以上）为60.3%，内外市场都有的企业为76.2%。由此可见，金融危机对深圳企业影响深、范围广，持续的时间也比较长。

外需大幅萎缩还只是问题的开始，需求缩减很快传递到生产和再生产运营环节，国际金融危机对深圳企业的影响还表现为用工需求下降，以及企业获取资金贷款困难和流动资金紧张。危机造成经济不景气，有效需求减少，企业库存上升，在去库存化的过程中，开工不足又直接导致企业用工减少。据深圳统计部门调查，2009年前5个月，深圳各行业中从业人数呈现负增长的有商业服务业、科技交流与推广服务业、居民服务业、计算机服务业、仓储业、体育娱乐业等。其中，计算机服务业用工同比下降13.6%，在各行业中下降幅度最大。2008年开始，虽然我国相继出台了不少放宽企业贷款融资的政策，货币投放适度宽松，但是企业资金短缺、融资困难的状况仍相对突出。据统计部门调查，2009年一季度，深圳存在资金短缺的中小企业占比达到63.4%，其中72.0%的企业资金短缺情况比2008年年底更加严重。资金短缺、融资困难成为困扰深圳中小企业发展的主要问题。除此之外，整个生产和销售链条处于延迟状态,企业客户要求延期交货、货款回收困难,行业内部竞争和国际贸易摩擦加剧等,都导致企业运营成本快速攀升。

国际金融危机给深圳企业所带来的困难不言而喻。恰逢其时,中国经历了多年未遇的广东雪灾和四川地震等突发事件。深圳面临的情境可谓内外交困,外贸出口增速大幅回落,客货运输量和港口集装箱吞吐量的增长速度减缓,房地产销售面积和销售额均出现较大幅度下降,很多见证深圳经济腾飞奇迹的标志性指标急转而下,由此引发的关停迁转企业达千家之多。可以说,2008年国际金融危机使深圳经历了改革开放后最困难的一段时期。

二、危机之机,经济转型发展的涅槃重生

危机之中的猝不及防也给深圳一次全面深入反思的机遇,这种普遍的反思使政府和企业家初步在整体上达成了一种共识,那就是过去基于资源、劳动力等要素驱动经济发展方式的老路已经走到了尽头,企业产品要向生产增值较高的环节延伸,新产品中如果能包含更多知识和科技因素,或是产生于新的生产方法和产业组织,产品才会具有更广泛的市场并激发消费群体需求。深圳要想继续站在下一个30年改革开放的风口,必须走向创新驱动,加快从"深圳速度"向"深圳质量"转变,从"深圳制造"向"深圳创造"迈进,经济增长的主动力不能是依赖于要素的投入,只有动力来源于创新的作用,经济才更有生命力和活力。

其实,纵观深圳发展的历程,最不缺少的就是挫折和失败,深圳的发展史,就是一部改革创新的实践史。深圳一直以中国经济发展"试验田"自居,改革创新本质上做的都是突破常规的一些事情,没有可以借鉴的程式和经验,难免会出错。也正因为如此,早在金

融危机之前的2006年3月，深圳市人大就颁布了《深圳经济特区改革创新促进条例》，为改革创新者大开绿灯，"鼓励创新""宽容失败"明确写进了法律条文，深圳人改革创新、敢闯敢试也就有了"免责条款"。

金融危机的到来，则是给了深圳一个经济转型从观念和法律层面上升到实践层面的良好契机。也正是这一时期，2008年6月12日，国家发改委将深圳列为全国第一个创建国家创新型城市试点，在顶层设计上，进一步明确深圳创建国家创新型城市的总体目标，提出将自主创新作为深圳城市发展的主导战略，要求深圳继续夯实创新基础，探索完善政策环境，不断增强创新能力，健全创新体系、集聚创新要素、提高创新效率、创造更好的经济社会效益，发挥国家创新型城市辐射引领作用。在这样一个特殊的时期，能得到中央政策层面的支持，对深圳而言，既是自身成长过程中必须要肩负的使命，也为接下来进行一场更加深入、广泛的创新体制机制变革找到了政策指引。

应该说，正是在特定经济周期过程中的适时补位和迎难而上，才促成了深圳从早期的粗放式"三来一补"加工工业为主体，到中期的大规模标准化生产和模仿创新，再到后期的精准化生产和自主创新的一次次华丽转身。斗转星移，昔日小规模作坊逐步纷纷成长为经济增长中的各种支柱产业。

2008年金融危机爆发后，国家对深圳创建国家创新型城市试点的要求，没有使深圳为保增长而战，而是抓住经济的调整期，创建更加适应创新的市场和政策机制，包括人才资源吸引、培育及激励政策、培育创新型企业阵容、搭建研发设计平台、补贴研发投入、扩大专利申请及授权、引导形成创新型金融环境等。各种以创新为内核、面向未来产业的平台正在加紧形成，电子信息产品协同互联的3个国家工程实验室和国家超级计算深圳中心启动建设。规划出台一系列战略性新兴产业实施政策。其中，新一代信息技术、互联网、新材料、生物、新能源、节能环保、文化创意等新兴产业被提升到城市发展战略层面进行重点攻关。海洋、航空航天、机器人、可穿戴设备和智能装备、生命健康等产业被列为未来产业进行精准重点支持。

新兴经济规模日益扩大，新产品、新产业和新商业模式蓬勃发展。2009年，具有自主知识产权的深圳高新技术企业强势突围，占深圳高新技术产业产值九成以上的电子信息产业逆势增长，其中通信设备、计算机及其他电子设备制造业实现增加值1721.23亿元，比上年增长12.6%。

2010年，战略性新兴产业中，生物产业增加值141.10亿元，增长23.9%；互联网产业增加值1160.98亿元，增长16.7%；新能源产业增加值182.38亿元，增长29.1%。战略性新兴产业快速发展的势头已初步显现。

2015年，战略性新兴产业中，生物产业增加值已达到254.68亿元，依然保持了12.4%的增长速度；互联网产业增加值756.06亿元，增长速度更是达到19.3%；新能源产业增加值405.87亿元，增长10.1%；新一代信息技术产业增加值突破3000亿元，保持了19.1%的增长速度；新材料产业增加值329.24亿元，增长11.3%；文化创意产业增加值1757.14亿元，增长13.1%；节能环保产业增加值327.42亿元，增长12.0%。

2016年，新兴产业增加值合计接近8000亿元，同比增长10.6%，占生产总值比重达到40.3%。七大战略性新兴产业中，新一代信息技术产业增加值超4000亿元，占到半壁江山。文化创意产业增加值近2000亿元。互联网产业增加值767.50亿元，增长15.3%；新能源产业增加值592.25亿元,增长29.3%;新材料产业增加值373.40亿元,增长19.6%;生物产业增加值222.36亿元,增长13.4%;节能环保产业增加值401.73亿元,增长8.2%。四大未来产业中,海洋产业增加值近400亿元;航空航天产业增加值近百亿元;机器人、可穿戴设备和智能装备产业增加值近500亿元,增长20.2%;生命健康产业增加值近百亿元,增长17.9%。

很难想象,在经济下行的大环境下,短短几年时间,这些具有创新内核的战略性新兴产业规模持续放大,依然保持了较高的增长速度。创新推进经济转型升级,以新经济发展带动深圳终于走出了世界金融危机的泥沼。

三、扬帆远航,加快迈向国际创新中心

投入要素不断从资本、劳动力向技术进步转换是深圳加快建设国际创新中心进程中的另一重要特征。工业的创新是创新活动最为集中的领域。工业企业的研究与发展(R&D)活动是知识增长的核心要素和创新的源泉,是创新的主要战场之一,能较准确反映深圳迈向国际创新中心的走向和趋势。

根据深圳市经济普查年份数据,按行业分组的规模以上工业企业法人单位R&D经费支出及投入强度对比发现,深圳工业企业R&D经费支出加速增长,从2004年的82.83亿元、2008年的204.87亿元,增长到2013年的532.94亿元,年均增长达到了23.0%,远高于同期经济增长速度,也高于同期工业经济增长速度;R&D经费投入强度从2004年的1.04%、2008年的1.37%,增长到2013年的2.39%,总体提高1.35个百分点。

最近几年,随着深圳创新驱动发展战略的深入实施,工业创新

投入比重不断增加，创新成果数量和质量稳步上升，并迅速转化为实际生产力。2015年，深圳规模以上工业企业科技R&D经费支出总量首次突破千亿大关，是2010年的2.4倍，5年年均增长19.3%；R&D经费支出占主营业务收入的比重达到2.69%，5年年均提升0.2个百分点；工业新产品开发经费支出872.25亿元，5年年均增长32.9%；科技创新载体1283个，是2010年的3.1倍，5年年均增长25.1%；工业新产品产值达到8871.95亿元。

同时，科技创新推动工业向高端化发展。2016年，深圳先进制造业增加值5428.39亿元，增长8.5%，增速高于规模以上工业1.5个百分点；高技术制造业增加值4762.87亿元，增长9.8%，增速高于全市规模以上工业2.8个百分点，占全市规模以上工业增加值比重达66.2%。科技创新成果转化为实实在在的生产力，使深圳以质量优势有效应对了外部经济下行压力，实现了经济增速的逆势上扬。2016年深圳生产总值19492.6亿元，同比增长9%，增速分别高于全国、全省2.3个和1.5个百分点，比北京、上海和广州分别高2.3个、2.2个和0.8个百分点。

实际上，这些创新成绩的背后是一批新的研发载体、研发团队在不懈追求。如华大基因、光启科学、大疆创新、柔宇科技等。每个引领国际创新潮流的案例中，其实都包含着一个执着创新的传奇故事。

2006年，大疆创始人汪滔还是香港科技大学电子工程专业的大四学生。他在宿舍里创建了大疆科技，为了完成毕业课题"直升无人机飞行控制系统"，他待在深圳搞了3个月研究，正是这一时期，深圳相对开放的市场环境和政策导向，为汪滔实现大疆梦想奠定了基础。现在，大疆无人机已成为世界消费级无人机市场的领军品牌，占有量占世界消费级无人机市场份额的七成左右，畅销产品

Phantom系列更是赢得许多世界级名人的青睐，比如苹果公司联合创始人史蒂夫·沃兹尼亚克、微软创始人比尔·盖茨、著名导演詹姆斯·卡梅隆等，都曾公开表达过对大疆无人机的欣赏。大疆无人机也成为深圳培育创新，并将创新成果成功展示于国际创新舞台的一个鲜明样板。

随着创新环境和创新生态的逐步完善，也由此产生了很多比较有代表性的创新模式。柴火创客空间是其中比较有代表性的一例。"创客"这一概念最早源自国外，来源于英文单词"Maker"，意指热衷于创意、设计、制造的群体。成立于2010年的柴火创客空间最初是聚集创客们的一个创意会所。建立的初衷很简单，犹如名字的由来：众人拾柴火焰高，充分体现了创新思维碰撞、思想火花集聚的理念。据悉，每周三晚上，柴火创客空间会举办聚会活动，创客们分享最近的战斗成果，对硬件制作有兴趣的人会围绕制造业产业链，在工业设计、产品创新等方面分享想法、制作硬件，或者谈论他们关注到的最新的技术，更有甚者以此为创业基地。在这里，创客们可以完成从"创意到原型—原型到成品—成品到小批量生产"的整个过程。

2015年1月4日，李克强总理曾考察深圳柴火创客空间，在体验了年轻创客们的创意产品后，他称赞创客们能充分对接市场需求，创意无限。总理说，创客的奇思妙想和丰富成果是大众创业、万众创新活力的最好展示，这种活力和创造将会成为中国经济未来增长的不熄引擎。不论是公司意义上的研发载体或研发团队，还是自由松散式的创客空间，它们在创新方面表现出引领世界潮流的力量和广阔的未来，都极大地推动了深圳迈向国际创新中心的进程。

第六节　深圳科技产业快速崛起的经验

一、深圳科技产业发展具备政府综合政策体系的有力保障

　　发展高新技术产业,关键是政府必须善于审时度势,把握机遇,做出正确的战略抉择,不能丧失发展机遇。深圳的高新技术产业在十多年便成为充满活力的支柱产业,并在30多年便引领全市阔步迈入创新型城市,关键是历届市委市政府领导正确地估计了国际国内经济发展的前景和走势,正确地分析了深圳经济发展的优势和劣势,并适时做出了转变产业发展战略方向、促进高新技术产业加快发展的战略抉择。不仅在人力、财力、物力上给予倾斜,而且着力于营造良好的综合环境。深圳先后颁布了几百个有关高新技术发展的地方性法规和条例,其中无形资产评估管理办法、企业技术秘密保护条例、计算机软件著作权保护条例等,均在全国率先推出。1998年出台的《22条》,在优惠政策、税收、土地使用、户口入籍等方面为高新技术企业打开方便之门,其扶持力度之大为全国所罕见。2004年出台的"一号文件"更标志着深圳高新技术产业发展进入了一个新的春天。2008年出台的《关于加快建设国家创新型城市的若干意见》为率先建成国家创新型城市提供政策保障。2009年至2014年,七大战略性新兴产业和四大未来产业的相关政策及规划提出,使战略性新兴产业和未来产业成为深圳经济增长的"主引擎"。2016年,陆续出台关于促进科技创新、提升企业竞争力、促进人才优先发展、完善人才住房制度组合型政策,为在更高水准上推动新一轮创新驱动发展提供政策保障等。此外,深圳还成功地举办了20

届高交会。总之，历经多年努力，深圳已经形成包括政策环境、法制环境、人才环境、金融环境、产业配套环境、城市功能环境等在内的良好的综合环境，这种环境使科技人才和高新技术企业得以尽情发挥其能量。

二、深圳形成了以市场为导向、企业为主体、产学研相结合的技术开发体系

深圳高新技术产业发展到今天，已初步建立起以市场为导向、企业为主体、公共设施为平台、高等院校和科研院所为依托的高新技术开发体系。发展高新技术产业必须运用市场经济手段，要让企业成为主角，政府重在服务和创造良好环境。无论是选择产品、开拓市场，还是筹措资金、延揽人才，都由企业说了算，深圳高新技术企业实际已经成为社会经济活动的中心和主体。在深圳，有一个著名的90%现象：90%的创新型企业是本土企业，90%的研发人员在企业，90%的科研投入源于企业，90%的专利出自企业，90%的研发机构建在企业，90%以上的重大科技项目发明专利来源于龙头企业，这说明深入推进深圳的创新和高新技术产业发展，企业的主体地位是多么地重要。针对深圳科研院所和大专院校较少，本地科技资源相对贫乏的状况，深圳通过大胆创新，扬长避短，初步建立起适合深圳特点的、以市场为导向、企业为主体、内地高校和科研院所为依托、国外研究开发机构为补充的技术开发体系。深圳的企业已与国内的几百所大学、几千家研究机构建立了良好的科技合作关系，并不断提高与内地高校和科研院所的合作层次，将企业的研究开发活动向内地延伸，在内地设立研究开发机构。如华为、中兴通讯、开发科技、康佳等一批实力较强的企业，则把研究开发机构设

到了美国硅谷，通过"借脑子"的方法，使国内外几千名科技人员在为深圳高新技术产业工作。企业技术开发主体善于借用外脑的科研体系，使深圳这个看似科研资源贫乏的地区，成为中国高新技术产业最为发达的地区之一。

三、深圳高新技术产业领域已形成较为完备和成熟的产业链基础

产业链是建立在产业内部分工和供需关系基础上的产业生态图谱，产业链的优化对一个地区高新技术产业的作用是至关重要的，一方面，由于有了上下游的产业配套、产业链的科学分工，企业才能降低生产成本和经营风险，才能取得较好的效益；另一方面，一个完备的产业链能够产生巨大的吸附作用，可以源源不断地吸收企业加入这个良好的生态环境中寻求最大的商业利益。至2016年，深圳在高新技术领域已经初步形成了通信、计算机、软件、平板显示、生物医药、新材料、新能源、先进制造等多条较为完备的产业链，这些产业链具有四大特点：一是产业总体实力在全国居领先地位；二是上下游产业齐头并进，在重要领域拥有实力雄厚的龙头企业；三是占据国内技术链条最高点；四是产业配套体系比较齐全。比如深圳的通信产业已基本形成包括设备供应商、系统集成商、终端制造商、运营商和分销商等在内的产业链，各主要领域都有一些企业在全国处于领先地位，中兴通讯与华为是国内移动网络设备领域的龙头企业，天音通讯进入我国移动电话分销代理业前三甲，科健、桑菲、康佳等企业是国内知名的移动通信设备生产商。

· 86 ·

四、深圳已形成良好的创新文化和创新氛围

首先是政府的引导为创新营造了良好的氛围，政府主要通过战略能力的提升、政策的创新为企业提供服务和营造环境。当初，国有高科技企业大批技术骨干创办民营科技企业时，政府没有采取简单的行政干预的办法，而是通过制定一系列关于分配制度改革和知识产权保护的政策及法律框架，既规范了市场秩序，又保护了民营科技企业的发展。政府还通过营造环境实现包括科技人才在内的创新资源的聚合，并始终坚持以企业为主体的资源配置方式，把环境建设、政策创新、战略能力提升作为自主创新工作的重要内容。深圳历届市委市政府把握机遇，通过几次重大的战略调整激发了高新技术产业的发展和自主创新工作的思维，在创建以知识产权保护为核心的政策法律体系上所开展的一系列创新，在创办高交会、担保体系、无形资产评估制度等方面的机制创新为自主创新创造了重要的环境条件。其次，深圳是一个移民城市，有活力、有激情、不保守，形成了宽容失败、鼓励创新的良好氛围。正是这种精神，促成深圳人特别是企业家愿意通过冒险和变革获取高额回报的群体特征，这种心理特征以及建立在这种心理基础上的行为模式正好适应了高新技术创业创新等特点。同时，移民城市技术、人才来源多元化的格局也与电子信息行业变化快、技术组合性强的特点相一致，这也是深圳企业甘愿专注于研发，持续不断推进自主创新的文化背景。总之，深圳形成的创新文化围绕着两个核心，一是激发企业的创新欲望，二是保障企业创新的成功率，降低企业的创新风险。同时，围绕企业家地位发展人才战略，由企业家决定创新的话语权，克服官本位的文化障碍，知识产权保护也取得了显著成效。

五、市场化和法治化为深圳科技产业的发展创造好的制度环境

深圳处于我国改革开放的前沿,市场化程度较高,市场在资源配置中充分发挥了决定性作用,市场竞争实现效益最大化和效率最优化,也加快形成企业自主经营、公平竞争的市场环境。在日益多元的社会环境中,法治化是最大"公约数",深圳作为市场经济的先发之地,加快建设一流法治城市,确立法治在城市治理、社会管理和经济发展中的基础性、规范性、保障性作用,一流法治成为深圳新时期最为显著、最为核心的竞争优势,深圳坚持不懈地开展社会治安综合治理,坚决打击各种刑事犯罪等,努力营造干事创业的大环境,扩大了深圳在国内外的影响,提升了深圳的城市形象。正是得益于深圳市场化的高效运作,法治化的公平环境、创新创业的发展氛围,吸引了国内外一批优质项目,尤其是国际巨头相继落地生根,带动深圳高新技术产业升级发展。2009年以来,国家超级计算深圳中心、阿里软件南方中心、信立泰药物产业化基地、住友电工柔性线路板生产基地、富士施乐采购咨询中心、德国电信采购和研发中心等多个重大招商项目相继在深圳落户。2016年以来,苹果、微软、高通等全球知名科技企业先后在深圳设立研发机构,阿里华南运营中心、百度国际总部等也落户深圳……

第三章 深圳金融业的创新历程

　　长期以来，资金是特区建设与产业发展的首要问题。早在全国特区建设之初，邓小平同志就对广东主要领导同志说，"中央没有钱，你们自己去搞，杀出一条血路来"。正是由于深圳靠自己而不是靠中央、靠改革而不是靠政策，创造了中国金融现当代史的上百个"第一"，引进第一家外资银行，成立第一家外汇调剂中心，设立第一家公开发行股票的上市银行，设立第一家完全由企业法人持股的股份制商业银行，设立第一家股份制保险企业等，成为深圳高新技术崛起和创新创业活跃发展的重要支撑力量。同时，深圳经济发展与金融发展形成了良性循环，金融业成为全市四大支柱产业之一，深圳也跃升为全国金融中心城市。

第一节 深圳金融业起步发展

　　深圳金融业的发展几乎可以说是白手起家，经济特区设立之前，深圳金融基础十分薄弱。1979年，深圳仅有中国银行深圳办事处，人行、农行、建行深圳支行等少数网点，证券、保险一片空白，金融机构存款仅1亿元、贷款7500万元，与特区建设动辄数亿元、数十亿元的投资项目的投融资需求差距甚远。特区建设者们必须首先考虑深圳特区建设的资金问题，必须大胆冲破计划经济体制下金融体系的旧模式，开展金融业务、金融制度、金融监管的系列性改革，这促使深圳金融业在基础极为薄弱的情况下快速起步和长足发展，形成了日益丰富的金融业务种类和金融市场门类。

一、以竞争出效益、出规模

特区建立之初，国内银行业仍然处于垄断经营阶段，当时的中国工商银行、中国农业银行、中国银行、中国建设银行四大专业银行均在各自的专业领域"画地为牢"，相互之间没有业务竞争。1984年，深圳特区对四大国有银行深圳分支机构率先尝试实行业务交叉，允许客户与银行双向选择，其中中国工商银行深圳分行率先开展了外汇业务，打破了中国银行在这一领域的垄断，随后中国农业银行深圳分行打破了工商银行对工商企业的存款业务的垄断。此后，四大专业银行的多种交叉业务相继展开，银行业务相互隔离的壁垒很快被打破，形成了所谓"工行下乡、农行进城、中行上岸、建行出墙"的新局面。1989年，中国银行深圳分行牵头、16家国内外银行参与，组织了深圳第一笔银团贷款，为赛格日立彩管项目融资8200万美元，拉开了中国银团贷款序幕。深圳银行间相互竞争与合作的探索尝试，显著活跃了银行业务，提高了银行服务的质量，在特区成立后的5年时间，全市四大专业银行存款总量增长32.8倍，贷款总量增长60.8倍。

二、以引资学方法、学经验

香港南洋商业银行于1981年率先在深圳特区组织国际性银团贷款，牵头发放了改革开放初期第一笔金额最大的国际银团贷款，在中国内地独家发行第一张信用卡——发达卡。1982年，香港南洋商业银行深圳分行在深圳罗湖挂牌成立，成为中国首次引入的外资银行经营机构。深圳先后又引进汇丰银行、渣打银行、东亚银行、恒丰银行、永亨银行、永隆银行等银行和民安保险等保险公司，引领当时深圳金融发展脉动和模式创新风向。以按揭贷款为例，就是香港南洋商业银行深圳分行于1982年在国内开先河；1985年，中国建设银行深圳分行开始借鉴学习，对深圳南油公司职工85套住房提供按揭贷款服务。1988年，深圳市政府实行住房制度改革，公有住房开始向个人出售，为此深圳各商业银行相继开放住房按揭贷款业务。此外，南洋商业银行庄世平作为全国政协常委、侨联副主席多次为特区经济建设献计献策，1998年被授予"深圳市荣誉市民"称号。

三、以市场培育企业、提升服务

为了进一步打破垄断经营，引入竞争机制，拓展特区建设的融资渠道，深圳以市场为导向，积极培育本地法人金融机构，提升金融服务质量和水平。1986年，时任深圳市委书记李灏同志提出建设一家为特区建设提供金融服务的股份制银行的设想，由当时主管金融工作的副市长张鸿义同志具体负责筹建国内首家股份制商业银行。李灏同志又多次带队到中国人民银行总行争取理解和支持。1987年，经过反复沟通、协调和推敲，深圳发展银行作为国内首家地方性股份制商业银行在深圳组建起来。1985年，时任招商局掌舵者、招商局蛇口工业区创办者袁庚同志在中国人民银行陈慕华行长调研蛇口之际，提出"为深化金融改革，可以探索由招商局持股，成立一家按市场规则运作的商业银行"，并获得陈慕华行长的支持。1987年4月，由招商局独资的招商银行在蛇口成立。按国际惯例，招商银行成立董事会和监事会，实行董事会领导下的行长负责制，从中国人民银行和中国银行招聘一批高级管理人员，建立了市场化的用人制度以及面向客户的经营文化。与此同时，招商局蛇口工业区为满足区内企业员工社会保险的需要，成立了蛇口社会保险公司。就工业区工伤事故时有发生，而工伤理赔困难较多的现实，蛇口社会保险公司马明哲等人先在招商局领导的支持下启动自办商业保险公司的议案，又由袁庚写信给时任国务委员的张劲夫同志并获其支持。随后在国务院特区办的协调下，财政部、中国人民银行和中国人民保险总公司达成了准予试办的共识。1988年5月，由蛇口工业区社会保险公司和中国工商银行深圳信托投资公司合资兴办的全国首家民间商业保险公司平安保险在蛇口成立。

四、以解决实际问题推动改革与创新

特区建设之初，深圳金融业发展没有为了改革而改革、为了创新而创新，而是针对特区建设和经济发展的实际问题实行改革和创新，为后来金融与经济发展的良性循环奠定了坚实基础。以20世纪80年代深圳设立全国第一家外汇调剂中心为例。我国官方公布的非贸易需求人民币兑换美元价格是1.5元，而对外贸易的兑换价格则是2.8元，实行外汇结算双轨制。虽然这种外汇制度对贸易部门有所倾斜，但由于人民币汇率整体高估，导致很多出口企业出口业务按照官方汇率折算为人民币计成本时，收益倒挂。企业出口创汇积极性不足,全市外向型工业发展不快。与此同时,美元外汇奇缺,外汇黑市交易猖獗,美元被炒到五六块乃至十块以上,如果出口企业出口业务按照黑市价格计算成本收益就非常具有吸引力。1985年,深圳成立了全国第一家外汇调剂中心,委托中国人民银行深圳经济特区分行负责具体执行,深圳企业可以在外汇调剂市场自主协商购买外汇。这不仅是中国金融改革史上的一次汇率市场化改革探索,更解决了以工业为主、以出口为主、吸引更多外资的关键性金融制度障碍,极大地推动了深圳外向型工业发展,融入了全球产业分工体系,为高新技术产业崛起创造了前提条件。

五、与时俱进创新金融监管

金融业是经营风险行业,金融改革创新必须要求金融监管与时俱进。深圳坚持创新金融产品和服务的同时,坚持金融监管创新及接轨国际。深圳在全国率先借鉴《巴塞尔协议》实行风险资产管理,1989年在中国农业银行深圳分行率先试行,1993年颁布《深圳市银行业资产风险管理规定》,1994年在全市推广。深圳四大国有银行打破专业分工限制,实行业务全面交叉,有效提升了银行服务水平;促进深圳金融业规模迅速扩大的同时,也带来了一些新的问题,部分企业利用当时信贷管理不严的漏洞,多头开户、腾挪资金、从中获利,部分企业人员与银行人员串通勾结,企图以贷谋私,造成国家信贷资金的损失。为了加强信贷市场的监管,既能充分发挥银行业务交叉的优势,又能克服和消除其劣势,深圳贷款证制度应运而生。即特区内企业向深圳金融机构申请办理贷款的证明书,由中国人民银行深圳经济特区分行统一颁发,发放对象是具有法人资格的市内所有国营、集体、三资和私营企业。一个企业有且只有一本贷款证, 企业所有的贷款以及偿还行为均在贷款证上如实登记。银行可随时通过贷款证掌握企业的贷款情况, 以此作为发放、审批贷款的重要依据。贷款证制度后来演化为全国性的贷款卡制度。

第二节　全国性金融中心崛起

　　经过30余年的改革和发展, 深圳金融业取得巨大成就, 金融资本、金融人才等金融资源加速集聚, 金融产业组织体系不断丰富完善, 一个全国性金融中心业已崛起。英国智库Zyen集团于2016年3月发布了全球金融中心指数（GFCI）排名, 深圳在国内城市中仅次于香港、上海和北京。

表3-1　英国智库Zyen集团2016年3月发布的
全球金融中心指数排名（部分）

中心	GFCI 21		GFCI 20		较上期变化	
	排名	得分	排名	得分	排名	得分
伦敦	1	782	1	795	0	▼13
纽约	2	780	2	794	0	▼14
新加坡	3	760	3	752	0	▲8
香港	4	755	4	748	0	▲7
东京	5	740	5	734	0	▲6
旧金山	6	724	6	720	0	▲4
芝加哥	7	723	8	718	▲1	▲5
悉尼	8	721	11	712	▲3	▲9
波士顿	9	720	7	719	▼2	▲1
多伦多	10	719	13	710	▲3	▲9
苏黎世	11	718	9	716	▼2	▲2
华盛顿	12	716	10	713	▼2	▲3
上海	13	715	16	700	▲3	▲15

续表

中心	GFCI 21		GFCI 20		较上期变化	
	排名	得分	排名	得分	排名	得分
蒙特利尔	14	713	15	703	▲1	▲10
大阪	15	712	17	699	▲2	▲13
北京	16	710	26	683	▲10	▲27
温哥华	17	709	20	694	▲3	▲15
卢森堡	18	708	12	711	▼6	▼3
洛杉矶	19	705	25	685	▲6	▲20
日内瓦	20	704	23	689	▲3	▲15
墨尔本	21	702	24	687	▲3	▲15
深圳	22	701	22	691	0	▲10

专栏3-1　全球金融中心指数（Global Financial Centres Index）

2007年3月，英国智库Zyen集团发布了第一期全球金融中心指数（GFCI 1），该指数对全球主要金融中心持续进行竞争力评估和排名，之后每年3月和9月分别更新一次，该指数受到全球金融界的广泛关注，为政策研究和投资决策提供了宝贵的参考依据。2015年，中国（深圳）综合开发研究院（以下简称"综开院"）与智库Zyen集团继续开展编制全球金融中心指数合作，当年9月两家智库在深圳联合发布了第18期全球金融中心指数（GFCI 18）。2016年7月，双方建立了战略伙伴关系，共同开展金融中心研究。

全球金融中心指数由特征指标（Instrumental factors）和金融中心问卷调查（Financial centre assessments）两类因素评估构成。特征指标收集全球各项影响力广泛的评价报告，例如关于金融中心的信息基础设施竞争力评价信息，分别取自全球数字经济排行报告（global digital economy Ranking，出自经济学人智库）、电信基础设施指数（telecommunication infrastructure index，出自联合国）

以及IT产业竞争力评估（IT industry competitiveness survey，出自世界经济论坛）；关于营商环境的公平性数据资料则取自营商便利指数（世界银行）和制度环境评分（取自EIU）。最新一期指数共使用101项特征指标（其中44项指标在GFCI 20基础上得到更新）。考虑到单一外部数据不可能完全囊括所有金融中心，为了弥补单一数据缺失，统计模型选取多个外部数据来源。

金融中心问卷调查则由全球各地金融从业人员在线填报。自2007年以来，在线问卷调查持续进行，在GFCI第20期中，使用了来自3008名受访者的24406份金融中心问卷调查。在线问卷中提出，"还有哪些金融中心在未来两三年内有可能出现？"如果某个金融中心有超过5次以上的问卷反馈，那指数就会把这个中心加入到正式的GFCI在线问卷系统。GFCI评价体系中，每一个金融中心只有在过去24个月中得到来自非本地受访者的200份在线问卷评价时，才会正式加入GFCI榜单。如果在24个月内的评价不足50份，则将被移出榜单，直到收到合格数量的评价其才会重新被纳入评价体系。

GFCI指数不涉及相关特征指标的加总或平均，而是利用支持向量机（SVM）数学方法和PropheZy（Zyen's proprietary system）系统，基于统计学理论对复杂的历史数据进行分类、建模，并对未来数据做出预测。利用SVM方法对金融中心做出的预测性评价与真实评价重新分析，即产生GFCI——全球各地金融中心的评分。

表3-2　2017年3月发布第21期全球金融中心指数88个城市排名

中心	GFCI 21		GFCI 20		较上期变化	
	排名	得分	排名	得分	排名	得分
伦敦	1	782	1	795	0	▼13
纽约	2	780	2	794	0	▼14
新加坡	3	760	3	752	0	▲8
香港	4	755	4	748	0	▲7

续表

中心	GFCI 21		GFCI 20		较上期变化	
	排名	得分	排名	得分	排名	得分
东京	5	740	5	734	0	▲6
旧金山	6	724	6	720	0	▲4
芝加哥	7	723	8	718	▲1	▲5
悉尼	8	721	11	712	▲3	▲9
波士顿	9	720	7	719	▼2	▲1
多伦多	10	719	13	710	▲3	▲9
苏黎世	11	718	9	716	▼2	▲2
华盛顿	12	716	10	713	▼2	▲3
上海	13	715	16	700	▲3	▲15
蒙特利尔	14	713	15	703	▲1	▲10
大阪	15	712	17	699	▲2	▲13
北京	16	710	26	683	▲10	▲27
温哥华	17	709	20	694	▲3	▲15
卢森堡	18	708	12	711	▼6	▼3
洛杉矶	19	705	25	685	▲6	▲20
日内瓦	20	704	23	689	▲3	▲15
墨尔本	21	702	24	687	▲3	▲15
深圳	22	701	22	691	0	▲10
法兰克福	23	698	19	695	▼4	▲3
首尔	24	697	14	704	▼10	▼7
迪拜	25	696	18	698	▼7	▼2
台北	26	689	21	692	▼5	▼3
慕尼黑	27	682	27	680	0	▲2
阿布扎比	28	680	32	662	▲4	▲18
巴黎	29	679	29	672	0	▲7
卡萨布兰卡	30	674	30	671	0	▲3
开曼群岛	31	670	28	676	▼3	▼6
特拉维夫	32	666	38	643	▲6	▲23
都柏林	33	663	31	663	▼2	0
汉密尔顿	34	660	35	654	▲1	▲6
吉隆坡	35	659	43	638	▲8	▲21
曼谷	36	656	39	642	▲3	▲14
广州	37	650	—	—	—	—
青岛	38	649	46	631	▲8	▲18
卡塔尔	39	648	40	641	▲1	▲7

续表

中心	GFCI 21		GFCI 20		较上期变化	
	排名	得分	排名	得分	排名	得分
阿姆斯特丹	40	647	33	659	▼7	▼12
华沙	41	645	45	633	▲4	▲12
塔林	42	640	50	627	▲8	▲13
泽西岛	43	633	42	639	▼1	▼6
奥斯陆	44	632	49	628	▲5	▲4
里加	45	631	52	625	▲7	▲6
斯德哥尔摩	46	630	44	636	▼2	▼6
根西岛	47	629	47	630	0	▼1
列支敦士登	48	628	56	621	▲8	▲7
卡尔加里	49	627	34	658	▼15	▼31
釜山	50	626	41	640	▼9	▼14
维京群岛	51	625	36	653	▼15	▼28
哥本哈根	52	623	60	616	▲8	▲7
格拉斯哥	53	622	61	615	▲8	▲7
爱丁堡	54	621	66	610	▲12	▲11
布鲁塞尔	55	620	62	614	▲7	▲5
米兰	56	619	53	624	▼3	▼5
麦纳麦	57	618	58	619	▲1	▼1
马恩岛	58	617	65	611	▲7	▲6
约翰内斯堡	59	616	59	618	0	▼2
特立尼达和多巴哥	60	615	71	604	▲11	▲11
墨西哥城	61	614	73	600	▲12	▲14
圣保罗	62	613	51	626	▼11	▼13
孟买	63	612	75	598	▲12	▲14
维也纳	64	611	37	645	▼27	▼34
马尼拉	65	610	78	595	▲13	▲15
伊斯坦布尔	66	609	57	620	▼9	▼11
雅加达	67	608	76	597	▲9	▲11
马德里	68	607	68	608	0	▼1
布拉格	69	606	72	603	▲3	▲3
布达佩斯	70	604	77	596	▲7	▲8
毛里求斯	71	603	79	594	▲8	▲9
罗马	72	601	64	612	▼8	▼11
里约热内卢	73	599	54	623	▼19	▼24
摩纳哥	74	598	67	609	▼7	▼11

续表

中心	GFCI 21		GFCI 20		较上期变化	
	排名	得分	排名	得分	排名	得分
大连	75	597	48	629	▼27	▼32
利雅得	76	596	82	585	▲6	▲11
马耳他	77	594	74	599	▼3	▼5
里斯本	78	593	69	607	▼9	▼14
塞浦路斯	79	590	80	593	▲1	▼3
阿拉木图	80	589	70	605	▼10	▼16
直布罗陀	81	587	55	622	▼26	▼35
赫尔辛基	82	585	81	586	▼1	▼1
巴哈马	83	582	86	566	▲3	▲16
巴拿马	84	580	63	613	▼21	▼33
莫斯科	85	566	84	568	▼1	▼2
圣彼得堡	86	565	85	567	▼1	▼2
雷克雅未克	87	550	83	573	▼4	▼23
雅典	88	522	87	535	▼1	▼13

表3-3 2017年3月发布第21期全球金融中心指数的候补金融中心名单

金融中心	过去24个月内有效问卷数量	问卷平均得分
新德里	116	515
天津	113	638
汉堡	102	600
巴库	97	505
布宜诺斯艾利斯	87	511
科威特城	85	568
巴巴多斯	74	507
惠灵顿	69	680
圣地亚哥	69	625
内罗毕	69	494
索菲亚	69	561
开普敦	69	603
布拉迪斯拉发	53	536
古吉拉特	30	620
德黑兰	23	452
卡拉奇	17	500
成都	—	—
杭州	—	—

表3-4　2017年3月发布第21期全球金融中心指数有望
进一步提升影响力的15个金融中心

金融中心	过去24个月中被提及次数
上海	119
新加坡	94
迪拜	78
香港	68
青岛	57
深圳	55
卡萨布兰卡	38
都柏林	33
卢森堡	31
多伦多	30
直布罗陀	24
北京	23
釜山	21
伊斯坦布尔	12
阿布扎比	12

一、全国金融中心崛起历程

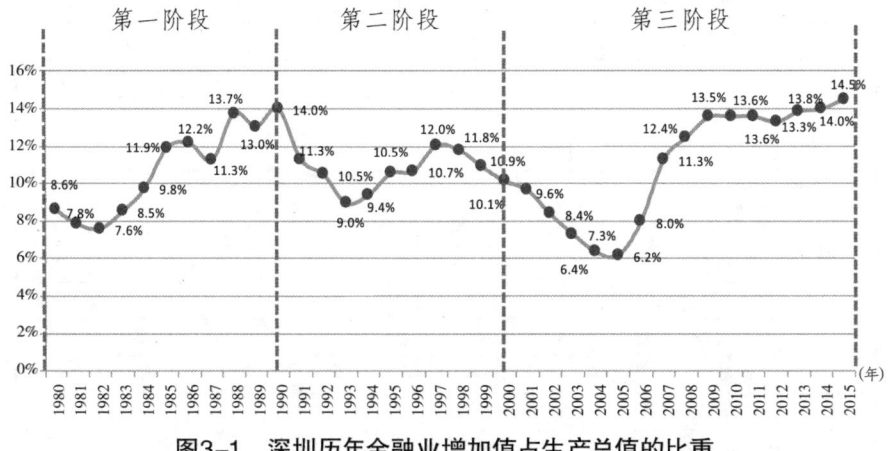

图3-1　深圳历年金融业增加值占生产总值的比重

深圳金融业起步发展举国家改革旗帜，应自身发展的需求，开展了从机构到业务、从业务到监管的重大改革创新，为金融业从小到大、从弱到强的发展奠定了坚实基础。1988年，深圳提出建设区域金融中心的可能性；1992年，提出建设区域性金融中心的目标；1996年，将区域性金融中心正式写入五年规划；2011年，深圳"十二五"规划升级为建设全国金融中心。

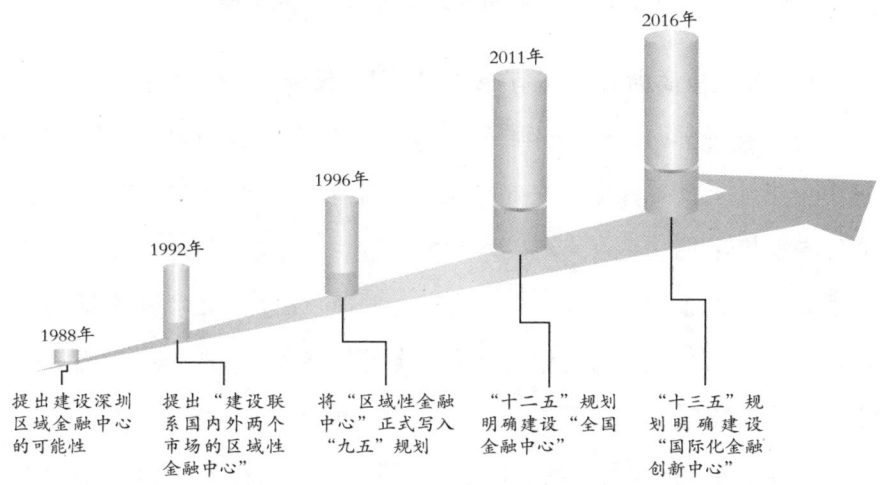

图3-2　深圳金融中心定位的演变

1990年年底，深圳证券登记公司和深圳证券交易所先后运行，启动了我国资本市场的试验探索。到1992年，深圳已经积累了一定规模的海内外金融机构和资本。当时，深圳金融中心建设还面临一个定位问题，深圳作为一个新兴的金融中心城市，其发展初期的金融辐射力比较有限，应定位为区域性金融中心。此时，深圳充分利用毗邻香港的优势，成立全国性的货币市场——深圳经济特区融资中心，在证券市场发行B股，成为承接国外资本与国内资本的重要集散地。因此市政府提出"把深圳建成联系国内外两个市场的区域性金融中心"，并将其明确写入深圳市政府工作报告。为了支持深圳中小微企业发展和高新技术产业孵化，1994年深圳成立高新投公司，为小微企业提供专业担保增信服务，1999年再次设立中小企业信用担保中心，政策性担保成为深圳高新技术产业崛起至关重要的推动力量。1996年，建设区域性金融中心正式写入《深圳市国民经济和社会发展"九五"规划》。

专栏3-2　深圳政策性担保机构发展

1. 深圳市高新投集团有限公司（以下简称"高新投公司"）

高新投公司成立于1994年12月，是深圳为发展高新技术产业、缓解小微企业融资难问题而发起设立的专业担保机构。作为国内最早设立的专业担保机构之一，高新投公司2015年注册资本35亿元，业务领域涵盖工程保证担保、融资担保和创业投资，业务范围覆盖全国主要地区，综合实力、竞争力及创新能力在全国保持领先，累计为1.7万家企业提供了1542亿元担保服务，培育了113家企业在资本市场上市。

当前，高新投公司已经以输出人才等方式，与常州市政府、佛山市顺德区政府、东莞松山湖控股公司开展融资担保和股权投资方面的合作，在当地设立融资担保公司或者受托管理创投基金。

2. 深圳市中小企业信用融资担保集团有限公司（以下简称"中小担公司"）

中小担公司成立于1999年12月，前身为深圳市中小企业信用担保中心，2007年由深圳市政府统一部署，经深圳市工商行政管理局批准登记，整体变更为集团有限公司。中小担公司2015年注册资本18亿元，已形成较强的行业影响力，累计为1.8万家中小企业提供了1597亿元担保服务，培育了118家企业在资本市场上市。

进入新世纪后，深圳风险投资发展迅速，创新创业日益活跃，在金融持牌机构、金融服务机构和服务配套机构逐步健全后，深圳市政府侧重于以优惠的政策、优质的服务、优良的环境，倾力将深圳打造成适宜金融业发展的城市，与监管机构、经营机构、智库

机构、行业协会等齐心协力,致力于完善金融基础设施建设,建立
健全统一开放、竞争有序的证券市场、货币市场等金融市场以及产
权市场、股权市场、碳排放、农产品等金融新型要素交易市场。从
2008年起,深圳开展了深圳金融中心的全球推介活动。到2011年,
《深圳市"十二五"规划纲要》明确提出建设"全国金融中心",到
2015年要"努力打造创投之都,建设成为更具吸引力和竞争力的创
新之城、创业之城、创富之城"。

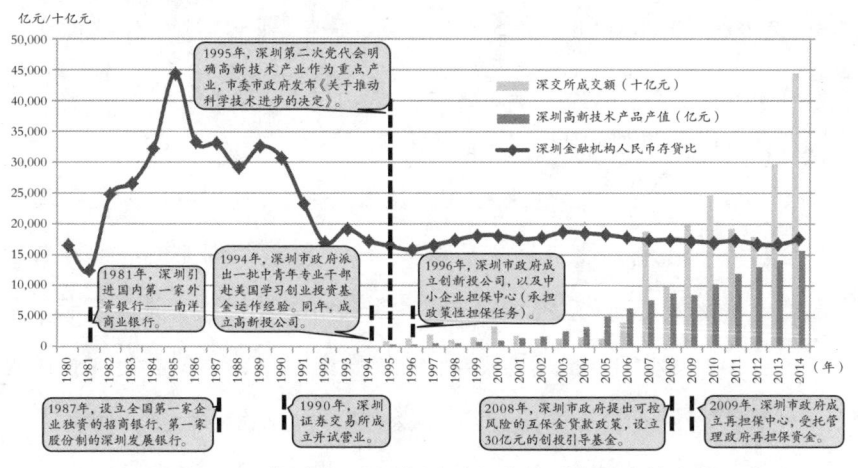

图3-3　深圳在金融业发展过程中的重大节点性事件

专栏3-3　深圳创业投资引导平台发展

深圳创新经济发展与创业投资兴起紧密相关,而创业投资兴起离
不开政府的强力引导。深圳市政府创业投资引导平台主要包括两类:市
属国资创投机构和创业投资引导基金。

1. 深圳市创新投资集团有限公司(以下简称"深创投")

深创投是1999年由深圳市政府牵头发起设立的创业投资机构,
公司从注册资本7亿元发展到注册资本42亿元。目前已发展成为国内
实力最强、影响力最大的本土创业投资机构,管理各类基金规模逾400

亿元人民币；已投资项目571个，累计投资金额约170亿元人民币，居国内第一。

（1）打造发展高新技术产业的先导平台。20世纪90年代中期，深圳外向型加工业面临转型升级压力，深圳市政府确立了发展高新技术产业战略，而高新技术产业发展离不开创业投资支撑。1994年，深圳市政府派出一批中青年专业干部赴美国学习创业投资基金运作，积累经验。经过周密的考察学习和论证，1999年8月第一届高交会前夕，市政府出资5亿元，同时引导社会资本2亿元（深高速、深宝实业、深圳机场、广深铁路、深圳能源、深圳公共交通、中兴通讯等），成立深圳市创新科技投资有限公司（深创投公司的前身）。

（2）营造创业投资行业发展的良好环境。2000年，深圳市政府通过全国第一部地方性创业投资政府规章《深圳市创业资本投资高新技术产业暂行规定》（政府令96号），降低创业投资公司设立门槛、允许成立创业投资管理公司等；同年，依法设立国内首个创投行业自律组织——深圳市创业投资同业公会，深创投公司成为同业公会的会长单位。2003年市人大通过国内第一部规范和鼓励创投行业发展的地方性法规《深圳经济特区创业投资条例》。项目、资金、政策、协会等创投框架体系逐步形成。

（3）不断增资扩股完善深创投公司治理。2001年，深圳市政府引导深创投公司第一次增资扩股，引进上海大众、隆鑫集团等上市公司和民营股东。2009年和2010年，深圳市政府和市国资局引导深创投公司第二次、第三次增资扩股，引进星河地产、立业集团、七匹狼集团等民营企业股东。股权多元化给深创投公司创业投资的体制和机制不断注入新的活力与生命力。

（4）设立具有市场导向的国企激励约束机制。深创投公司设立之初便按照国际惯例初创市场化运作机制，深圳市政府赋予深创投公司最大限度的管理权、决策权,每年把净利润8%作为员工贡献基金,项目纯利润的2%奖励项目团队。2000年年初,公司部长级别的员工一年的工资、奖励、跟投的股权投资收入已超过百万元。政府"放水养鱼"与深创投公司的灵活体制机制,使它在众多政府创投公司中脱颖而出。

（5）凝聚敢于担当、敢于创新的专业企业家队伍。至今,深创投公司已历经四位总裁,分别是阚治东、陈玮、靳海涛和孙东升,他们均具有丰富的资本投资经验。

2. 深圳市创业投资引导基金

截至2014年年底,深圳市创业投资引导基金已正式签约并设立的子基金有17只,其中2014年新设子基金就达到7只。17只子基金全部承诺出资总额107.275亿元,其中深圳市引导基金承诺出资8.75亿元,财政资金放大12.26倍。

（1）设立创业投资引导资金。2008年,为应对全球金融危机的冲击,进一步增强自主创新能力,提升高新技术产业发展水平,促进产业结构优化升级,《关于加强自主创新促进高新技术产业发展的若干政策措施》明确要求,"市政府分阶段投资30亿元设立创业投资引导资金,培育种子期和起步期的创业企业成长"。2009年,深圳市财政委正式设立30亿元创业投资引导资金,首期投入10亿元,重点解决初创期企业融资难等问题。

（2）实施引导资金的基金化管理。为建立健全深圳市创业投资引导基金的决策管理体系,市政府决定于2010年5月27日（深府办〔2010〕44号）成立深圳市创业投资引导基金管理委员会,组成成员由市政府党组副书记刘应力任主任、市政府副秘书长任副主任,市发展改革委、市科工贸信委、市财政委、市金融办领导为成员。

管委会作为深圳市创业投资引导基金的业务决策机构,负责在引导基金管理办法及相关政府性资金管理规定的框架下,确定引导基金投资方向，决策引导基金重大事项，并监督引导基金的运营管理。

管委会下设办公室（简称"创投办"），为深圳市政府直属的事业单位。市创投办不设内设机构，无下属单位。具体职能包括草拟引导基金管理办法、委托管理协议及其他重要文件；组织独立的专家评审委员会对托管机构提交的重大事项备选方案进行专业评审；组织召开管委会会议，负责会议准备、会议决议的落实和督办工作；负责引导基金管理运作的日常监督和综合评估；承担管委会交办的其他工作。

3. 扩大政府引导基金规模

2015年，深圳市政府创新财政支出方式，安排800亿元，设立民生事业发展引导基金、创新创业发展引导基金、新兴产业发展引导基金、城市基础设施投资引导基金四项政府引导基金。其中，安排民生事业发展引导基金300亿元，主要用于城市教育、医疗卫生、文化、体育、养老等各项民生领域发展需求；安排创新创业发展引导基金200亿元，主要用于扶持和促进城市企业进行高新技术成果转化及开展技术创新活动，为实现"大众创业、万众创新"提供强有力的资金支持和制度支撑，打造深圳质量升级版；安排新兴产业发展引导基金200亿元，主要用于包括新能源、新材料、生物、互联网、新一代信息技术、文化创意六大战略性新兴产业，以及海洋、军工、机器人及可穿戴智能设备等未来产业方面的投入，推动全市产业结构转型升级，抢占新一轮发展高地；安排城市基础设施投资引导基金100亿元，主要用于包括土地整备、城市交通、污水处理、地下管网等重点基础设施投资和建设领域，提高深圳国际化城市建设水平。深圳市为新设创业发展引导基金专门成立公司开展管理，2016年年初已到位300亿元（不含创投办管理的10亿元引导基金）。

4. 改革产业专项资金投入方式

2015年，深圳市人民政府办公厅关于印发《深圳市财政产业专项资金股权投资管理办法（试行）》，统一明确了深圳相关产业专项资金股权投资的立项、实施、退出、监管等事项。2014年,深圳市本级各类专项资金支出合计182亿元,其中战略性新兴产业发展专项资金30亿元,未来产业发展专项资金10亿元。

二、深圳金融中心发展现状

深圳金融业2016年实现增加值2876.89亿元,金融业总资产12.7万亿元(银行业总资产7.85万亿元,法人证券公司总资产1.25万亿元,法人保险公司总资产3.6万亿元),金融机构本外币存款余额6.44万亿元,本外币贷款余额4.05万亿元,均位居全国第三位;金融业实现税收979.1亿元(不含证券交易印花税790亿元),占全市总税收的20.2%,居各行业第二。主板、中小板、创业板、区域性股权交易市场等依托深圳证券交易所,组成多层次资本市场体系加快发展成型,黄金夜市市场继续保持快速发展势头,金融市场总体规模仅次于上海。截至2016年年底,深圳境内上市公司达233家,排名全国第六,境内上市公司总市值4.35万亿元,排名全国第三;共有"新三板"挂牌公司697家,其中创新层65家。

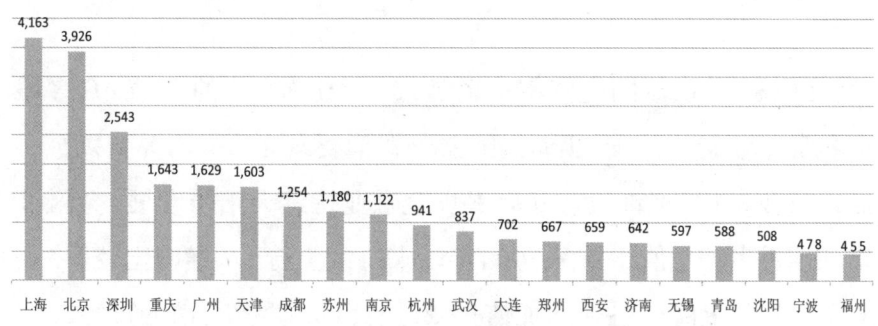

图3-4　2015年国内金融业增加值前二十名城市(亿元)

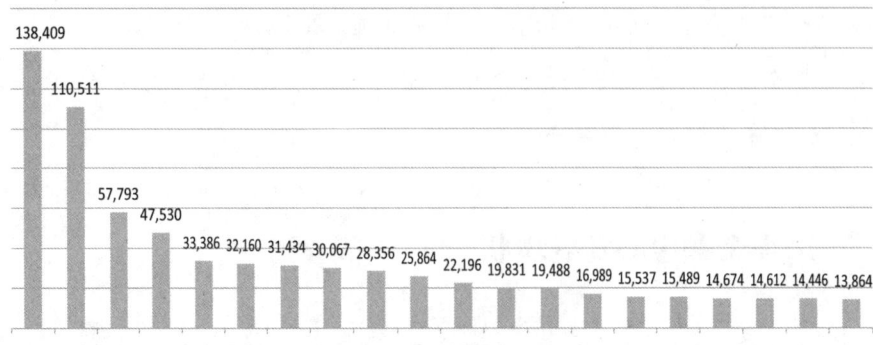

图3-5　2015年金融机构存款余额前二十名城市（亿元）

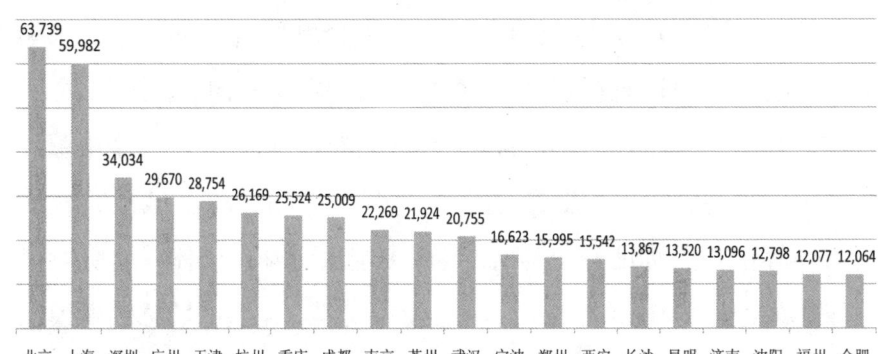

图3-6　2015年金融机构贷款余额前二十名城市（亿元）

三、深圳金融业贡献率再次上行

2016年，虽然国内资本市场延续"过山车"式的行情，众多城市私募基金停止注册，互联网金融、新型要素交易市场等新兴金融面临行业整顿，但都没有妨碍深圳金融业持续大踏步发展，金融业增加值占生产总值比重从2004年以来持续上行。从横向比较看，相对于2016年上海金融业增加值4762亿元、约占生产总值的17.3%，北京金融业增加值4267亿元、约占生产总值的17.1%，深圳金融业规模比重仍有提升潜力的空间。

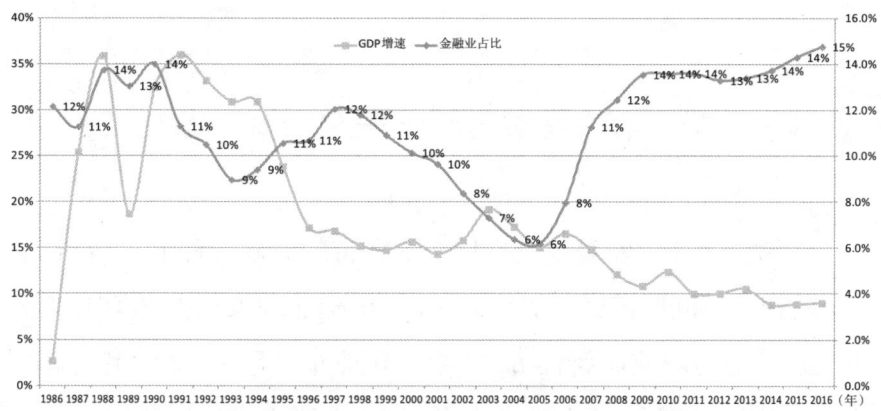

图3-7　深圳金融业增加值占生产总值比重与生产总值年均增速

四、深圳金融业国际化趋于加速

2016年,作为中国资本市场的头等大事,筹备两年多的深港通于12月5日最终开通落地,其中港股通股票417只,约占香港联交所上市股票市值的87%;深股通股票881只,约占深交所A股总市值的71%。在规则上,深港通取消总额限制,但设置每日额度限制,深股通每日限于130亿元人民币、港股通每日105亿元人民币,防范资金跨境大进大出的流动风险。深港通开通为A股市场尤其是深圳证券市场带来潜移默化的改变,讲故事、炒概念的A股投资逻辑已步履维艰,中小创业板块股指开始回归理性。此外,前海已成为深圳金融对接国际前沿的阵地,前海以企业为主体、以市场为导向在跨境金融、新型金融、金融生态等领域深入推进改革创新。恒生前海基金有限公司获得中国证监会核准成立并正式开业,成为我国首家CEPA框架下港资控股公募基金公司;平安银行首创全国银行信用卡反欺诈实时授权决策系统;中国农业银行人民币跨境支付系统清算中心设立在前海,成为全国唯一设在总行之外的总行清算中心;深圳妈湾电力有限公司和BP完成国内首单跨境碳资产回购交易业务。

第三节　建设国际化金融创新中心

深圳金融业的发展就是在服务国家特区战略过程中,凭着敢闯敢干的精神不断改革创新的结果;深圳金融业的未来也必须秉持服务国家战略的新使命新任务,继续深化改革、勇于创新,完成全国性金融中心向国际化金融中心再跃升,为全国推进供给侧结构性改革、实施创新驱动发展战略、构建开放型经济新体制提供支撑。

一、深圳金融业发展新目标新任务

深圳市金融业"十三五"发展总体目标是:"以制度创新和市场化实践为我国金融业改革开放发展探索路径、积累经验,丰富全国金融中心功能和内涵,全力建设金融创新核心区、产融结合示范区、国际金融先行区、金融品牌集聚区和金融运行安全区,力争到2020年把深圳打造成为联通香港、服务全国、辐射亚太、影响全球的人民币投融资集聚地和国际化金融创新中心"。目标任务是建设"五个区"。

一是建设更具标杆引领作用的金融创新核心区。发挥好深圳改革开放"窗口""试验田"作用,率先在利率汇率市场化、多层次金融市场建设等关键金融改革领域"先行先试",强化金融产品和交易工具创新,完备多功能金融市场,增强深圳金融中心的国家战略地位和创新先锋作用;率先在科技金融、民营金融、互联网金融等重要领域优化市场准入和监管制度,促进金融组织创新,推动金融新兴业态规范发展。

二是建设具有更高开放水平的国际金融先行区。发挥深圳区位优势和自贸区平台作用，深化深港金融合作，强化深圳与国际金融中心联通，突出国际金融人才培养，鼓励深交所等金融市场和本地金融机构国际化发展，引进国际金融机构在深投资布局，提升深圳资本市场、财富管理等优势领域在国际市场的影响力，打造全球金融中心网络的重要节点。

三是建设更具辐射服务能力的产融结合示范区。强化金融服务实体经济发展的基本功能，加快产业基金、创投基金、融资担保、融资租赁、小额贷款等各业态发展，健全适应实体经济投融资需求的金融支持体系，构建投贷联动、信用风险补偿、知识产权交易等符合产融紧密结合要求的体制，促进金融业从单纯资金要素保障向综合服务功能转变。

四是建设更具国内外影响力的金融品牌集聚区。立足招商银行、平安集团、国信证券等深圳本地优秀民族品牌发展壮大的成功经验，继续完善促进中小金融机构孵化与加速发展的政策和制度体系，支持本地金融法人机构全国全球拓展布局，进一步提升民族金融品牌集聚与辐射功能，把深圳打造成我国知名金融品牌培育中心。

五是建设更加符合可持续发展要求的金融运行安全区。发挥政府和市场在金融风险管理中的共同作用，针对金融创新业态和模式，同步构建完备的金融监管体系，提升识别风险、监测风险、管理风险和处置风险水平和能力，严守不发生区域性、系统性金融风险底线。充分挖掘金融自身的风险管理功能，支持布局发展与风险管理相关的金融产品、服务和业态，满足不同金融机构及多元化投资的风险管理需求，把风险管理塑造成深圳金融业的重要竞争力和新优势。

二、落实人民币国际化战略

人民币国际化是中国崛起的核心战略，其本质内涵就是人民币要在国际发挥结算、投资、储备三大货币功能。人民币国际化将不断催生我国汇率市场化、人民币可兑换、海内外投资便利性等领域重大变革，顺应人民币国际化战略布局则是我国地方金融发展的机遇，反之则为挑战。2016年，人民币正式加入SDR篮子，成为人民币国际化进程中的重要里程碑事件，而接下来如何演进是更值得考虑的问题。根据蒙代尔三元悖论，一国经济目标只能在货币政策独立性、汇率稳定性（固定汇率）、资本完全自由流动中，三选其二而不能三者兼得。很显然，我国人民币国际化进程并不是清晰的"三选二"的选择，不是放弃固定汇率、追求独立货币政策和资本自由流动，也不是放弃资本自由流动、追求独立货币政策和固定汇率，而是参考一篮子调节的有管理浮动汇率，放松一些汇率管制；同时在资本流动限制的"围墙"上"修门开窗"，利用国内自贸账户、跨境贷款、沪港通、深港通等"修门开窗"方法，对资本流动放松限制。当然，这必然会损失一部分独立货币政策，例如外汇占款非自主升降就是一种被动适应。因此，深圳金融业发展战略布局上，应在继续探索试点国内外资本市场联通对接的"门窗试点"外，要超前布局海外的优质金融资产与人才，而不是争抢现在国内价格已炒得很高的金融资产，前瞻性应对资本流动限制的"围墙"逐步消失后国际金融竞合问题，率先集聚与国际接轨的金融机构，构建与国际接轨的人才队伍，形成与国际接轨的标准体系。

二战后，大量美元流入欧洲金融市场；美国为了控制资本外流，又催生了欧洲美元的离岸市场交易；石油等大宗商品国际贸易，推动了欧洲美元市场空前繁荣；美国取消资本跨境流动限制，依托市场规则和贸易惯性继续维护美元的世界货币霸主地位。从目前的人民币国际化趋势看，人民币国际化策略不是采取直接放开资本项管制的模式，而是与美元国际化节奏相似，率先以跨国贸易和跨国投资为先导，实现人民币离岸市场的构建和繁荣，完成国内资本项开放，离岸在岸市场完全打通的路径。当前，人民币国际化大致处于跨国贸易和跨国投资的后期阶段，人民币离岸市场建设将是未来很长一段时期的一个重点。因此，深圳金融业在战略布局上，需要重点开辟和依托特殊经济区域，在大力发展跨境金融的同时，加快打通与海外离岸人民币服务中心便捷对接的通道，建设可媲美"纽约华尔街""伦敦金融城"的国际金融集聚区。

专栏3-4　前海深港现代服务业合作区金融创新

2016年，前海深港合作区注册的金融类和准金融类企业5.09万家，占入区企业总数47%，注册资本（含认缴）4.4万亿元。其中，银行类金融机构40家，证券业金融机构88家，保险业金融机构22家，融资租赁公司2000余家，商业保理公司4000余家，小贷公司36家，信用担保公司280余家等，基本形成了横跨不同行业、不同业态、多层次的金融生态圈。前海跨境人民币贷款累计发放365亿元，惠及前海171家企业。前海外债宏观审慎管理试点签约折合11亿美元，平均降低企业融资成本1—2个百分点。跨境双向人民币资金池业务稳步开展，备案资金池81个，涉及所有者权益达1.1万亿元；50家跨国公司参与跨境外汇资金池业务，跨境流出入总规模达154亿美元。主要金融创新项目如下：

1. 强化深港两地金融业深度合作。2014年，前海管理局发布《前海深港现代服务业合作区促进深港合作工作方案》，对广东自由贸易园区设立、深港金融深度合作等进行了全面部署，利用前海金控公司平台作用，积极探索与汇丰银行、东亚银行、恒生银行等港资企业合作设立合资证券公司和合资基金管理公司。其中，恒生前海基金管理公司已于2016年6月得到证监会核准设立，成为国内第一家外资控股的公募基金管理公司。

2. 设立再保险等持牌金融机构。建设前海再保险中心。申请设立前海再保险公司，加快保险产业集群发展。2016年3月25日，中国保监会正式批复同意前海再保险股份公司筹建，注册资本30亿元。收购新加坡亚洲资本再保险控股有限公司，推动保险产业领域的国际化布局。2017年4月，对深圳市前海金融控股有限公司与深圳市投资控股有限公司联合收购新加坡亚洲资本再保险控股有限公司股权项目，国家发展改革委予以备案。在全国率先发展相互保险，推动保险市场进一步与国际接轨，改变保险组织形式单一的现状，进一步增强保险市场发展活力。6月22日，中国保监会批准众惠财产相互保险社筹建。

3. 构建大资管产业链"前海模式"。利用前海金控公司平台构建"自营基金＋基金小镇＋合营基金"大资管产业链，探索以母基金为龙头，带动城市发展基金、不动产基金、私募股权投资基金和另类投资基金等协同发展，建设前海深港基金小镇，引进和培育基金等各类资管机构及相关产业链服务机构，强化知名机构合资设立资管子公司的方式，引导各类基金落户前海。其中，与成都市政府合作设立总规模400亿元"成都前海产业投资基金"，有效打通"境外—前海—内地"资金通道，探索出一条前海服务内地产业、前海与内地优势互补、携手共同发展的新路径。

4. 率先推动跨境金融发展。2014年12月，前海金控公司与由建银亚洲和国开行香港分行牵头、深港两地共6家金融机构组成的银团，完成首单跨境人民币银团贷款，标志着"前海概念"的跨境人民币银团贷款在香港银团市场完成了首次亮相和定价。2015年4月，成功赴港发行规模为10亿元的离岸人民币债券，吸引来自中国香港、中国台湾以及新加坡、马来西亚、美国等国家和地区的142家投资机构参与认购，认购规模131亿元，12倍的超购创下近年来离岸人民币债券市场超额认购倍数的最高纪录。2015年6月，中国证监会正式批复准予前海金控主导设计的"鹏华前海万科REITs封闭式混合型发起式证券投资基金"注册。9月30日，鹏华前海万科REITs在深交所挂牌交易，标志着国内首只公募REITs基金在资本市场正式亮相。

5. 建设前海金融创新基础设施。联合安信证券等知名证券公司、保险集团、资管公司等共同出资设立中证信用增进投资股份有限公司，将为市场提供全方位、多层次的信用增进和风险管理服务，支持债券市场及私募市场发展和机制创新，推动国内信用市场发展和多层次资本市场建设。探索与港交所共同建设港交易所前海联合交易中心，利用中国内地在全球大宗商品生产和消费方面的影响力，依托港交所在大宗商品市场方面的专业经验、LME品牌和公信力，构建安全可靠的交易与清算体系，规范市场交易，降低中小企业融资成本，服务实体经济，推动有效投资。探索与深圳证监局共同开展私募平台综合信息服务平台的系统开发与建设工作，解决目前监管部门与私募基金管理人、投资人间存在的信息不对称问题，对私募基金进行动态监管、引导及提供相关增值服务。

三、落实利率市场化战略

虽然我国存款、贷款利率管制已全部取消，然而在很长一段时期，国内监管部门对利率的窗口指导做法仍广泛存在，各种刚性兑付和隐形担保仍广泛存在，各种借贷参与主体的非理性行为仍广泛存在，利率市场化改革还远未到位，"一抓就死、一放就乱"的困局已在互联网金融、新型要素交易平台等领域突显出来。根据2016年CDI对深圳部分科技型企业的调研，国内中长期贷款利率不足5%，而企业实际平均融资成本要高达8%以上，表明当前虽然各类金融机构数量众多，但资金空转现象比较严重。因此，从地方金融业发展看，谁率先完善金融市场机制，谁利用市场竞争机制降成本、增效益，谁利用市场价格机制优服务、防风险，谁就有可能在新一轮金融业发展中抢占先机。第一，服务实体经济，服务中小企业，靠窗口指导、靠行政考评，只能解一时之困，长远必须依靠金融市场有效竞争，让民营银行等更多金融机构进入市场，依靠竞争机制低成本有效供给资金，更好地服务实体经济。第二，维护金融秩序，防范金融风险，靠准入限制、行政管制也只是短期行为，长远也必须依靠市场有效需求，把风险、信用资产做成再担保、再保险、证券化资产等金融产品，形成完备的金融生态，用市场力量优化秩序、化解风险。第三，同步改革国有企业和一些政府平台的预算软约束，让资金价格真正发挥金融市场的信号作用。

四、前瞻性科学布局金融科技发展

金融业本质上是经营信用和风险，对信用和风险给出评价。金融科技发展需要围绕金融本质开展运作，利用新的科技手段优化或改变传统金融信用、风险经营模式。如果仅仅是信息中介、撮合平台，而不考虑信用和风险经营，那么后续发展中将不可避免地带来逆向选择和道德风险问题，必是不可持续的。从过去一年互联网金融整顿看，真正生存下来的互联网金融公司，都管控好信用和风险问题，有些公司采用了互联网、大数据、云计算等手段，有些公司采取线下担保增信、追讨债务手段。由此可判断，从金融科技发展领域看,利用互联网、大数据、云计算、区块链等技术,开发数字货币、征信数据、智能服务等信用产品以及普惠性的信用贷款、风险投资等风险产品具有广阔前景;从科技金融发展监管看,国内必将借鉴英国、新加坡等国家对新兴金融业态"监管沙盒"的监管经验,普及系统试错的监管理念和监管规则,提前设置边界和风险处置原则,在有效预防系统性风险的前提下,支持金融科技创新发展和大胆探索。

专栏3-5　深圳金融科技发展

金融科技是以技术手段提高金融服务的效率和体验,从而引出经济和金融体系,其技术手段涵盖大数据、云计算、区块链、人工智能等领域。深圳高度重视金融科技发展,积极筹办金融科技大赛和Fintech高峰论坛。在深圳市政府的引导下,2016年年底由平安集团、招商银行、微众银行、大成基金等深圳知名金融机构与企业筹建了全国首个中国(深圳)Fintech数字货币联盟及中国(深圳)Fintech研究院。2017年年初,福田区政府出台《关于促进福田区金融科技快速健康创新发展的若干意见》,成为我国地方政府首个发布的金融科技专项政策;6月上市的香蜜湖金融科技指数,是首只反映我国金融科技产业发展的股票指数。由毕马威发布的中国领先金融科技公司2016年50强中,北京21家、上海15家、深圳6家、杭州5家、成都和重庆各1家,深圳6家金融科技公司分别是:财付通、富途牛牛、金斧子、随手科技、微众税银、微众银行,覆盖了互联网、人工智能、大数据分析、生物识别、分布计算、量化模型等领域。

1.　财付通。创立于2005年,是腾讯集团旗下的第三方支付平台,一直致力于为互联网用户和企业提供安全、便捷、专业的在线支付服务。自2005年成立伊始,财付通就以"安全便捷"作为产品和服务的核心,为个人用户创造了多种便民服务和应用场景,为大中型企业提供专业的资金结算解决方案。财付通主要利用其大数据分析、移动计算和分布计算的技术优势,提供支付产品包括快捷支付、财付通余额支付、分期支付、委托代扣、epos支付、微支付等,覆盖的行业包括游戏、航旅、电商、保险、电信、物流、钢铁、基金等。

2. 富途牛牛。于2012年成立,提供一站式港美股投资服务,集行情、交易、资讯、社交等功能于一体,通过专线直连交易所,提供免费实时行情,实现快速下单。富途牛牛是香港证监会认可的持牌法团和香港交易所参与者,获得香港证监会颁发的多类牌照,是港交所资讯供应商。通过三年自主研发,富途牛牛已实现证券服务前、中、后台全链条闭环,独立拥有全套技术。前台方面,富途牛牛App实现全终端覆盖;中台方面,实现客户关系管理、风控及合规的技术支持;后台方面,搭建行情、交易、结算三大系统。

3. 金斧子。作为一家国内互联网财富管理机构,利用移动计算、大数据和云服务为新时代的高净值人群提供专业、独立的互联网财富管理服务。金斧子致力于成为新时代高端投资者的百万理财服务平台,一方面,金斧子根据市场动态,不断寻找不同品类、不同策略的私募股权、纯多私募、量化对冲、并购定增、海外基金和固定收益等理财产品,满足高净值客户多样化的资产配置需求;另一方面,金斧子追求提高用户的互联网财富管理服务体验,为客户提供便捷的搜索比价、净值查询、财富记账和线上线下相结合的路演服务。

4. 随手科技。成立于2011年7月,是国内个人理财应用服务提供商。旗下拥有随手记、卡牛信用卡管家等多款理财应用产品,利用大数据、量化模型、移动技术的技术服务用户。随手科技仍在不断探索个人理财和个人金融的结合点,为个体经营者和个人消费者提供全面的财务服务。自2015年实施以个人财务为中心构筑金融服务生态链的战略以来，目前已形成了以理财平台、贷款平台、办卡超市、在线证券开户以及在线保险销售为主的五大金融业务体系。

5. 微众税银。作为一家大数据征信和风控服务商，是深圳市首批获得企业征信备案的征信公司，在税银技术领域拥有多项专利。微众税银专注于企业涉税经营数据的采集、加工、分析与应用，通过分析度量企业经营数据变化，提供贷前信用评估、贷后风险跟踪等全方位的服务。微众税银对多种企业数据进行分析及运营，至今云计算数据库已经覆盖了全国多数省份、包含多种行业类别及不同层次的数据源。微众税银较早开展互联网+大数据分析应用并拥有多项运营案例，与某银行合作的税e融产品实现了无需人工干预的纯线上自动化企业级秒贷产品。目前已有多家银行使用微众税银的企业征信及大数据风控服务。

6. 微众银行。是国内首家开业的民营银行，于2014年12月获得国家颁发的金融许可证。自2015年5月以来，微众银行陆续推出微粒贷、微众银行App、微车贷等产品，形成以个人贷款和大众理财为主的普惠金融产品服务体系。在科技方面，2015年，微众银行成为国内首个实现本地化的科技架构银行，并将人脸识别、声纹识别、机器人客服等创新技术运用于实际业务场景。2016年，微众银行发起成立聚焦于区块链在金融方面应用的"金融区块链合作联盟（深圳）"；"微众·理财"上线某银行手机App，微众银行正式落地"科技能力输出"的银行同业合作项目。

第四节　深圳金融业发展的经验

深圳虽然作为经济特区，但其金融业的发展并没有完全等靠中央的政策，期待市场的怜悯，而是立足自身需求和国家战略需要，积极主动营造环境，吸引集聚金融资源，创新思路争取先行先试政策，逐步形成了独特竞争优势。回顾总结深圳金融波澜壮阔的发展历史，很多经验对当今金融改革和开放仍具有重要借鉴和启示意义。

一、牢牢把握金融服务实体经济

深圳金融业发展始终立足于服务实体经济，针对不同发展阶段不同需求，重点布局和促进不同金融机构发展。20世纪80年代，深圳特区建设最紧缺的是找到建设资金，最需要的是促进外向型工业发展，深圳金融业改革创新和提升服务就围绕丰富资金供给主体、改革创新滞后金融规制等展开。到了90年代，为了培育深圳高新技术产业发展，加快"三来一补"加工贸易产业转型升级，深圳在1990年率先成立并试运营证券交易所，深圳证券交易所最终在1991年获得国家正式批准。深圳证券交易所的正式成立为深圳高新技术产业的发展奠定了一个重要的制度基础。为了促进支持高新技术产业的风险投资的发展，深圳市政府派出一批中青年专业干部赴美国学习创业投资基金运作经验。1995年深圳把高新技术产业作为重点产业后，1996年深圳市政府设立深圳创新投公司开展风险投资、设立深圳中小企业信用担保中心为中小企业担保增信。至21

世纪，深圳高新技术产业已获得极大发展，金融业发展颇具规模，深圳重点推出了互保金、再担保等政策，开展风险补偿和对担保市场增信，既支持了实体经济尤其是中小科技型企业发展，同时促进了金融市场不断完善。

二、重视培育完善市场运行机制

深圳金融业发展始终坚持发挥市场机制作用，在金融业发展初期，深圳市政府设立了一批银行、证券、信托、担保等市属国资金融机构或类金融机构，而当金融业发展颇具规模后，政府则着力营造和维护良好的市场经营环境，市属国资甚至从银行、信托等领域中实现战略退出。深圳发展银行最终并入了平安保险集团旗下，成就了平安保险集团跻身世界500强行列。尤其是2008年深圳市政府应对金融危机的对策，完全不同于国内其他城市政府的直投与直补政策，而是依托提供风险补偿、借助金融机构筛选扶持与救济项目，让真正具有发展潜力的企业获得生机，让确实失去竞争力的企业自然淘汰。时至今日，深圳经济成功转型，与国内一些其他城市的经济发展困境形成了鲜明的对照。

三、充分发挥市场各类主体能动性

深圳金融业发展离不开中央政策支持和国务院有关部门扶助，离不开驻深金融监管机构、驻深央企、大型民企等各类市场主体或监管主体的参与和配合。1986年深圳相继获得中央赋予实行信贷资金切块管理、自行设定利率档次和利率水平、自行制定各专业银行的存款准备金率以及授予人民银行深圳分行部分金融机构审批权等特殊金融政策。深圳发展银行、招商银行、平安保险的设立以及深交所筹建、微众银行设立等重大金融项目,均是相关市场主体或驻深监管主体积极参与和配合的结果。2014年正式批准筹建的全国第一家民营银行的深圳微众银行,则在深圳银监部门前期创新研究、前置监管和上下协调的支持下由深圳腾讯公司发起设立。

四、顺应时代融合创新大势而有所作为

在经济特区成立之初,深圳金融业面临的大趋势就是方兴未艾的全球化以及发达国家产业转移的热潮。深圳市委市政府已意识到金融的发展不应是封闭环境中的低水平重复建设,而要积极引进、消化、吸收国际上先进成果和创新经验,尤其是把毗邻香港区位优势积极转化为实实在在对接融合的优势。香港不仅是深圳金融资本原始积累的重要源泉,而且为深圳提供了金融业发展的现实模板以及人才、业务交流学习的重要途径。当然,深圳金融业发展学习香港但不囿于香港,深圳按照信息化时代全球金融中心特征,积极对接美国硅谷等全球创新中心金融发展模式,鼓励大数据、云计算、区块链等金融科技技术应用和产业化,支持以信用和风险经营为核心的商业模式创新。

第四章 深圳现代物流业的创新历程

第一节 深圳现代物流业的起步

改革开放以来,深圳从南海之滨的一个小渔船码头发展成世界第三大集装箱港,从尘土飞扬的乡间公路发展到密如丝网的高速公路,从地铁、机场的一片空白发展到全国地铁总里程第四和全国现代化空港第六,从简单的仓储运输到创新型的供应链物流……这一切,无不显示了深圳现代物流业快速的发展和辉煌的成就。深圳现代物流业是从港口、空港等基础设施建设开始起步的,由运输、仓储、装卸、配送等传统物流业逐步发展到综合物流、第三方物流、供应链物流、电子商务物流、物流金融等现代物流业。回顾深圳现代物流业发展历程,大致可以分为起步发展、重点发展、转型发展三个阶段。

一、起步发展阶段

这一阶段是从1979年到2000年左右,主要是以港口、空港、陆路等交通基础设施建设为重点。

（一）深港崛起

深圳现代物流业的发展始于港口的建设。1979年7月，蛇口港区第一个3000吨级泊位开工建设，拉开了深圳物流业发展的序幕。以此为始，1979年年底，新港码头开始建设，并于两年后投入使用；1980年6月，经国务院批准，由招商局、中国南海东部石油公司等单位组建了中国南山开发股份有限公司，负责全权开发赤湾港区，两年后赤湾港区动工兴建；1982年4月，深圳蛇口至大连的海上航线开通，开辟了特区沿海运输的新纪元；1985年4月，深圳妈湾港区开始兴建，总投资13亿元，两年后开始更大规模的建设；1985年12月，盐田港集团的前身深圳东鹏实业有限公司成立，并受深圳市政府委托，负责对盐田港区及其后方开发区统一规划、建设、经营、管理，掀开了建设盐田的新篇章；1989年11月，盐田港区万吨级码头主体工程竣工；1991年8月，由两个5万吨级泊位组成的蛇口港区三突堤集装箱码头投产使用；1994年7月，盐田港迎来了第一艘远洋集装箱班轮——马士基船公司旗下的"阿尔基西拉斯"轮，标志着盐田一期工程竣工正式投入营运，盐田港首条国际航线开通；2002年，盐田港集装箱吞吐量飙升至全球第六位，确立了深圳国际集装箱枢纽港的地位。

（二）深航起飞

建设港口的同时，深圳机场建设也在紧锣密鼓地进行。1983年10月，深圳机场筹建处成立；1985年7月，深圳机场可行性研究领导小组与美国派森斯洛克希德国际合作公司签订了针对深圳机场建设的可行性研究协议；1985年9月，深圳航空公司成立；1987年5月，深圳机场建设项目获国家批准立项；1989年5月，深圳黄田机场工程正式开工；1991年10月，深圳黄田机场举行通航仪式，成为第一个突破民航体制禁区的地方政府自建的民用机场；1992年，深圳市委市政府明确提出"两港齐飞、以港强市"的发展战略，建设以港口、机场为核心的现代物流中心城市成为深圳市经济社会发展的重要战略目标；1993年5月，经国务院批准，深圳黄田机场对外开放，成为中国第一个海空联运的对外航空口岸；1993年10月，深圳至新加坡空中货运航线开通；1996年9月，深圳至莫斯科空中货运航线开通；1998年1月，美国联邦快递公司开航深圳黄田国际机场，黄田国际机场成为该公司在亚太地区的第二快件中心；1999年1月，深圳机场新航站楼正式启用；2001年10月，深圳黄田机场正式更名深圳宝安国际机场，成为全国第四大空港。

（三）陆路连接

在此期间，包含铁路、公路、高速公路等在内的陆路建设也如火如荼地施工。1983年12月，广深铁路局广深铁路公司成立，修建广深复线；1984年2月，广深铁路双线电气化工程动工；1985年3月，广深珠高速公路深圳段动工；1987年1月，深圳铁路高架桥西线工程竣工，双线铁路10月全线贯通；1988年5月，深圳成立第一家从事深港货运业务的专业公司——华港汽车运输企业有限公司；1990年，深惠线深圳至龙岗段举行正式通车典礼；1992年10月，深圳第一条高速公路——梅林至观澜高速公路动工修建，特区快速干道网系统工程11月动工兴建；1993年3月，第一条中外合资修建经营的深圳平南铁路平湖站至曙光站建成通车，广深珠高速公路深圳段12月正式通车，惠盐高速公路全线贯通；1994年7月，广深高速公路全线试通车成功，深圳往返广州行车时间缩短为1个小时；1994年11月，福田保税区直通香港专用汽车通道试通车；1995年5月，梅观高速建成通车; 1995年8月, 梧桐山第二条公路隧道正式动工; 1997年10月, 机荷高速公路东段正式通车; 1998年3月, 京九铁路深圳北车辆段举行揭牌仪式, 标志着京九铁路各项配套设施基本完善; 1999年6月上旬, 承担货物运输任务的广深第三线电气化铁路工程破土动工, 标志着广深铁路运输网络全面进入铁路运输现代化。四通八达的陆路交通体系确立了深圳作为珠三角物流通道的枢纽地位。

二、重点发展阶段

这一阶段是从2000年到2010年前后, 深圳在全国率先确立现代物流业为支柱产业, 并出台相关规划、政策, 对现代物流业进行重点扶持发展。同时伴随着物流园的兴起、重点物流企业的崛起、物博会的成功举办, 深圳物流业迎来新契机。

(一) 支柱产业的确立

随着深圳物流基础设施建设的不断完善和物流业的迅猛发展, 1996年, 深圳市政府便开始组织研究深圳现代物流业发展策略, 提出深圳发展物流业的关键是构筑物流运输平台和信息平台; 1998年, 深圳市政府在国内率先提出建设"区域性物流中心"的发展目标; 2000年, 深圳市政府邀请美国盖兰德国际咨询公司开展"深圳市现代物流业发展策略及交通运输相关政策研究"国际咨询课题, 邀请日本佐川急便公司来深圳宣讲现代物流业的发展趋势; 2000年5月, 深圳市第三次党代会将现代物流确定为深圳市三大重要支柱产业之一, 明确提出以建设现代物流中心城市为目标, 将发展物流业基础设施的重点工作转移到引导、规范物流业的发展规范上来, 这是我国第一次将现代物流业确定为国民经济的"重要支柱产业",体现了在市场经济发展大潮中,深圳市委市政府高瞻远瞩,能够较早认识和洞见现代物流业对全市未来经济发展的重要作用;同年,深圳市编制并发布《深圳市"十五"及2015年现代物流发展规划》,这是全国第一个城市和区域性的物流发展规划;2002年10月,深圳市政府正式发布《关于加快发展深圳现代物流业的若干意见》;2003年3月,出台《深圳市重点物流项目认定试行办法》;2004年9月,出台《深圳市重点物流企业认定试行办法》;2005年12月,深圳市政府首次召开全市物流业大会,进一步强化对物流行业的政策扶持;2006年,出台《深圳市现代物流业"十一五"发展规划》;2007年,深圳市政府"一号文件"发布关于大力发展高端服务业的决定,明确提出要大力发展包括现代物流业在内的高端服务业;2008年4月,深圳市政府工作报告提出建立完善陆路物流运输体系,促进陆路物流规模化、集约化、现代化、品牌化,推动陆海空港同步协调发展。

(二)物流园的兴起

在国内率先提出建设"区域性物流中心"的发展目标后,深圳于2000年便出台了我国首个城市物流园区总体规划,并在《深圳市现代物流业"十一五"发展规划》中首次提出在2010年基本建成分工明确、合作紧密的七大现代物流园区。目前,深圳已建设九大物流园区,分别是盐田物流园区(属国际货运枢纽型物流园区,主要发展国际集装箱中转、仓储、拆拼、加工及物流信息服务等)、前海湾物流园区(属综合物流中心,重点发展港口及陆路散杂货集散、集装箱中转、加工、转运和配运,以及与物流业相关的货运交易、信息、管理、保险和金融等服务业)、航空物流园区(以拓展国内货运为基础,重点突破国际货运,以信息平台为手段,综合发展海陆空多式联运的供应链服务）、平湖物流园区（属陆路转运枢纽型综合物流园区，重点建设三大目标市场，即集装箱中转市场、仓储配送市场和专业批发市场）、龙华物流园区（定位为服务口岸，重点发展为出入境集装箱接驳、物流中心和配送、进出口货物代理、集装箱还箱点、信息管理及相应支持系统服务等）、笋岗-清水河物流园区（以"一个中心——总部基地广场，两个片区——笋岗和清水河，三大产业——物流总部基地广场、现代大宗商品交易中心和现代物流配送中心"为总体发展思路）、机场航空物流园区（主要提供物流基础设施、保税仓、出口监管仓、空港物流快线、综合服务、信息等服务内容）、宝安物流园区（主要由大铲湾物流园区、宝安配送物流园区、福田保税区扩区、宝安港区周边堆场、和记黄埔仓储区构成）和金鹏物流园（位于深圳市南湾街道办沙平公路，原布吉镇丹平公路收费站东侧，地理位置优越，交通便利）。物流园区的发展已经显现出其在深圳现代物流业发展中的龙头和示范作用。

（三）重点物流企业的崛起和物博会的成功举办

2005年3月，由深圳证券信息有限公司与深圳市盐田港股份有限公司联合编制的盐田港（中国）物流行业指数正式发布，该指数是中国证券市场中第一只由上市公司参与编制并冠名的新兴行业群指数；2006年10月，2016年度中国物流百强企业获奖名单出炉，招商局、腾邦、亦禾、海格等8家深圳企业榜上有名，深圳同时也是此次百强名单中获奖企业最多的城市，体现了深圳领先全国的现代物流业发展水平，也说明深圳物流企业在国内已经具备一定竞争实力；2007年11月，首家物流企业怡亚通在深圳中小板上市。2007年5月，首届泛太平洋海运（亚洲）会议在深圳举行，这是深圳市政府成功争取泛太平洋海运会议首届亚洲会议在深圳举办，并约定深圳市交通局（港务管理局）为前五届（2007—2011）泛太平洋海运（亚洲）大会的唯一主办方，深圳市为前五届（2007—2011）泛太平洋海运（亚洲）大会的唯一主办城市；2007年7月，首届中国（深圳）国际物流与交通运输博览会在深圳会展中心成功举办，这是继"高交会""文博会"之后，由深圳市人民政府主办的又一大型高规格博览会，博览会填补了目前国内大型物流与供应链展览空白，以专业化、品牌化、国际化成为深圳市的第三张"城市名片"。作为目前亚洲规模最大、参展企业类型最全、专业观众最多的展会，在深圳市政府的支持下，已逐渐实现了高度的市场化运作，加大招商、招展的力度并逐渐减少对政府补贴的依赖，以满足展商和客户的市场需求为核心，追求展会旺盛、持续的生命力，以展会的大规模和广覆盖面博得参展商和专业观众的信任，以优质的展后服务为参展商和专业观众建立不间断的交流和合作。

三、转型发展阶段

这一阶段是从2010年前后至今。随着电子商务的兴起、"互联网+"的普及以及物流业和各业态的融合发展，深圳现代物流业涌现了供应链物流、电子商务物流、物流金融服务、物流新兴技术等新兴业态和技术，也推动了现代物流业的转型升级、融合发展。在此，着重介绍四种新兴业态：

（一）供应链物流

深圳物流企业创新性强，市场敏感度极高，发展走在全国同行前列，在激烈的市场竞争中孕育出供应链物流新业态。这类企业以物流活动为核心，协调供应领域的生产和进货计划、销售领域的客户服务和订货处理业务,以及财务领域的库存控制等活动,包括采购、外包、转化等过程的全部计划、管理活动和全部物流管理活动,更重要的是,它也包括了与渠道伙伴之间的协调和协作,涉及供应商、中间商、第三方服务供应商和客户,经过近10年的发展,其平台功能和综合服务能力优势不断凸显,市场空间巨大。目前,全国80%以上的供应链管理公司总部聚集在深圳,其中包括怡亚通、飞马国际、普路通、华富洋等行业龙头企业。深圳成为全国供应链管理行业名副其实的领军者。

(二)电子商务物流

2009年,国家发改委和商务部正式批准深圳创建首个国家电子商务示范城市。依托良好的互联网产业基础,在电子商务的带动下,深圳电商物流发展迅猛,2016年全市快递服务企业业务量完成20.45亿件,同比增长45.9%,位居全国第三;快递业务收入完成298.34亿元,同比增长33.8%,位居全国第二,其中港澳台及国际快递业务收入位居全国第一。特别是随着跨境电商的发展,越来越多的深圳本土物流企业开始行动,纷纷布局跨境电商业务,如腾邦国际的"海捣网"、联银供应链的"开心购"、华润万家的"e万家"、顺丰的"海淘"等方兴未艾。电子商务时代给物流业带来了新的发展和新的特点,电子商务物流已经成为现代物流业发展的新业态。

(三)物流金融服务

物流金融服务是为物流产业提供资金融通、结算、保险等服务的金融业务,它伴随着物流产业的发展而产生新业态。具体是指在面向物流业的运营过程中,通过应用和开发各种金融产品,有效地组织和调剂物流领域中货币资金的运动,这些资金运动包括发生在物流过程中的各种存款、贷款、投资、信托、租赁、抵押、贴现、保险、有价证券发行与交易，以及金融机构所办理的各类涉及物流业的中间业务等。深圳金融业发达，金融机构种类齐全，金融产品类型多样，金融业总资产和增加值在全国均居第三位，金融业增加值占生产总值比重超过15%，物流业增加值占生产总值比重也超过10%，金融和物流的融合发展相互促进、潜力巨大。

（四）物流新兴技术

深圳现代物流业借助于现代信息技术，逐渐呈现出信息化、电子化、智能化等技术特征，极大提高了物流效率，支撑现代物流业高端发展。以鹏海运电子数据交换技术为例，可通过对集装箱的空间定位、状态管理、数据流转管理，及时把控车辆运行的方位与信息，有效追踪集装箱的状态信息，并提供有效的集装箱数据情况反馈与流动说明，此举可为企业综合提效60%以上，通过系统化的操作，将信息的准确性提高至99%以上。同时，构建了大数据平台，也为对应的征信系统及金融支持系统提供参照依据。

第二节　深圳成为全国物流业领军城市

改革开放以来，深圳物流业保持较快的发展势头，特别是被确立为支柱产业之后，深圳现代物流产业更是快速发展。"十二五"期间，深圳现代物流业发展取得显著成绩，物流产业规模不断扩大，物流运行效率持续提高，物流枢纽地位日益凸显，物流新兴业态不断涌现，物流产业政策体系日益优化，物博会和"一带一路"建设取得新成绩。

一、深圳物流业主要指标持续向好

（一）物流业规模稳居全国第二，物流业增加值占生产总值比重连续3年超过10%

2016年，深圳实现物流业增加值1984.50亿元，同比增长9.4%，"十二五"期间年均增长11.2%，高于生产总值年均增速1.6个百分点，物流产业规模稳居全国第二，仅次于上海。物流业增加值占生产总值比重为10.2%，"十二五"期间提高0.45个百分点，自2014年以来连续三年占比超过10%。

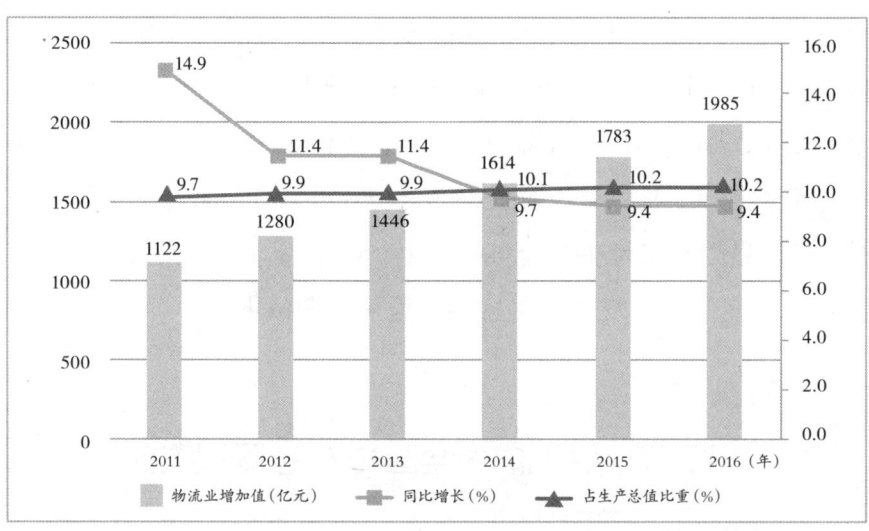

图4-1　2011—2016年深圳物流业增加值、同比增长及占生产总值比重

（二）港口集装箱吞吐量连续4年居全球第三，机场货邮吞吐量连续15年居全国第四，机场旅客吞吐量居全国第六

2016年，深圳货运量和货物周转量分别达到3.12亿吨、2246.86亿吨，"十二五"期间增幅分别达到24.1%、36.2%；客运量和旅客周

转量1.70亿人次、1026.99亿人，同比分别增长5.5%、9.1%。港口货物吞吐量2.14亿吨，集装箱吞吐量2397.93万标准箱，连续四年稳居全球第三，仅次于上海港、新加坡港。机场货邮吞吐量112.59万吨，自2003年以来稳居全国第四；机场旅客吞吐量达4197.15万人次，居全国第六位。

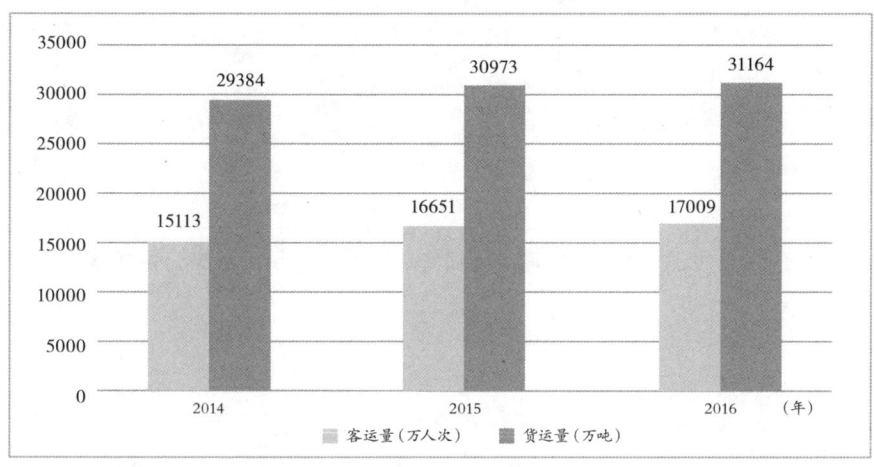

图4-2　2014—2016年深圳客运量和货运量（2014年起新口径）

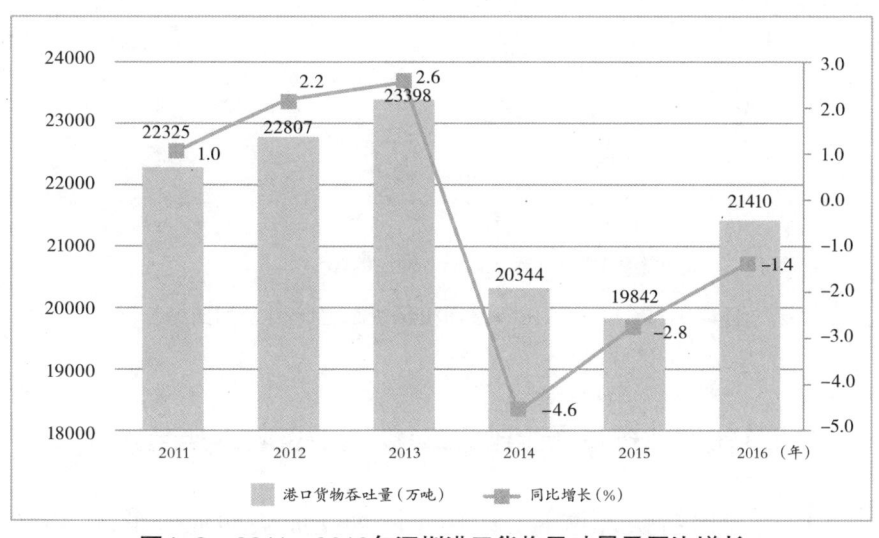

图4-3　2011—2016年深圳港口货物吞吐量及同比增长

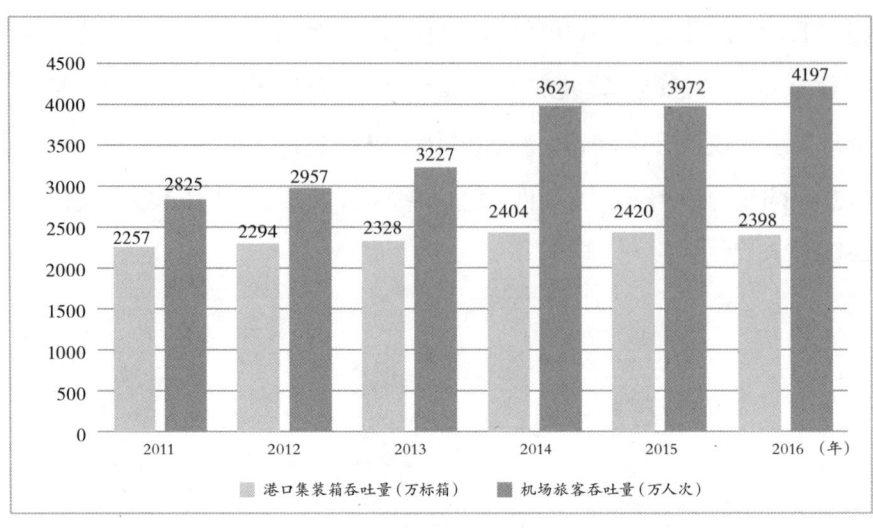

图4-4　2011—2016年深圳港口集装箱吞吐量和机场旅客吞吐量

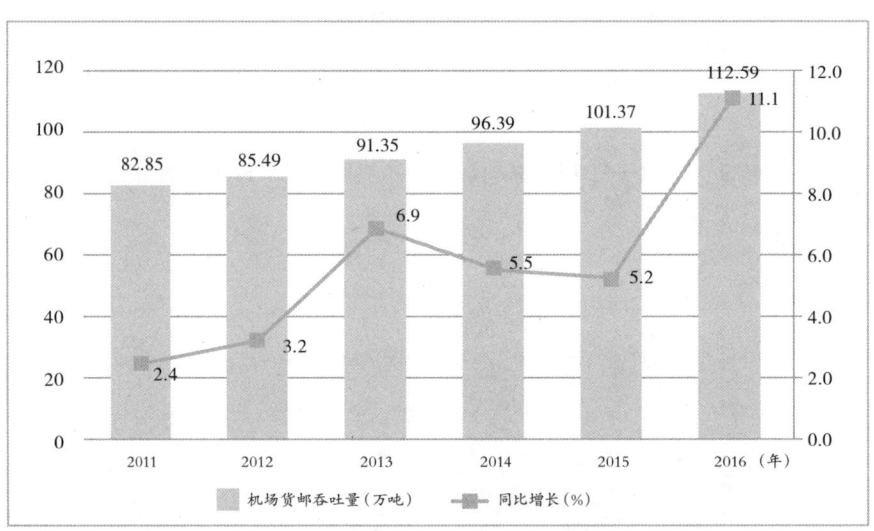

图4-5　2011—2016年深圳机场货邮吞吐量及同比增长

（三）快递业务量居全国第三，快递业务收入居全国第二

　　快递业保持快速增长，2016年深圳完成快递业务量20.45亿件，同比增长45.9%，首次超越北京，进入全国城市前三，仅次于广

州、上海；完成快递业务收入298.34亿元，同比增长33.8%，占全国比重8%，稳居全国城市第二，仅次于上海。

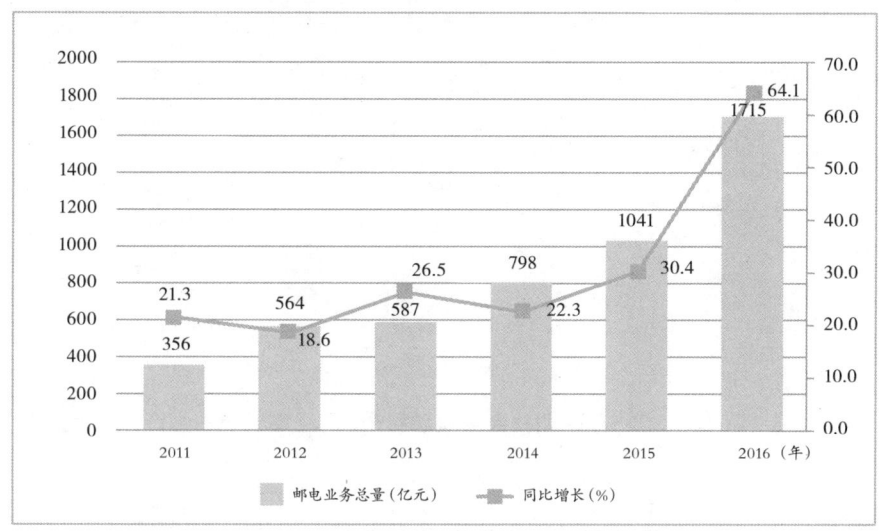

图4-6　2011—2016年深圳邮电业务总量及同比增长

（四）物流运行效率接近中等发达国家水平

近年来，深圳物流业运行效率持续提升，社会物流总费用同比增速水平逐渐收窄，社会物流总费用占生产总值比重持续降低，物流业单位物流货值不断提升，运行效率领先全国，接近中等发达国家水平。2015年，深圳社会物流总费用2331.87亿元，同比增长2.8%，增速比2011年的16.5%收窄13.7个百分点；作为衡量现代物流运作效率的国际通行指标的社会物流总费用占生产总值比重达到13.3%，较"十一五"末期降低1.6个百分点，低于全国平均水平约3个百分点；物流业单位物流货值"十二五"期间年均11534元/吨，比"十一五"末期增加1562元/吨，增幅达15.7%。

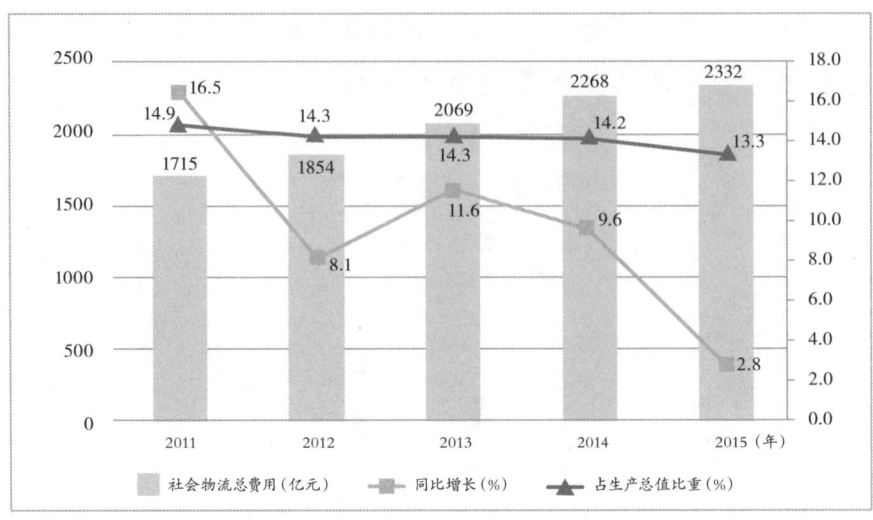

图4-7 2011—2015年深圳社会物流总费用、同比增长及占生产总值比重

（五）物流交通基础设施投资力度加大

2016年，深圳完成交通基础设施建设投资305.8亿元，占年度计划的134.6%，"十二五"期间共完成交通运输、邮政业基础设施固定资产投资约1500亿元，占全市固定资产投资比重45%。

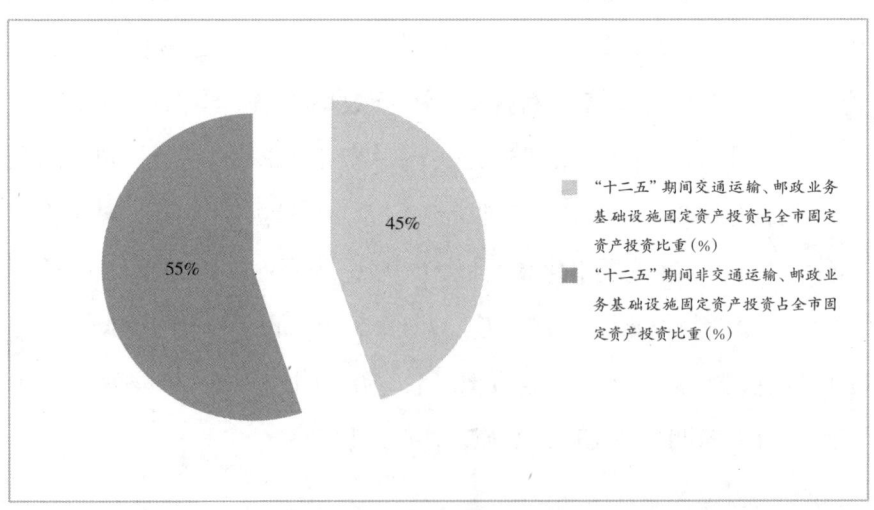

图4-8 "十二五"期间交通运输、邮政业基础设施固定资产投资占全市比重

二、深圳物流业管理体制和政策较为完备

深圳市交通运输委员会（深圳市港务管理局）是深圳市现代物流业的行业主管部门。2002年深圳市政府又成立了深圳市现代物流业发展工作领导小组，由业务主管副市长担任组长，负责领导和协调全市现代物流业发展工作；2011年大部制改革后，领导小组及办公室撤销；目前，深圳交委物流发展处承担全市物流行业及陆路货运行业管理的组织协调工作。

为促进现代物流业发展，深圳市政府率先颁布了《关于加快深圳现代物流业发展的若干意见》，明确提出了促进现代物流业发展的项目认定、投资立项、用地优惠等政策。相继出台《深圳市"十五"及2015年现代物流业发展规划》《深圳市现代物流业发展"十一五"规划》《深圳市贯彻实施国家〈物流业调整和振兴规划〉方案（2009—2012）》《深圳市现代物流业发展"十二五"规划》等在内的促进现代物流业发展的规划政策。同时制定了包括《深圳市现代物流业发展专项资金管理暂行办法》《深圳港航产业发展财政资助资金管理暂行办法》《深圳航空业财政奖励资金管理暂行办法》《深圳市道路集装箱运输行业财政资助管理暂行办法》《深圳市物流项目建设用地控制标准》《深圳市关于支持物流企业应对金融危机的专项资金措施》《深圳市重点物流企业认定管理暂行办法》《深圳市现代物流项目认定暂定办法》等专项资金管理办法及相应扶持政策，全方位支持现代物流产业发展壮大。

针对现代物流重点领域也颁布了相应的规划和促进政策，包括《关于进一步促进深圳港发展的若干意见》《关于促进道路集装箱运输行业健康发展的若干意见》。通过与总部经济、民营经济、中小企业、高层次专业人才等相关政策的配合，深圳已形成一套相对

完整的物流政策体系。

表4-1 "十二五"期间深圳出台的物流领域相关政策文件

序号	名称	时间
产业规划		
1	深圳市现代物流业发展"十二五"规划	2011年
2	深圳市现代物流业转型升级研究	2014年
3	深圳市物流公共信息平台建设规划及实施方案研究	2015年
促进政策、技术标准与管理规范		
4	食品冷链技术与管理规范	2011年
5	深圳市全市性物流公共信息服务平台项目认定管理实施细则	2012年
6	深圳市现代物流业发展专项资金管理办法	2013年
7	关于促进深圳电子商务物流业发展的若干措施	2014年
8	深圳市发展快递业管理规定	2014年

三、深圳物流业基础设施建设日益完善

近些年,深圳已基本建成世界级集装箱枢纽港、华南地区航空门户机场和亚太地区重要的物流枢纽城市,"海、陆、空"物流运输网络进一步完善,物流园区建设进一步加快。

(一)海港建设

深圳港口集装箱吞吐量分别连续4年、19年位居全球第三、内地第二,深圳港已成为全国综合运输体系的重要枢纽,并初步形成以深圳港为基本港的华南水运、转运、喂给体系。截至2015年年末,深圳国际集装箱班轮航线达254[①]条,国际友好港数量达到19个,形成了远近洋、干支线、内外贸相结合的全球性航运网络体系。

---

① 北美航线35条,南美航线12条,中美航线1条,欧洲航线35条,地中海航线14条,亚洲航线118条,中东航线18条,红海航线4条,大洋洲航线8条,非洲航线9条。

至2016年，深圳港拥有港口泊位数152个，万吨级以上泊位72个；港口货物吞吐量达2.14亿吨，集装箱吞吐量2398万标准箱。深圳港已建成蛇口、赤湾、妈湾、盐田、大铲湾、沙鱼涌、下洞、福永等码头，盐田国际集装箱码头三期、蛇口集装箱码头三期等相继建成，铜鼓航道投入使用，太子湾邮轮母港正式开港运营，进一步巩固了深圳港国际集装箱枢纽和干线港地位。

（二）空港建设

"十二五"后期，深圳机场通航国家达到12[①]个，通航国际城市达到19[②]个，全货机航线34条，货运航线网络覆盖国内外31个城市，全货机达到4767架次，承运货邮吞吐量达43%。2016年，新开通国际客运航线12条，其中洲际航线5条，国际旅客吞吐量达223万人次，同比增长34.3%，机场货邮吞吐量112.59万吨，自2003年以来稳居全国第四，机场旅客吞吐量达4197.15万人次，居全国第六位。深圳机场迈进"大航站区+双跑道"时代，拥有7家基地航空公司，机场口岸正式实行24小时通关。

（三）陆路建设

深圳市铁路系统由广深铁路、平南铁路、平盐铁路和广深港客运专线构成，客运枢纽形成"两主两辅"布局，深圳北站、深圳站为主客运站，布吉站及深圳东站为辅助客运站，货运枢纽包括平湖铁路集装箱中心站，东、西港区办理站。铁路货运站场包括平湖1处编

---

① 马来西亚、日本、韩国、菲律宾、泰国、新加坡、澳大利亚、美国、德国、阿联酋、印尼、越南。

② 哥打基纳巴卢、大阪、东京、首尔、吕宋岛、吉隆坡、曼谷、新加坡、迪拜、悉尼、科隆、安克雷奇、巴厘岛、普吉、辛辛那提、胡志明市、茨城、济州岛、墨尔本。

组站、7处办理货运的中间站及3处港区车场。厦深铁路通车、深茂铁路建设顺利推进。2016年,国家中长期铁路网规划明确将深圳列为国家铁路枢纽城市。赣深客运专线开工,穗莞深城际线建设加快,开行厦深铁路深惠汕快捷线。加快打通对外公路通道,深中通道先行段开工建设,沿江高速二期、外环高速、东部过境通道建设加快。龙大、南光、盐排、盐坝4条高速公路免费通行。"十二五"末期,全市道路通车里程6520公里,道路网密度达到7.0公里/平方公里,道路网密度位居国内大中城市前列,"一横八纵"骨干路网基本建成,"七横十三纵"的高快速公路体系加速形成。

表4-2 深圳"七横十三纵"干线路网

干线路网	主要道路
"七横"	外环高速公路、机荷高速公路—深汕高速公路、盐坝高速公路、南坪快速路、北环快速路、南环快速路、沿一线快速路
"十三纵"	沿江高速公路、海滨大道、南沙快速路、广深高速公路、南光高速公路、福龙路—龙大路、龙观快速路、皇岗路—梅观高速公路、盐排高速公路、清平快速路、丹平快速路、龙盐快速路、深惠高速公路—东部过境高速公路

(四)海铁联运

深圳于2003年着手开展海铁联运业务,起步阶段,首先于2004年同成都市正式开通蓉深"五定班列"。近年来,深圳不断完善海铁联运网络。2016年,海铁联运班列达14条,此外还开通了途经6个国家、行程1.2万公里、最终到达捷克的集装箱班列。

(五)物流园区的建设

深圳自21世纪初提出全国首个城市物流园区总体规划以来,截至2016年,共打造九大物流园区,分别是:

1. 盐田物流园区。属国际货运枢纽型物流园区，主要发展国际集装箱中转、仓储、拆拼、加工及物流信息服务等。规划面积为0.96平方公里，分南北两片，地理位置极为优越。叠加了保税区、出口加工区的政策优势，及国际深水中转枢纽港的功能优势，已经具备了国际通行的自由贸易区雏形。可以辐射带动华南和泛珠三角经济、社会发展，成为华南地区支线箱源和国际中转箱源的集散地。

2. 前海湾物流园区。属综合物流中心，重点发展港口及陆路散杂货集散、集装箱中转、加工、转运和配运，以及与物流业相关的货运交易、信息、管理、保险、金融等服务业。总面积约8.67平方公里，保税港区的面积为3.71平方公里，实行封闭管理。综合优势非常突出，政策上享受保税区、出口加工区相关的税收和外汇管理政策；区位上与蛇口、赤湾、妈湾三大港区无缝衔接，距大铲湾和深圳机场较近；交通上有南坪快速、广深沿江高速公路、西部通道，南通香港，北接东莞、广州，深圳西站、平南铁路位于园区内；经济腹地非常广阔，直通经济腹地珠三角，间接腹地包括省内其他地区以及湖南、江西、广西、贵州等中西部省区。

3. 航空物流园区。园区以拓展国内货运为基础，重点突破国际货运，以信息平台为手段，综合发展海陆空多式联运的供应链服务。近期将重点建设航空货运中心，形成航空物流硬件平台、信息平台及服务平台。规划投资15亿元，占地总面积116万平方米。计划完工后深圳机场国内、国际航空货物处理能力将分别达到50万吨和20万吨。一期工程包括国际国内货运村、国际国内货站、保税仓及监管仓、联检综合大楼、海关监管快件分拣中心等项目，已经正式投入使用。

4. 平湖物流园区。属陆路转运枢纽型综合物流园区，重点建设集装箱中转市场、仓储配送市场和专业批发市场。总规划控制范围

14.75平方公里。铁路方面,日编组能力为8000车次的平湖南铁路编组站位于园区中心,京九线、广九、广深线穿园区而过,南接香港,北连内地和欧亚大陆桥,平盐铁路和平南铁路在园区内与京九、京广线接轨,直通盐田国际中转港和蛇口集装箱港。公路方面,平蛇公路、深惠公路、丹平公路、平吉大道、富安大道与机荷高速、水官高速、清平高速、梅观高速等交通主干道在园区内外形成了纵横交错、四通八达的公路网络。

5. 龙华物流园区。定位为服务口岸,重点发展出入境集装箱接驳、物流中心和配送、进出口货物代理、集装箱还箱点、信息管理及相应支持系统服务等项目。占地65万平方米,距皇岗口岸6公里,距盐田港区25公里,距蛇口港区20公里。解决了深港两地陆路口岸通关的瓶颈问题,而且能够大大缓解深圳公路口岸通关的压力,同时可以有效降低深圳乃至珠三角地区进出口企业的物流成本和通关成本,其社会效益和企业的经济效益都是非常显著的。

6. 笋岗-清水河物流园区。面积473.8万平方米,由一个中心(总部基地广场)、两个片区(笋岗和清水河)和三大产业(物流总部基地广场、现代大宗商品交易中心、现代物流配送中心)组成。以信息化为基础,以建设现代化国际大宗商品展示、采购、交易市场、物流总部基地和现代物流配送基地为重点,培育龙头交易市场(家居超市、汽车及汽配交易市场、电子产品专业市场、轻工产品市场、医药港、冷冻食品配送中心、生鲜农产品配送中心、文具玩具精品市场、工艺文化传播市场等),不断提升现代物流业的层次、规划和能级,把园区建设成城市现代服务业功能集聚区域及深港现代物流企业后方服务基地。

7. 机场航空物流园区。位于宝安国际机场红线范围内,管理区规划面积共116万平方米,由深圳机场物流园发展有限公司负责开发和经营管理。主要提供物流基础设施、保税仓、出口监管仓、空港物流快线、综合服务、信息等服务内容。机场航空物流园区投入运行以来,已经吸引了联邦快递、UPS、DHL、德国汉莎、翡翠航空、天虎物流、环宇、美邦、大田等近200家知名物流企业进驻。

8. 宝安物流园区。包括大铲湾物流园区(园区规模为283万平方米,是深圳集装箱干线港的重要组成部分,是香港国际航运中心的重要延伸和补充,将发展成以外贸集装箱干线运输为主的专业化港区)、龙华物流园区(是服务口岸,连接香港和深圳并辐射珠三角和内地的国际集装箱多式联运中心,其主要功能为出入境集装箱接驳、物流中心和配送、进出口货物代理、集装箱还箱点、信息管理以及相应支持系统服务等)、宝安配送物流园区(位于西乡固戍,面积约170万平方米,定位为市级的连锁配送型物流园区)、福田保税区(申请扩区,作为目前保税区的扩展和延伸,是集加工、生产、商贸、物流、研发为一体的多功能、立体式的经济区域,位于福永—沙井交界处,总面积5.37平方公里)、宝安港区周边堆场(有大量的简易堆场,结合建材装卸点分布在海岸沿线,占地约119万平方米)、和记黄埔仓储区(面积34万平方米,是为配合华南地区进出口贸易增长并作为盐田港后方基地而设立的深圳观澜物流园区,服务包括货物集运、分拨、仓储及增值服务和货柜储存等,目前以出口监管仓为主,以满足国内外零售商、集运公司、货代公司、生产商及船公司的需要)。

9. 金鹏物流园。位于南湾街道办沙平公路,原布吉镇丹平公路收费站东侧,地理位置优越,交通便利。东临深惠公路,北靠水官、机荷高速,面对丹平公路。占地面积20多万平方米,内设货运商铺500余套,商铺全部为框架式双层建筑,起点高、配套全。

以上九大物流园区通过引进国外先进的物流设施、技术设备、先进管理理念，完善园区服务，整合园区企业资源，节约了运营成本，提高了运营效率，增强了企业竞争力，凸显出在深圳物流发展中的龙头和示范作用。

四、物流新兴业态领军企业不断涌现

近年来，深圳较为完备的物流产业发展政策、四通八达的交通体系、充分竞争的市场环境、庞大的加工贸易产业基础、"新、先、优、特"的新兴业态、外向型经济特点催生出深圳物流领军和创新型企业，涌现出一大批现代物流业发展的坚实主体。

截至2015年年末，深圳各类物流企业逾1.7万家，其中市政府认定的重点物流企业86家，营业收入超百亿元的物流企业10家，物流上市及挂牌公司8家[①]。其中，招商局集团物流业务布局全球15个国家28个港口；顺丰速运成为国内最大的民营快递企业，并于2017年2月24日在深交所举行重组更名暨上市仪式，正式登陆A股；全国八成供应链企业总部汇集深圳，奠定了深圳全国供应链管理行业领军者的地位，怡亚通、飞马国际、腾邦、华鹏飞成为国内第一批上市的供应链管理企业。深圳物流企业不断延伸服务链条，拓展物流和资金流、信息流、商贸流紧密融合的增值服务模式，积极向制造、金融、贸易、电商等行业跨界融合，涌现出了"O2O供应链商业生态圈"模式、"快递+电商"模式、"物流与金融一体化"模式、"以大数据分析为基础的物流透明3.0管理"模式等创新成果。与其他城

---

① 10家营收超百亿元企业包括顺丰速运集团、怡亚通、飞马国际、信利康、朗华、年富、腾邦、富森、华富洋、嘉晟。
8家上市及挂牌企业包括怡亚通、飞马国际、腾邦国际、华鹏飞、海格物流、普路通、小田物流、凯东源。

市相比,深圳成为全国供应链管理行业名副其实的领军者。特别是随着菜鸟网络总部落户深圳前海、阿里巴巴国际运营总部落户深圳后海,必将促进深圳现代物流业快速发展。

五、物流业信息平台建设加快推进

目前,深圳现代物流的各项配套服务正加快推进,物流信息化建设跃上新台阶,一体化供应链服务体系初步形成。深圳市从事物流信息化的专业企业发展较早,实力较强,出现了鹏海运、易网通、港航网络等一大批物流信息化专业公司。深圳在物流信息重点关键技术方面有所突破,"大通关"平台和电子口岸建设不断深化,GPS、GIS、RFID等物流信息技术应用较广。按照"政府引导、企业主体、市场化运作"的原则,深圳物流公共信息平台现已建成盐田港、西部港区、机场园区和龙华园区四大区域平台,以及鹏海运海商网、南方电子口岸、运输过程透明管理平台、集装箱集疏运系统、干线车辆集疏运平台、一达通外贸综合服务平台、易网通海运在线、云运力车货交易平台八大专业平台。

六、连续成功举办十一届"物博会"

深圳成功获批国家现代物流创新发展试点城市,物流业发展迎来更大机遇。成功举办第11届深圳国际物流与交通运输博览会,位居同类展会"亚洲第一、世界第二"的规模,展会为国内外知名物流企业展示形象、做大品牌、拓展市场搭建了专业平台,助力深圳成为国际化交通物流枢纽城市,对推动、引领深圳乃至中国现代物流业转型与创新发展发挥了重要作用。2015年,深圳物博会展览面积达6万平方米，设立了15大展区、1600多个展位，组织了25项主题鲜明、内容丰富的论坛①及活动；纳米比亚、越南、孟加拉国、沙特阿拉伯等国家首次参展，国际展商比例高达40%。物博会的成功举办为深圳物流业在国际、国内市场树立了良好的品牌形象，提升了深圳物流业的区域影响力和行业美誉度。

七、"一带一路"取得新成绩

随着"一带一路"倡议的深入实施及"走出去"战略的不断推进，深圳物流领军企业成为战略实施的重要力量。招商局集团形成了"深圳总部+全国网络+全球布局"的物流发展格局。顺丰速运在中国的香港、澳门、台湾及韩国、日本、马来西亚、新加坡、美国设立网点，开展国际派收业务。越海物流积极拓展"一带一路"沿线国家和地区市场，打造全球平行汽车供应链项目。

第三节　深圳现代物流业的创新

近些年，面对复杂严峻的内外部环境和国内经济步入新常态的经济形势，深圳经济下行压力加大，进出口增速出现回落，但深圳物流业依然实现了较快增长，尤其是物流新业态蓬勃发展。这一方面得益于深圳形成了一整套相对完整、不断优化的物流政策体系，为深圳现代物流创新发展提供了可靠保障；另一方面，深圳物流企业创新性强，市场敏感度极高，重视物流业转型升级，发展走在全国同行

---

① 论坛包括"丝绸之路国际合作论坛""互联网+汽车后市场高峰论坛"等热点领域和话题。

前列，涌现了一大批新兴物流业态，如创新型的供应链物流、物流金融服务、电商物流、跨境电商、物流新兴技术等。所以，从传统、基础到新兴、高端的全业态成为深圳现代物流持续发展的主要支撑。

一、供应链物流

供应链物流是为顺利实现与经济活动有关的物流，协调运作生产、供应活动、销售活动和物流活动，进行综合性管理的战略机能。

深圳供应链企业就是利用这种管理理念和先进技术，加快传统物流业务向与实物流紧密相关的资金流、信息流、商流延伸，加速介入供应链各个阶段，向客户提供更为广泛的生产组织服务。如在竞争激烈和快速变化的市场中，企业要通过提高对商品的预测准确率来降低企业的库存，减少交货期的延误，从而保住有价值的客户。供应链企业可帮助公司对其整个供应链进行全面诊断，对包括订单管理、生产制造、仓库管理、运输和开票等全流程实现无缝连接，并结合信息系统的实施，使公司建立起供应和需求一体化的结构，尤其是通过对系统数据的分析，定时连接和灵活处理，使决策者能够更加方便和有效地协调人员、设备资源和流程配置，更加准确地满足市场的需求。公司通过供应链的一体化管理，不仅降低了库存，加快了库存的周转率，降低了物料管理的成本，而且大大提升了供应链的价值。

二、物流金融服务

物流金融是指在面向物流业的运营过程，通过应用和开发各种金融产品，有效地组织和调剂物流领域中货币资金的运动。它为物流产业提供资金融通、结算、保险等服务，伴随着物流产业的发展而产生。它是一种创新型的第三方物流服务产品，为金融机构、供应链企业以及第三方物流服务提供商业间的紧密合作提供了良好的平台，使合作能达到"共赢"的效果。对于现代第三方物流企业而言，金融物流可以提高企业一体化服务水平，提高企业的竞争能力，提高企业的业务规模，增加高附加值的服务功能，扩大企业的经营利润；对于供应链企业而言，金融物流可以降低企业的融资成本，拓宽企业的融资渠道；可以降低企业原材料、半成品和产品的资本占用率，提高企业资本利用率，实现资本优化配置；可以降低采购成本或扩大销售规模，提高企业的销售利润。对于金融机构而言，金融物流服务可以帮助金融机构扩大贷款规模，降低信贷风险，甚至可以协助金融机构处置部分不良资产。

三、电子商务物流

电子商务的发展尤其是网络购物的爆发式增长大大促进了电子商务物流服务业尤其是快递服务业的发展，使其成为社会商品流通的重要渠道。深圳有便捷的交通、庞大的人口、发达的互联网技术、良好的政策环境、经济环境和市场环境，电子商务物流快速发展，带动了快递业的快速发展。2016年，深圳全市共有获得快递业务经营许可的法人企业521家，分支机构516家，末端服务网点1468家，行业从业人员突破8万人。深圳市快递业务量累计完成20.45亿件，在全国各大城市排名中，首次超越北京进入全国前三。业务收入累计完成298.34亿元，依旧稳居全国第二位。深圳邮政业总收入、快递业收入、快递业务量均在全省"三分天下有其一"，其中快递业收入占全国比重8%。

四、跨境电商

深圳是全球电子信息产业制造重镇,手机、无人机、电动玩具、平衡车等电子消费产品竞争力强,销往世界各地。同时,深圳地处粤港澳大湾区经济的要道,拥有集装箱吞吐量居全球第三的深圳港,以及连通香港的多个陆路口岸,能吸引更多资本、企业聚集深圳,抢夺外贸进出口商机。据不完全统计,深圳拥有跨境电商逾2万家,占全国的半壁江山。深圳B2C(企业对消费者)企业和大卖家超过5000家,活跃卖家数占全国40%,成为中国跨境电商"大本营"。也正是得益于得天独厚的产业及通关优势,深圳众多外贸企业"试水"新业态,带动跨境电商高歌猛进,2016年深圳跨境电商交易额403.5亿美元,同比增长21%。

下面,主要以供应链企业朗华为例,详细介绍现代物流业的创新模式,尤其是供应链管理、物流金融服务、电子商务、跨境电商以及物流新兴技术的解决方案:

朗华供应链管理模式创新

(一)企业简介

朗华集团成立于2006年,注册资金1亿元,是一家率先与国际接轨的综合性供应链服务商,集团着重扁平流通中间环节,服务实体经济与工业制造环节。对接战略新兴产业、未来产业以及产业升级战略,服务中国制造2025、工业4.0计划,为中国产品制造商提供制造设备与装备、工业半成品、工业生产与流通技术等综合供应链服务。

目前有深圳、香港、上海、北京四大区域,下辖12家分公司、子公司及控股公司,拥有1000余名员工。业务布局深圳、上海、北京、成都四大城市,辐射全国200多个大中城市及北美洲、南美洲、南亚、非洲等国家和地区,与诸多世界500强企业及国内知名客户形成战略合作关系,服务客户3000多家,客户满意度超过95%。

自成立以来,朗华在设备、手机等市场领域占据绝对优势,持续十年位居手机行业供应链第一、设备行业供应链第一、卡车融资规模同业第一,通信及设备行业占超过70%的市场份额!发展十年,朗华始终保持70%的年增长速度,一般贸易进出口名列全国前茅,累计突破1700亿元,纳税累计超过116亿元(含海关关税和增值税),蝉联"中国进出口企业500强""中国民营企业500强"等排名榜。2015年,朗华一般贸易进出口总额50.23亿美元,占全市供应链产业的10.69%,一般贸易排名列居深圳市前三,全国出口排名第九,进口排名第42,为深圳乃至全国的外贸经济贡献强劲力量!

朗华不断创新探索,积极响应国家"一带一路"倡议、深圳市"东进战略",并提前布局"供应链+"战略规划,率先打造"中国首家工业供应链服务商",服务于中国供给侧改革战略。通过朗华五大战略平台,从线上、线下服务中国工业,并全面进军未来新兴产业,以智慧朗华,打造可持续发展的产业生态圈!

(二)案例背景

随着全球经济一体化进程不断加速,传统"国内市场"和"国际市场"的界限逐渐模糊,全球经济向服务经济转型,国际贸易和跨国投资呈爆炸式增长,不同产业之间的比较优势日益凸显。巨大的竞争压力迫使企业将有限的资源用于加强自身的核心竞争力，集中培育核心业务；非核心业务则倾向于外包给更专业的公司或供应商，供应链管理的价值也越来越被重视，供应链管理正日益成为企业之间竞争的核心内容。

供应链管理服务行业与上下游行业具有非常强的关联性，相互之间有很强的渗透性。朗华通过对上下游客户整合，对整个供应链系统进行计划、协调、操作、控制和优化各种活动，为客户提供全方位的定制化解决方案。通过对传统的物流、仓储等资源进行有效整合和管理，有效地支撑整体供应链管理服务解决方案的实施；同时，根据不同客户的经营战略和个性化需求，提供高效的供应链管理服务整体解决方案，对商流、资金流、信息流、物流统一运作管理，借助高效的管理能力和执行能力，实现整个供应链的价值增值。

朗华注重提高企业对市场的快速反应能力，尤其是在全球实体经济面临巨大挑战的背景下，为提升中国制造业在全球价值链体系的地位，提出了"工业供应链"的服务理念，创新性地将供应链与工业相结合，及时匹配客户需求。通过代理采购、虚拟生产等服务，朗华对企业流程进一步优化，降低企业的运营成本；借助垫付资金、贸易融资等多种供应链金融手段，解决客户融资难的问题；借助大数据、云计算等现代互联网技术，对企业的未来做出预测，将整个供应链的运作风险降到最低，实现整个链条的效益最大化。

（三）解决方案

供应链管理是一种基于协作的策略，将跨企业的业务运作连接在一起，共同实现一个市场机会，用价值链的思想驱动供应链上的各个节点活动,有效保证各个节点企业都通过增加价值获得市场竞争优势。

朗华在物流、资金流、信息流、商流的基础上,引入了增值流服务,率先提出"五流合一"创新商业模式。通过"供应链+"服务对各领域流通环节进行整合,搭建了包括流通事业整合平台、外贸综合服务平台、民营金融控股平台、跨境电子商务平台、智能物流平台在内的五大平台。

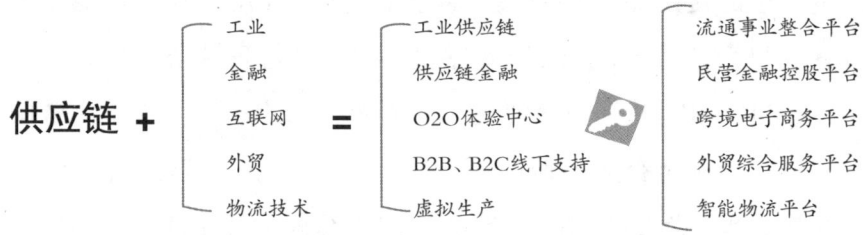

图4-9 朗华的"供应链+"模式与"五大平台"

五大平台内部资源联动,深层次地满足细分客户的需求,为客户提供更加专业化和个性化的供应链管理服务。朗华在为客户提供整体的供应链解决方案过程中重点围绕以下几点展开:

1. 虚拟生产层面

朗华作为供应链链条的主导,通过对代工厂商的管理整合,实现大批量产品的效益最大化;整合仓储资源,实现个性化需求的成本最优化;整合运输配送资源,构建全球高效的物流网络;结合供应链管理技术、大数据信息技术、先进制造技术,朗华与中国制造业共同推动传统工业制造的转型升级。

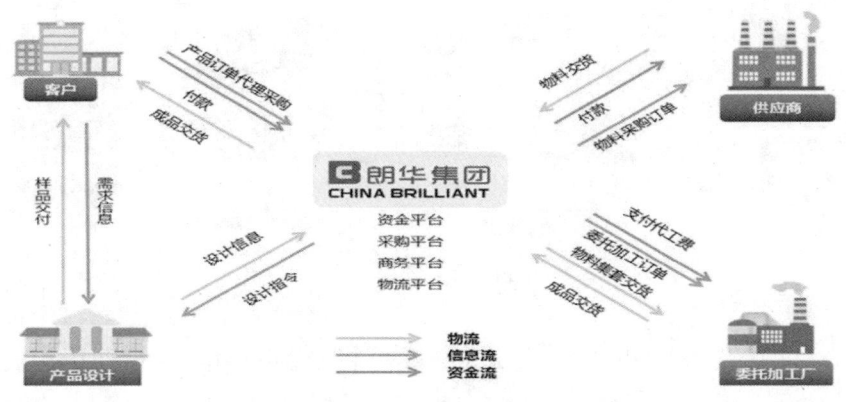

图4-10　整合流通运作模式

　　朗华特有的资源、条件和能力,形成了核心竞争力。可以从全球上万家优质供应商中挑选并推荐最适合的厂商,实现交货最快、质量最好、价格最便宜的产品订单。朗华的核心能力就是供应链整合能力,从全球搜寻最佳原料,送到劳动力成本最低廉、生产质量最高的厂家完成订单生产。朗华的全球"流通整合模式"供应链具有独特的竞争力,条件适宜可以模仿和复制。

2. 订单执行服务

　　朗华也关注流通领域的效率提升,通过对渠道的深入管理,将商品的价值发挥到最大。除自身搭建的B2B和B2C平台,朗华还关注采购环节和制造环节的衔接,提出整合流通的概念,利用自己的资源整合能力,为客户提供全球采购与分销的服务。

图4-11　采购执行

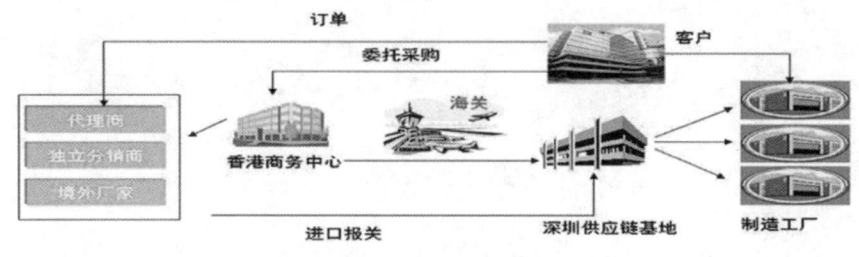

图4-12　分销执行

朗华获得海外订单,先进行采购,将采购的商品送给朗华选择的性价比高的生产商,最后,将货物送往销售区域。在采购到销售的每个环节,利用仓库的可视化技术,先进先出,当库存达到一个临界值时,警报就会拉响,禁止该原材料继续进入。整个进出环节全部采用自动化录入,记录员只有监视权,没有录入权。

3. 智能物流层面

以物流活动为主要对象的运作模式,即通过理顺供应链中的货物流动尽可能降低供应链中的交易成本或总成本,提高节点企业间的交易效率,降低企业间的交易风险,从而实现供应链价值增值。

送哪儿平台是朗华集团信息中心专业团队,凭借出色的管理能力和丰富的行业经验,以朗华的供应商及客户为基础,整合全国物流车辆闲置资源,以物流服务的客户作为引流,为物流和发运人提供互联网金融平台,解决物流企业信息与管理不足等问题。

4. 融资服务层面

对优质的供应链,资金流的协调目标主要是有效利用整个供应链的资金,使每个环节顺畅进行,确保瓶颈环节不因资金问题而中断。朗华将供应链和金融链深度融合,凭借自身在国内各银行的高额授信等级,为客户企业解决运作链条中的资金缺口。为客户提供执行采购中的融资、出口退税垫资、产品融资租赁等服务,让客户企业先运营再买单,资金提前回笼,资金投入运营效率提升20%,缓解上下游合作企业的资金链压力，共同分担了资金成本。朗华通过对供应链的有效管理，争取渠道管理利润，也为不同类型的合作企业解决了核心业务的后顾之忧。

5. 信息大数据层面

当前是信息大爆炸时代，随着云计算、移动互联网、物联网等新一代信息技术的发展，海量数据正快速生成。谁能更快更准地拿到信息，谁就能更有机会把握商机或降低风险。若供应链中信息出现问题，很容易产生牛鞭效应或连锁反应；如果信息流流畅，也能给供应链运作带来翻倍的效率。大数据时代已经来临，未来的供应链是数据驱动的供应链，信息逐步代替库存。朗华把供应链上的核心企业及其上下游企业、银行、物流服务商等参与方的数据打通，实现物流、商流、信息流、资金流的全面整合，为客户营造健康透明的交易环境。供应链信息流的顺畅通常伴随着供应链信息系统的集成和网络化，实现供应链节点企业信息的共享和实时互通。

朗华自主研发ERP系统，管理供应链链条上的各个环节，最终通过信息化实现可视化、智能化、自动化管理。利用大数据概念分析业务运作，优化指导整个业务环节；利用供应链协同管理，实现作业过程的多角色无缝对接，提高操作效率，实现全程合理化把控。

（四）案例创新点

朗华始终坚持以客户为基础，通过整合供应链，形成囊括物流、采购、虚拟生产、分销于一体的"一站式"供应链管理服务，把客户的供应链管理服务环节从原有的多个外包公司完成，转由朗华统一整合完成，帮助国内外商家实现全球资源对接。在此经营模式中，朗华深度参与整条供应链的运作，将供应链中供应商、产品设计商、生产商和分销商以及最终客户有机整合在一起，把企业与企业之间的竞争转为供应链协作联盟之间的竞争,从本质上保证了合作的长期性和盈利的持久性,降低了链条上所有客户的风险,帮助企业实现零库存管理,提高生产效率,解决计划生产与实际销售差距带来的巨量库存积压,真正帮助客户不断提升自身核心竞争力,协助企业做大做强。朗华供应链管理模式具有如下创新点:

1. 服务模式的创新

除提供传统的通关、物流、退税、外汇等政府服务外,还为企业提供保险、融资租赁等增值性商业服务,解决中小企业购买大型设备的资金缺口问题,避免短期流动资金贷款用于长期投入的财务风险,优化企业资金管理,解决企业融资难题,提高企业的经营利润,该服务模式一方面有利于服务规模的扩大,另一方面有利于根据流程环节建立个性化服务,满足企业千差万别的业务需求。

通关	资金	物流	增值服务
■ 一级资质快捷便利	■ 垫付资金	■ 国内、国际物流	■ 代办进口资格证及其他证照
■ 办理法定商检	■ 代开、代收L/C	■ 便利的运输、配送方式	■ 代办工厂在海关、商检备案
	■ 提前支付退税款	■ 精细化自动分拣管理	■ 信息系统配套
			■ 客户行业信息分享

图4-13 服务流程

2. 创新服务贸易发展模式

积极探索信息化背景下服务贸易发展新模式,依托大数据、物联网、移动互联网、云计算等新技术推动服务贸易模式创新,打造供应链服务新型网络平台。

3. 建立服务贸易统计体系

建立统计监测、运行和分析体系,拓展基础数据来源,整合服务贸易统计信息,实现共用共享。

（五）应用效果

朗华核心竞争力在于利用全球化的商业网络平台，优化原料采购、产品设计、生产管理、贸易融资、检验验收、分类包装、报关清关、物流配送等专业化服务环节，提高自身对市场的快速反应能力；通过信息共享、战略联盟以及全局优化等供应链运作方式降低库存，减少资金占用，有效缩短产品的交付时间。朗华供应链能够在多层面体现自身的价值。

1. 实现平台价值

朗华自身的外贸综合服务平台创新性地将线下的跨境报关操作全部移至线上，为中小微客户提供一站式的报关、仓储理货、国际/国内运输服务、资金管理等多项供应链服务，整合外贸企业、报关行、国际物流商、国内物流商等供应链资源，建立了供应链的供需关系平台，优化了传统供应链的复杂操作流程，降低中小微企业的操作环节成本。

平台的中小客户逐步孵化，业务成长迅速，对大型复杂的定制化供应链服务有更多需求时，朗华将逐步升级其配套增值服务，提供更加精细化、可视化的供应链管理服务。

2. 推动金融创新

朗华民营金控平台为生态圈内的中小企业提供超300亿元的融资服务，首创数据化、业务风险控制技术，使供应链金融坏账率常年保持在极低的水平，为多种类型的客户提供了资金周转问题。

（六）推广价值

1. 缩减物流、仓储环节。使货运企业、仓储企业有规律、有规模接单，带动物流、仓储行业联动发展。

2. 形成上、中、下产业链及平行产业链的联动发展。通过自身的资源整合与平台联动模式,打通渠道,在拉动金融、外贸、跨境电商、物流等产业发展的同时,也创造了文化、贸易、旅游等周边产业的发展,快速拉动内需,促进消费,真正形成一个可循环的生态圈经济。

3. 直接带动本地关联产业联动发展。通过高效调配,直接带动当地已有的制造、物流、仓储、外贸等关联产业同步发展,使其有规律、有规模接单,实现资源联动效益。

第四节　深圳现代物流业发展的经验

经过短短30多年,深圳从无到有较为成功地发展了现代物流业,包括"双港"、数以万计的物流企业、各种特色物流园区、物流业新业态供应链等,都是深圳创造的奇迹、取得的进步和成就,在国际上享有一定的知名度。深圳发展现代物流业的种种经验具有很强的指导性。

一、积极进行统筹规划和引导支持

现代物流业是一个新兴产业,它不能仅仅等同于运输业或者仓储业,而是集运输、储存、装卸、搬运、包装、流通加工、配送、信息处理等基本功能于一体的集合体,其中运输又包括铁路、公路、水运、航空、管道等多种方式。现代物流业还是一个产业关联度高、地理覆盖面广、资金技术密集度高、基础设施相对集中的产业,其发展不是一个地区、一个行业或少数企业能够独力推动的。因此,现代物流业具有复合型产业特征，这一特征决定了现代物流业在充分发挥市场在资源配置中的决定作用的同时，也要积极发挥政府的指导调控作用，尤其是物流业的发展规划、规范引导作用。在深圳物流业发展的历程中，健全的协调工作机制、科学的发展规划引导、完善的行业扶持政策，为物流业的发展提供了良好的外部环境和坚实的政策保障。

（一）建立统一高效的统筹协调机制

为加快深圳市现代物流业的发展，深圳市政府加大现代物流业的统筹协调力度，先后成立相应协调机制确保深圳现代物流业的发展，如深圳与香港跨境大型基建项目协调组协调了深圳西部通道、铜鼓通道、皇岗至落马洲旅客过境通道3项工程的筹建工作；深圳市现代物流业发展工作领导小组推进了"把深圳建设成为区域性物流中心城市"战略目标的建设；深圳市港口发展委员会围绕建设国际化城市，按照科学发展观的要求，全面实施"以港强市"战略，推动了深圳港从大港向强港转变；深圳市物流电子大通关建设领导小组主抓口岸工作效率；深圳市空港管理委员会主抓深圳空港的建设和发展；深圳市各主管部门建立健全市、区、园区三级协调工作制度等。这些统一高效的统筹协调机制，在不同时期和不同阶段促进了深圳现代物流业的健康发展。此外，社会物流中介组织发育完善，深圳物流协会的成立和参与也为深圳现代物流业的发展提供了民间体制机制的保障。

（二）进行科学的发展规划和引导

自深圳将现代物流业列入三大支柱产业以来，深圳市政府陆续出台相关产业规划、促进政策、技术标准与管理规范等，不断设计、创造、促进现代物流业发展的良好环境。如出台的《深圳市"十五"及2015年现代物流业发展规划》《深圳市现代物流业发展规划("十一五"至"十三五")》《深圳市现代物流业转型升级研究》《深圳市物流公共信息平台建设规划及实施方案研究》，从深圳现代物流业发展大局的宏观层面上提供了科学规划；出台的《深圳机场产业布局规划》《深圳港总体布局规划》《深圳总部基地产业规划和配套政策研究》则从深圳现代物流业发展的重大项目层面上做了长远的科学规划；出台的《深圳电子口岸发展规划》《深圳市冷链物流发展规划》等则从土地、物流企业、园区等层面做了科学规划。

（三）制定完善的行业扶持政策

近些年，深圳出台一系列扶持政策，助推现代物流业发展，如出台《关于加快发展深圳现代物流业的若干意见》，明确提出了促进现代物流业发展的项目认定、投资立项、用地优惠等政策；出台《深圳市现代物流业扶持资金管理暂行办法》，设立专项扶持资金，采取补助、贷款贴息两种方式，用于支持物流园区信息平台的建设及物流管理、物流服务项目，还专门设立"物流业产业基金"，进一步加大对物流业的资金支持；相继出台了《深圳市现代物流业发展专项资金管理暂行办法》《深圳港航产业发展财政资助资金管理暂行办法》《深圳航空业财政奖励资金管理暂行办法》《深圳市道路集装箱运输行业财政资助管理暂行办法》《深圳市物流项目建设用地控制标准》等专项资金管理办法及相应扶持政策，全方位支持现代物流产业发展壮大。

二、大力建设和完善物流基础设施体系

经过30多年的发展，深圳从一个小渔村发展成为全国第二大物流城市，从港口和机场一片空白发展成世界第三大集装箱港口和全国第四大现代化空港，从传统的仓储运输到供应链管理外贸新业态，从无到有的四通八达的现代化公路网、地铁线、公交网等，深圳现代物流业发展取得骄人的成绩和辉煌的地位，得益于深圳不断构筑综合交通网络，完善运输服务体系，科学统筹公路、港口、空港、铁路协调布局，着力打造海陆空铁一体化大交通格局。

（一）加快建设现代公路枢纽

深圳加快建设和打造现代公路网络，以贯通港口、航空、铁路、陆路、城市配送等各类物流园区和各级物流中心、总部基地，形成层次分明、高效快捷的公路物流运输网络，"七横十三纵"干线路网架构已基本成型，道路网密度达到7.0公里/平方公里，道路网密度位居国内大中城市前列，特区道路建设取得长足进展。未来，需要完善对外公路通道建设，加强与国家、省干线公路网衔接，进一步加强对珠三角、泛珠三角区域乃至全国的交通联系。整合优化公路客运枢纽体系，提高公路客运组织效率和效益。引导公路货运枢纽实现东、中、西均衡化布局，优化干线运输、区域配送、末端网点体系。

（二）完善铁路联合运输网络

深圳是国家铁路运输网络中的重要枢纽城市，已建成由广深铁路、平南铁路、平盐铁路和广深港客运专线构成的深圳铁路系统，形成了"两主两辅"客运枢纽布局，深圳北站、深圳站为主客运站，深圳西站及东站为辅助客运站。未来，需要加快协调推进广深港高

铁、赣深客运专线、深茂铁路"江门—深圳段"等铁路建设，建设"四主五辅"（"四主"包括深圳北站、深圳站、深圳坪山站、空港高铁站，"五辅"包括深圳东站、福田站、平湖站、西丽站、光明城站）铁路客运枢纽体系，通过铁路"多枢纽"引导"多中心"空间格局优化，提高铁路货运能力及组织效率。

（三）打造世界级集装箱枢纽港

深圳港位于珠三角南部，珠江入海口伶仃洋东岸，南与香港接壤，背倚莞惠腹地。西部港区水深港阔，天然屏障良好，是华南地区优良的天然港湾。自改革开放以来，深圳加大力度开发港口，陆续建成蛇口、赤湾、妈湾、盐田、大铲湾、沙鱼涌、下洞、福永等码头。目前，深圳港口集装箱吞吐量已经连续四年居全球第三，内地第二，基本确立世界级集装箱枢纽港地位。未来，深圳应适应船舶大型化发展趋势和构建和谐的港城发展环境，以"强化集装箱、转移散杂货、变革集疏运模式"为重点，强化世界级集装箱枢纽港功能。

（四）建设辐射国际的航空港

自深圳突破民航体制自建民用机场并正式通航开始，短短20多年，深圳货邮吞吐量连续14年稳居全国第四，机场旅客吞吐量居全国第六。同时，加快发展国际航线，加强与国内支线机场合作，提升国内干线和国际网络运输能力，推动深港机场在客运中转、货运集散、商业运营等方面深化合作。未来，深圳将加快深圳宝安机场国际航空枢纽建设，重点围绕加快推进机场基础设施改扩建、提升综合运行保障服务水平、加强拓展国际国内航线网络等，完善深圳机场的国际枢纽功能，不断开拓和提升其国际辐射力。

（五）着力打造各具特色的物流园区

深圳自21世纪初提出全国首个城市物流园区总体规划以来，截至2016年，共打造盐田物流园区、前海湾物流园区、航空物流园区、平湖物流园区、龙华物流园区、笋岗-清水河物流园区、机场航空物流园区、宝安物流园区、金鹏物流园九大物流园区。园区通过引进国外先进的物流设施、技术设备、先进管理理念，完善园区企业服务，整合园区企业资源，节约了运营成本，提高了运营效率，增强了企业竞争力，成为深圳物流业从传统物流向现代物流过渡的中间环节，凸显其在深圳物流发展中的龙头和示范作用。

三、促进物流产业和相关产业联动发展

随着深圳经济的快速发展，物流业和其他产业之间的关联越来越紧密。物流业涉及的领域广、跨度大、关联度高、拉动力强，特别是与制造业、金融业、电子商务、商贸业和人民生活关联度愈加密切，如制造企业从原料调配到成品销售，每一个供应链环节都离不开物流的参与，而物流业的参与又有助于制造业的竞争力和转型升级；在物流的运营过程中，金融可为物流产业提供资金融通、结算、保险等金融服务，而物流新业态的发展也促进了金融业的创新；电子商务的异军突起为物流业的发展创造巨大的市场机会，物流业的发展进一步带动电子商务的发展；人民日益增长的消费需求也推动物流业的发展，物流业的发展能更好地满足人民的消费需求。因此，促进物流业和其他产业的联动发展，既是顺应经济发展的客观规律，也是推动现代物流业发展的重大举措。

（一）促进物流业与制造业联动发展

鼓励传统物流企业深入了解制造业物流运作流程和管理模式，通过功能整合和业务延伸，全面参与制造企业的流程管理，逐步向现代物流服务提供商、供应链集成商转变。鼓励物流企业深度嵌入制造业供应、生产、销售链条，最大限度地满足制造企业的差异化需求，减少制造企业仓储、运输成本，有效提高配送时效。支持物流企业适应制造业生产要求、运作流程、管理模式，渗透制造企业的上下游链带，协助制造企业与客户建立巩固商业关系，搭建供应链管理平台。鼓励企业提供物流装备制造和系统解决方案，提高物流业的自动化、信息化和标准化水平。

（二）促进物流业与金融业联动发展

深圳金融总资产和增加值均居全国第三，金融业态多样，金融创新力较强。支持供应链企业向金融业领域延伸，通过开展金融服务或与金融机构合作的方式，利用供应链企业全程掌握货物仓储及运输信息的优势，创新物流监管、货押授信的模式，搭建畅通的物流金融体系。

（三）促进物流业与电子商务联动发展

支持供应链企业与电子商务企业合作，提高物流服务效率及生产组织能力，满足电商物流个性化需求。支持供应链企业通过资源整合进入电子商务领域，利用自身物流设施网络，更好地开展电子商务经营活动。推进跨境电商快递业务发展，大力发展深圳本地跨境电商进出口包裹业务和深圳跨境电商包裹全球转运中心的转运业务，鼓励创新跨境电商快递服务模式，支持跨境电商快递企业依法提供国际速递公共平台服务。

(四)促进物流业与民生事业联动发展

促进物流业与民生事业联动,推动生产物流、商贸物流与民生物流共同发展。从构建高质量配送供给体系、创新运营组织模式、优化行业发展环境、推动行业升级转型等方面,推进城市配送行业发展,促进行业效率和服务质量提升,实现"集中配送、共同配送、智慧配送、绿色配送",为市民的"菜篮子""米袋子""果盘子"提供保障,推动更高质量的民生幸福城市建设。推广快件箱等智能快递投递设施在社区、商区、校区的应用,提高智能快件箱的标准化布设和统一规范管理。引导各类社会资本参与末端快递设施建设,引导企业加快自有品牌末端网点建设。

(五)促进物流服务多元化和需求社会化

鼓励物流企业功能整合和业务延伸,满足社会多样化、多层次的物流需求。支持制造企业和物流企业以股权合作方式,开展资产重组和信息共享。鼓励大型物流企业做强做大,中小物流企业做精做细,促进物业企业专业分工和联合协作。支持制造、商贸企业实施物流业务分离外包,组织和实施一批联动发展示范重点项目。

四、加快促进高端物流的发展

依托抢占技术高端和管理高端,强化模式创新与体制创新,着力促进具有高效益、高附加值、高带动力、低资源消耗、低环境污染特征的高端物流发展。

（一）抢占物流技术高端

加强物流机械设备、运输工具、站场设施等硬件技术更新改造，提高机械化、自动化、系统性、兼容性，促进各种硬件的衔接和配套，降低对人工的依赖。加强物流系统工程技术、价值工程技术等软件技术开发利用，重点发展条形码技术、无线射频技术、智能标签技术、恒温运输技术、电子数据交换技术等物流技术，以及仓库管理系统、全球定位系统等知识系统。加强高端技术和服务标准推广应用，推动低碳物流技术的开发，支持物联网、云计算等物流技术和相关物流设备试点示范，开发建设智能可追溯网络系统、智能配送可视化管理系统、局域性智能控制自动操作系统。

（二）抢占物流管理高端

加强社会物流管理创新，强化物流预测、物流决策、物流评价、物流控制和标准建设，重点发展行政管理、人才管理、资本管理、转运分拨等物流总部业态，促进保税物流、冷链物流、农产品物流、汽车物流、药品物流、服装物流、电子商务物流等领域物流专业化发展，积极培育低碳物流、闭环物流等新兴物流业态。加强企业物流管理创新，支持企业发展供应商库存管理（VMI）、销售与运营计划（S&OP）、协同计划预测与补货（CPFR）等管理方法，降低非增值物流浪费，提高供应链管理效率，提高客户满意度。

（三）强化物流模式创新

顺应全球经济大规模定制、模块化生产要求，依托海陆空铁立体交通网络，强化现代物流综合集成优势，重点发展供应链管理、第三方物流、第四方物流，促进现代物流业与关联产业联动发展。围绕深圳六大战略性新兴产业和现代服务业发展,加强物流技术与商业模式融合创新,强化对互联网、生物等战略新兴产业和商贸、会展等现代服务业物流配套服务能力,突出现代物流对电子商务的强大支撑作用,支持物流企业发展垂直电子商务和供应链金融、咨询、信息管理等增值服务。建设现代低碳物流体系,加强行业联盟协作,研究低碳物流绩效考量指标体系和认证服务体系,探索碳排放交易和碳限制制度。

(四)强化物流体制创新

强化行业管理体制创新,构建"十百千万"行业管理架构("十百千万"行业管理架构是指在工商注册的万家物流企业、纳入政府或协会备案并获认可的千家物流企业、评选认定百家重点物流企业、评选认定十家高端物流示范企业),制定项目建设或土地开发前带物流(含货运)的交通评价制度,建立定期座谈研讨和企业调研制度,并支持物流行业协会等中介组织开展行业统计、标准起草、学术研讨、信息交流等活动。强化企业资助体制创新,对满足条件的物流企业或项目实施分层、分类的针对性资助,并建立政府扶持项目的评价考核及修订体系,确立重点及高端企业的统一政府宣传机制。强化部门协调体制创新,构建深圳物流产业发展联席会议议事制度,覆盖物流管理相关政府部门和单位,研究协调重要事项。

五、全力打造提升公共信息平台

充分利用物联网、云计算等技术手段,结合智能交通系统建设,依据先进性、开放性、实用性和安全性原则,改造提升公共物流信息平台,强化信息资源整合与共享,促进物流资源优化配置,提升物流服务的整体水平。

(一)整合公共物流信息资源

按照"政府推动、政策配套、市场运作、企业经营"的原则,依托现有各类信息平台资源,整合相关部门或企业公共性物流基础信息数据,建设面向全社会、全行业的综合性公共物流信息平台,并支持物流或相关企业开发基于公共物流信息平台的物流信息增值服务。

(二)促进物流信息技术创新

支持建设物流信息技术服务平台试点,鼓励中小物流企业实施软件即服务(SaaS)、平台即服务(PaaS)等,加速物流业信息化、网络化发展。支持建设生物医药、危险化学品、烟草酒水等具有高附加值且需重点监控的物联网行业应用试点。加强信息安全技术创新和应用,综合应用数字签名、电子水印、实时备份等技术,确保数据及系统的安全性、稳定性和可靠性。加强物流企业、高等院校、科研机构以及中介机构之间的产学研合作,组建电子商务与物流信息化发展研究机构。

(三)加强多式联运信息化建设

发挥深圳海陆空铁综合交通优势,围绕产业转移和区域合作,以重点区域、重要通道为突破口,建设"一票到底""无缝衔接"集装箱多式联运全程信息服务,推进集装箱多式联运的可视化和智能化管理,提高物品流动的定位、跟踪、过程控制等管理和服务水平。

（四）强化云计算供应链服务

依托公共物流信息平台，以云计算、云服务、物联网技术为手段，发展基于云计算的供应链一体化信息服务，建成"智慧深圳"标志性工程，促进货运网上交易、电子商务贸易、物流应用系统服务等，实现全市物流业的信息化、社会化、智能化，成为华南乃至全国物流信息化的引领者。

六、着力推进重大工程建设

依托重大项目，落实重点任务，立足前瞻性、战略性要求，实施高端物流、都市物流等物流工程，全面提升深圳物流质量。如"十二五"期间，深圳市推进七项重大工程建设：

（一）高端物流工程

按照"两高两新"高端物流的内涵要求，规划和实施一批高端物流工程，发挥示范和带动效应，促进现代物流业向高端化发展。包括冷链物流工程、汽车物流工程、电子商务物流工程、供应链服务创新工程、前海高端物流集聚工程。

（二）物流创新工程

加快物流技术与物流模式融合发展和推广应用，实施物流信息平台工程、产业联动工程、科技创新工程、低碳物流工程。

（三）都市物流工程

结合深圳经济特区一体化建设，以打造全国优秀物流服务都市为目标,规划和实施一批都市物流工程,提高城市物流效率,提高民生物流质量。包括都市物流集运工程、都市物流配送工程、都市物流信息工程、城际都市物流工程。

(四)物流枢纽工程

充分发挥深圳地处太平洋海上交通要道、珠江水系主要出海口区位优势,建设面向全球物流集疏运体系,强化现代物流业国际竞争力,提升辐射国内外市场的广度与深度。包括海港物流工程、空港物流工程、陆路物流工程。

(五)物流设施工程

加快完善物流基础设施建设,提升重要物流节点战略支撑功能,为深圳高端物流业发展、全国优秀物流服务都市、全球性物流枢纽城市建设创造良好条件。包括物流园区工程、公路通道工程、铁路通道工程、交通枢纽工程、港口后方陆域综合服务区工程。

(六)应急物流工程

发挥政府主导作用,强化社会广泛参与,加快应急物流系统建设和完善,保障经济和社会发展中由突发性因素所导致的应急物流需求。包括应急物流基地工程、应急物流信息工程、企业应急物流工程。

(七)物流培育工程

以企业和人才培育为主要抓手,加快提升现代物流业发展质量,为深圳现代物流业高端化、专业化发展提供动力源泉和智力保障。包括企业培育工程、人才培育工程。

第五章 深圳文化创意产业的创新历程

　　文化创意产业是文化产业发展的新阶段，是信息时代孕育而生的朝阳产业。简单地说，就是文化创意产品的产业化。文化创意产业的概念起源于英国。1998年，英国创意产业特别工作小组首次明确文化创意产业为："源于个人创造力和技能及才华，通过知识产权的生产和取用，具有创造财富并增加就业潜力的产业。"随后，这一概念被很多国家和地区广泛采用。虽然不同国家和地区对文化创意产业名称和内涵的表述不尽相同，如美国称为版权产业、新加坡称为创意产业、中国香港地区称为创意工业，但是国内外普遍认为，文化创意产业是一类在经济全球化背景下产生的以创造力为核心的新兴产业，强调一种主体文化以及文化因素，依靠个人或团体的方式，利用创意、技术和产业化等方式，进行开发和营销知识产权。在全球化趋势不断加强、国际间竞争日趋激烈的今天，文化创意产业蕴涵着巨大的经济效益和社会效益，其发展规模与影响程度已经成为21世纪衡量一个国家和地区综合竞争力的重要标志。

　　深圳作为我国改革开放和经济发展的先行者，是一座充满活力的年轻城市和移民城市。2004年，深圳在全国率先提出建设"设计之都"的发展目标，从发展外向型加工贸易开始起步，在服装加工、机械产品加工、电子产品装配等工业生产和对外贸易发展的基础上，逐渐向产品设计方面发展。近年来，深圳充分发挥高科技城市、金融中心和滨海旅游城市的特色，深度挖掘、整合、联动相关产业资源，形成"文化+科技""文化+金融""文化+旅游"等特色鲜明的文化创意产业发展新模式，集聚效应逐步呈现，成为我国文化创意产业迅速崛起的示范性城市之一。

第一节　深圳文化创意产业的起步

一、文化创意产业在全球兴起

文化创意产业起源于文化产业。文化是人类在劳动中创造的认识世界和改造世界的产物。20世纪40年代，法兰克福学派的学者敏锐地发现文化生产可以与科学技术结合在一起，形成资本主义工业化体系，并能产生影响社会的巨大力量，该学派将这一体系称为"文化工业"。工业化促进了城市化，大量的人群聚集在城市，文化产业则为满足人民的文化需求提供了必要的途径。20世纪50年代，发达国家的城市逐步从工业型功能向服务型功能转变，第三产业在产业结构中的比重开始不断上升，文化产业也相应取得了长足的进展。20世纪70年代，美国哈佛大学学者丹尼尔·贝尔在《后工业社会的来临》一书中提出了"文化产业"的概念，书中明确地将文化生产和消费市场连接起来，揭示了文化与市场的相互作用规律，指出文化为满足市场的趣味性、精致性要求发挥市场的推动作用。20世纪80年代，以信息技术为标志的现代科技革命出现，带来了新兴产业的迅猛发展。现代科学技术的出现强烈地冲击着传统文化消费方式和生产方式，文化产业和科学技术交融并进，仅有科技含量、没有文化内涵的产业架构必然丧失效益倍增的机遇；仅有文化内涵、缺少科技含量的产业架构必然失去发展的后劲。因此，随着文化产业和高科技的结合，文化创意产业的发展理念应运而生，不再局限于文化产业领域，而是深度融合文化、科技和经济于一体，具有高科技含量、高附加值和丰富创新力的新产业，并且逐渐成为发达国家经济转型升级的主导方向，在客观上已成为知识经济时代的一个标志性产业。

20世纪90年以来，不少国家和地区都把文化创意产业作为战略产业和支柱产业，以创意作为生产要素已成为推动经济增长的重要手段。近年来，国际文化创意产业的蓬勃发展创造了更多的就业机会，其对经济的贡献日益得到认同。2015年12月，联合国教科文组织、国际作家与作曲家联合会、安永会计师事务所共同发布了文化与创意产业最新报告《文化时代——首张文化创意产业全球地图》（*Cultural times The first global map of cultural and creative industries*），对欧洲、北美、拉丁美洲和加勒比海地区、非洲和中东地区以及亚太地区的广告、音乐、广播、建筑、电影、电视、书籍、报纸杂志、视觉艺术、游戏、表演艺术共11个文化创意产业领域进行了分析研究。报告数据显示，2013年全球文化创意产业创造的产值可达2.25万亿美元，相当于全球GDP的3%，为全球提供了2950万个工作岗位。文化创意产业的效益已超过电信业，提供的工作岗位数已超过欧洲、日本和美国的汽车产业工作岗位数的总和（2500万个）。文化创意产业对世界经济的贡献若按产值排名，电视行业排第一，为4770亿美元，紧随其后的分别是视觉艺术3910亿美元、报纸杂志3540亿美元、广告2850亿美元。按创造就业岗位排名，视觉艺术为673.2万个、排名第一，随后是音乐397.9万个、书籍367万个、表演艺术353.8万个。亚太地区是全球第一大文化创意产业市场，对世界经济贡献7430亿美元，创造就业岗位1270万个。亚太地区拥有最大的消费基础和正在壮大的中产阶层，该地区在游戏和建筑行业的产值均排名全球第一，电影排名第二。全球第二和第三大文化创意产业市场分别是欧洲和北美洲，对世界经济的贡献分别为7090亿美元、6200亿美元。欧洲汇聚了独特而众多的文化遗产、历史遗迹，拥有超过5500家艺术学校，全球最受欢迎的博物馆有7家在欧洲。电视业是拉丁美洲的王牌行业，占该地区文化创意产业产值的1/3。阿根廷和哥伦比亚是全球排名前五的电视节目出口国，电影是阿根廷、巴西和墨西哥的重要产业，每年超过400部电影在拉丁美洲拍摄。在非洲和中东地区，文化创意产业正在蓬勃发展，越来越多的年轻人加入这一产业。电视是非洲第一大文化创意产业，电影业也发展迅速。报告认为，文化创意产业不仅是世界经济的主要贡献者和数码经济的主要驱动者，还是国民和地区经济的战略性资产，对创造就业岗位、增强城市魅力、提高发达国家和新兴国家人民的生活质量发挥重要的推动作用。

二、发展文化创意产业是我国优化产业结构的现实选择

1998年，文化部设立了文化产业司，标志着我国正式将文化产业纳入政府工作体系。2000年，中共中央第十五届五中全会正式提出了文化产业的概念，强调完善文化产业政策，把发展文化产业提到日程上来。十七届六中全会提出，要深化文化体制改革，促进文化大发展大繁荣，公共财政对文化建设投入的增长幅度要高于财政经常性收入增长幅度，提高文化支出占财政支出比例，为公共财政支持国家文化建设提供了政治条件。2012年11月，党的十八大报告再次强调"促进文化和科技融合，发展新型文化业态，提高文化

产业规模化、集约化、专业化水平"。至此，发展文化产业新兴业态成为推动文化创意产业发展的动力，全国各大城市陆续制定符合地区经济发展的文化创意产业发展规划，逐渐突破单一的文化产业领域，开始渗透到国民经济的各个领域，影响生产经营的各个环节。文化创意产业不仅扩大了文化产业范围，而且更加注重以政策引导带动产业转型增值。

从产业发展历程看，文化创意产业是一个国家或地区经济发展到一定阶段的产物。当传统工业及其工业产品能够满足社会的基本需求之后，现代服务业开始较快发展，社会服务消费和文化消费的增长速度明显快于物质产品消费的增长速度；经济学家通常把这种现象解释为社会经济进入后工业发展阶段。这是导致社会经济中文化创意产业产生和发展的经济基础和历史条件。从国外的发展经验看，当人均生产总值超过1000美元后，社会经济便开始进入这样一个新的发展阶段，社会消费结构开始向发展型和享受型升级，并由此带动投资结构和生产结构的变化。2003年，我国人均生产总值就已经超过了1000美元，并保持持续稳定增长的态势，由此带来社会经济结构的调整以及文化创意产业的产生和发展。

与西方发达国家相比，虽然我国文化创意产业的发展起步较晚，但却面临良好的机遇。首先，发展文化创意产业是我国优化产业结构的现实选择。在文化产业的上升周期中，迫于资源和环境的约束，要把快速增长的量能转化为质量提升的势能，始终保持可持续发展，产业转型升级势在必行。产业结构调整、转变经济发展模式的关键在于如何将经济模式从"以物为本"的能源消耗模式转变为"以人为本"的智能型经济模式，而文化创意产业的"高附加值、资源消耗小、低排放、低碳绿、生态环保"等特点正是我国经济进行转型升级的突破口。其次，我国拥有悠久的历史文明和丰富的文化资源,为文化创意产业的发展奠定了坚实基础,提供了优良的发展环境。大国的崛起不只是经济层面的崛起,更是提升国家文化软实力、实现民族伟大复兴的中国梦的崛起。再次,随着我国人民生活水平的提高和中国文化在世界范围内的广泛传播,国内外市场对中国优秀文化产品的需求日益增长,为我国文化创意产业提供了巨大的潜在消费市场。目前,我国已经有2/3以上的省(自治区、直辖市)提出要建设"文化大省",发展文化创意产业已经成为各地加快推进城市化进程,促进区域协调发展的工作重心。

在互联网、高新技术和数字技术全球流通的背景下,传统文化产业在内容生产、经营形态、传播效率、增长方式等方面发生了深刻的变革,使新兴业态日渐成为文化产业中最活跃、最具成长性的重要力量,国内各大城市根据自身发展规划,纷纷调整了文化创意产业发展战略。

(一)北京

在国内,北京是内地第一个发布文化创意产业分类标准——《北京市文化创意产业分类标准》的城市,其范围既包括文化产业的全部内容,也包括文化产业以外的科技创新活动内容,已经形成了极具吸引力的文化创意产业发展平台。2005—2015年,北京市文化创意产业增加值从700.4亿元增加到3179.3亿元,占北京市生产总值比重从10%上升到13.8%,十年间提高3.8个百分点,文化创意产业作为战略性支柱产业的地位更加突出,对首都经济增长的拉动作用更为显著,成为当之无愧的全国文化创意产业发展中心。2016年,在第八届"全国文化企业30强"评选中,保利文化、万达文化等7家北京地区企业入选,数量占全国比重的近三分之一。北京科研事业更是处于全国领先水平,集中了顶尖研究资源,全市软科学研究机构258个，占全国比重的10.7%，居全国第一。北京的文化创意产业已经站在了一个新的历史起点上，面临新机遇、新挑战，北京市文资办提出，"十三五"时期北京文化创意产业的创新点在于进一步增强国有文化企业竞争力，推动出台《关于深化国有文化企业改革的意见》及市属文化企业产权管理、财务审计等系列监管制度，为国有文化企业改革提供基本遵循；进一步推动建设文化金融创新高地，拓展"投融担贷易保孵"文化投融资工具融资规模、产品种类和辐射范围，提升文化投融资服务体系效能；进一步深化文化创意产业结构性改革，一方面强化项目引导，大力促进重大文化项目尽快落地，尽快释放正效应，另一方面完善政策支持，尝试认定一批文创产业众创空间、孵化器；进一步加快推动文化创意产业国际化发展，坚持"请进来""走出去"有机结合，用好京港洽谈会、北京国际设计周等平台，疏通"一带一路"文化贸易渠道，促进创意、人才、项目、资本等要素对接。

（二）上海

上海是我国近现代工业的发祥地，具有丰富的工业文化和大量珍贵的工业历史建筑。早在2004年，上海市就看到了创意产业的前景，积极寻找国外一些发达国家在发展创意产业方面的经验，并结合上海特色，成立了"上海创意产业中心"，标志着上海创意产业的正式起步。2015年，上海市文化创意产业继续保持快速增长，实现增加值3020亿元，增加值规模仅次于北京市，占上海市生产总值比重的12.1%。根据《上海市"十三五"时期文化改革发展规划》，未来五年，上海将努力建设全国文化中心，到2020年基本建成文化要素集聚、文化生态良好、文化事业繁荣、文化产业发达、文化创新活跃、文化英才荟萃、文化交流频繁、文化生活多彩的国际文化大都市。上海的文化体制机制创新改革走在全国前列，尤其表现在媒体改革和文艺院团改革方面。上海报业集团以媒体融合作为改革切入点和突破口，顺应互联网热潮，先是关停了《新闻晚报》，随后大力发展新媒体业务，打造出"澎湃新闻""上海观察""界面"等创新产品，成为全国有竞争力的新媒体。在改革文艺院团体系中，设立艺委会和艺术总监，组建的文广演艺集团推行制作人制、职工参股、艺衔制（区别于传统职称制）等多项改革，深入实施"一团一策"，18个市属院团每年固定投入约8亿元，创作费另算。

（三）广州

广州是具有2000多年历史的文化名城，同时又拥有丰富的文化创意产业发展资源，具有资源优势转化为产业优势的巨大潜力。一方面推进文艺精品创作、公共文化的建设，扩大城市文化影响力和辐射力，建设岭南文化中心，培育世界文化名城；另一方面制定文艺精品创作生产三年规划，实施"舞台艺术精品、重大文化活动品牌、重大题材美术创作"三大工程，一批精品力作荣获全国"五个一工程"奖。同时，积极探索戏剧创作孵化计划，制订广州国家青苗画家培育计划，吸引并培养出一批优秀的文艺名家。在重大文化设施建设领域，广州大剧院被《今日美国》评为"全球十大歌剧院"，广州图书馆总建筑面积10万平方米，是世界上最大的城市公共图书馆之一；"十三五"期间还将重点建设"四馆一园"（广州博物馆、广州美术馆、广州科学馆、广州文化馆、岭南大观园），进一步推进广州市文化创意产业的发展。

三、深圳文化创意产业进一步释放改革开放红利

　　国际上，文化创意产业的快速发展给深圳带来了新挑战，文化创意产业作为经济增长的潜在动力，是社会凝聚力和城市建设的重要因素之一，知识和理念推动着财富的创造和社会的现代化，并且促进了不同文化间的对话、理解和合作。国内，全国各地文化创意产业的发展形成了竞争新格局，各大城市先后制定了相关发展规划和政策，将文化创意产业作为未来发展的战略性支柱产业，初步形成了多个以中心城市为龙头、辐射周边城市的区域文化创意产业集群。深圳作为我国改革开放的窗口和中外文化的交汇融合之地，一直以国际视野把握未来产业发展方向，积极借鉴和引进国内外文化创意产业发展理念、先进管理方式和优秀创意灵感，创意和创新已经成为深圳发展与繁荣的基本动力，为深圳走向现代化国际化创新型城市，赢得了优势，赢得了实力。深圳在文化创意产业的发展上始终以"敢闯敢试，敢为人先"的精神大胆创新，先行一步，紧紧围绕科学发展主题和转变经济发展方式这条主线，以改革创新和科技进步为动力，以壮大实力、提高竞争力为核心，以满足人民群众多样化、多层次、多方面精神文化需求为目标，发挥经济特区文化多元的优势，强化创意、创新、创造，着力推动文化创意产业向规模化、集约化、专业化、高端化、国际化发展，着力打造有国际影响力的文化创意中心，努力在全国新一轮文化创意产业发展的总体格局中发挥先导和引领作用。同时，深圳文化创意产业的发展也进一步释放改革开放红利，增强深圳发展的生命力和竞争力，成为加快转变经济发展方式、推进经济结构战略性调整的重要抓手，继续引领全国新一轮的改革开放。

　　深圳的文化创意产业以创作、创造、创新为根本手段，以文化

内容、创意成果和知识产权为核心价值，以高新技术为重要支撑，为社会公众提供文化产品和服务。引领文化产业发展和文化消费潮流的新兴产业包括新闻出版、广播影视、创意设计、文化软件、动漫游戏、新媒体、文化会展、演艺娱乐、文化旅游、非物质文化遗产开发、广告业、印刷复制、工艺美术等行业。长期以来，深圳的文化创意产业发展取得了不错的成绩，"设计之都""全国文明城市""全球全民阅读典范城市""文博会""读书月"等成为深圳的亮丽名片。回顾深圳文化创意产业的发展历程，大致分为以下四个阶段：

第一阶段是从1979年到1995年，这一时期为深圳文化产业起步并逐步发展优势产业阶段。特区建立之初，因地缘关系，深圳较早受到香港、台湾文化的影响，歌舞、娱乐业成为深圳典型的流行文化载体之一，成为融汇内地与香港、台湾的流行文化平台。之后，在政策、区位、资源优势的吸引下，内地、香港、澳门、台湾等厂商也陆续将工艺美术礼品的生产制造环节迁到深圳，将初级产品在深圳经过加工再出口，带动了各地大批工艺美术生产企业到深圳设立"窗口"、办事处、批发点、分销站，开办公司和工厂。20世纪80年代中期，深圳的动画加工业开始发展，1985年深圳第一家动画公司"翡翠动画"成立，成为内地第一家港资动画公司，主要承接境外动画加工，制作美国迪士尼动画片，从此拉开了深圳动漫加工业的序幕，当时具有相当规模的太平洋动画、彩棱动画也纷纷落户深圳，使深圳的动画加工产业盛极一时，每年形成的加工出口产值过亿。20世纪80年代后期，以印刷业为代表的传统文化制造业主要依赖"三来一补"形式大量承接订单，深圳印刷业的技术水平已经达到了我国的最高水平，其代表作之一是设计和印刷了我国向国际奥委会正式递交的申报2008年北京奥运会的书面申报材料，也正是这一时期奠定了深圳印刷行业作为全国"三大中心"之一的地位。20

世纪90年代初期，深圳市平面设计协会的创立者发起了中国第一个平面设计专业大展"平面设计在中国展"，在国内外产生了广泛的影响，成为平面设计在中国兴起的标志性展览，首次确立了深圳设计在国内的领先地位。1995年，中国第一个平面设计协会在深圳成立，在其后20多年，深圳的设计师几乎获得过世界上所有顶级设计赛事和国际展览的奖项，如法国的肖蒙海报节、墨西哥国际海报双年展、日本富山国际海报展、纽约字体指导协会大赛、巴黎国际海报展等。"深圳设计"为中国特别是深圳经济建设与企业发展做出了杰出贡献，产生了较大的经济价值与社会价值。

第二阶段是从1996年到2004年，这一时期的加工型产业依托高新科技的推动，不断进行产业技术升级，提升了文化制造业的科技含量；文化与科技高度融合，出现了一大批创新型、成长性好的文化龙头、品牌企业和文化产业园区基地。20世纪90年代中后期，深圳高新技术产业迅猛发展，促进了传统文化制造业的升级换代，涌现出一批颇具影响力的企业，如中国烟标的行业标准制定者——劲嘉集团，艺术品精品印刷引领者——雅昌集团等；产业升级过程中，企业急需构建自己的品牌，工业设计加速了制造业的转型，此时举办的"深圳市工业设计市长杯"为培养大批设计类人才、促进设计企业的发展发挥了重要作用，大批设计企业如雨后春笋般地涌现出来，如浪尖、嘉兰图公司等。同时，随着人们对休闲、娱乐消费越来越重视，以华侨城三大主题公园为代表的文化旅游业蓬勃兴起，演艺娱乐业的格调也逐渐转向典雅，既满足了人民群众精神文化的需求和口味，又提升了市民文化素质和品位。2003年，深圳在全国率先确立"文化立市"战略，首次将"文化立市"与"科教立市""依法治市"可持续发展等战略放在同一高度，成立专门组织机构"深圳市文化立市及文化体制改革与文化产业发展领导小组"，为文化产业的快速发展注入了强劲动力，传统行业继续保持领先优势，新兴行业不断创新发展。依托深圳IT产业发展的优势，动漫、网络游戏和数字视听业迎来了前所未有的机遇，腾讯QQ、网域、A8音乐集团、华视传媒、华强文化科技集团、环球数码等一大批注重原创、拥有自主知识产权的文化科技型龙头品牌企业迅速崛起。伴随着传统印刷、广告、平面设计业的不断升级，深圳创意设计特别是工业设计业不断创新，形成了田面设计之都创意产业园、F518创意设计产业园等创意设计产业集聚区，并逐渐成为深圳文化创意产业发展的重要领域。2004年3月，市委市政府召开"文化立市"为主题的工作会议，全面部署实施"文化立市"战略的各项工作，提出建设"两城一都"（图书馆之城、钢琴之城、设计之都），丰富了"文化立市"战略的内涵。同年11月，成功举办了首届中国（深圳）国际文化产业博览交易会，突破了行业管理的界限，明确按照"政府支持，社会参与，市场运作，打造平台"的原则，为文化产业发展搭建了一个高起点、高规格的博览、交易和信息交流平台，既是展示文化创意产品的重要舞台，也是跨界融合的全新课堂。

第三阶段是从2005年到2010年，文化产业在政府的高度重视下，成为支柱产业之一，逐渐转向以创意为主导的发展模式。2005年11月，深圳召开全市建市以来第一次文化产业工作会议，有针对性地提出"十个一"工作部署，即确立"一个定位"、召开"一个会议"、出台"一个决定"、设立"一项资金"、制定"一个规划"、拟订"一个条例"、推出"一系列配套政策"、建设"一批基地"、打造"一个平台"、成立"一个机构"，继提出打造高新技术产业、现代金融业、现代物流业之后，举全市之力推动文化产业发展成为深圳的第四大支柱产业。2007—2008年，市政府在全国率先制定并出台了第一部扶持文化产业发展的地方性法规——《深圳市文化产业发展促进条例》，并先后颁布了《深圳市文化产业发展"十一五"规划（2006—2010）》《深圳市文化产业发展规划纲要（2007—2020）》《关于建设文化产业园区（基地）的实施意见》《关于扶持动漫游戏产业发展若干规定》《深圳市文化产业发展专项资金管理暂行办法》等一系列政策措施，与此同时，开始设立文化产业发展专项资金。2008年12月7日，深圳被联合国教科文组织批准加入全球创意城市网络，成为中国第一个、全球第六个"设计之都"，也是发展中国家中第一个获得这一荣誉称号的城市。荣膺"设计之都"既是深圳创意文化产业发展的一个新起点，也是深圳迈向国际化城市的一个新标志。2009年12月7日，在深圳首个法定"创意设计日"（9月24日，深圳市四届人大常委会第三十三次会议审议通过）当天，深圳召开了建市以来首次设计师大会，正式出台了《中共深圳市委深圳市人民政府关于促进创意设计业发展的若干意见》，作为全国首个针对城市创意设计业发展的专项政策，提出了以建设国际创意文化中心为总体目标和将创意设计业打造成深圳市文化产业支柱行业的具体目标。

第四阶段是从2011年至今，深圳文化创意产业发展迈上新台阶，开始阔步迈向现代化国际化创新型城市。2011年10月，为推动科学发展，加快转变经济发展方式，构建以"高、新、软、优"为特征的现代产业体系，提高文化创意产业对经济发展的贡献率，引领产业结构转型升级，创造深圳质量，提升城市文化品位，更好地满足市民精神文化需求，陆续出台《深圳文化创意产业振兴发展规划（2011—2015）》和《深圳文化创意产业振兴发展政策》文件，并将文化创意产业确定为战略性新兴产业，正式推向世界的舞台，实现从生产型城市向创意型城市的转型升级。2012年，在国际经济不景气的大环境下，深圳文化创意产业经过前三个阶段的发展铺垫，保持了快速发展，增速高达25.0%，逐步向规模化、集约化、专业化迈进。2013年10月21日，联合国教科文组织授予深圳"全民阅读典范城市"称号，深圳是全球迄今唯一获此殊荣的城市。"十二五"期间，初步确立了专门针对文化创意产业的市一级的专门领导机构，以及相关协调机制，不仅在财政投入上，由原来的3个亿扩大到建立5个亿的文化创意产业发展专项资金，对原创内容产业、高新技术创新成果给予高额奖金，而且鼓励培育新兴文化创意业态，实施文化创意产业自主创新税收优惠政策。2015年，作为深圳文化创意产业发展承上启下的一年，深圳第六次党代会明确提出率先全面建成小康社会、努力建成现代化国际化创新型城市的目标任务。2016年，深圳市文化体制改革和发展工作领导小组出台《深圳文化创新发展2020（实施方案）》，该方案提出以建设与现代化国际化创新型城市相匹配的文化强市为目标，在未来五年，逐步将深圳打造成精神气质鲜明突出、文化创新引领潮流、文艺创作精品迭出、文化活动丰富多彩、文化设施功能完备、文化服务普惠优质、文化传媒融合发展、文化产业充满活力、文化形象开放时尚、文化人才群英荟萃的国际文化创意先锋城市。

第二节　深圳成为"设计之都"

经过30多年的改革开放和经济建设，深圳开始面临新一轮的城市建设和更新发展的重要窗口期。城市发展既决定于经济、科技等硬实力，也取决于文化软实力。正如美国现代哲学家、规划大师路易斯·芒福德和加拿大城市规划批评家雅可布斯认为的那样，"城市是文化的容器，是人类文明的结晶；城市是一种特殊的构造，这种构造精密而紧凑，专门用来保存和流传人类文明的成果"。

多年来，深圳在文化创意产业发展上一直孜孜不倦地创新与探索，高度重视文化创意产业促进城市转型的强大功能，大力发展现代创意文化和创新型文化，时刻保持战略眼光，学习、借鉴国内外不同地区先进经验和做法，扬长避短，补足短板，发挥优势，致力于建设更具影响力的国际化、现代化"设计之都"。一方面，以内涵式发展为指引，以"文化+"为路径模式，通过对城市的文化、经济以及科技的整合，充分发挥人的聪明才智，提高资源使用效率，把城市的文化资源逐渐转化为核心的经济资源，积极培育国际文化创意活动品牌；另一方面，以文化创意产业园集聚区为推手，以文博会、深圳文交所等国家级平台为载体，拓展对外文化创意交流领域，促进文化创意消费，推动文化创意产业跨越式发展，形成文化要素市场、产品市场和服务市场相互衔接、产业链条较为完整的现代文化市场体系。2009—2016年，深圳市文化创意产业增加值从570亿元增加到1949亿元，经济总量在全市七大战略性新兴产业中位居第二，仅次于新一代信息技术产业，占全市生产总值的比重由6.9%攀升至10.0%，年均增速达到20.6%，产业规模持续扩大，凭借其资源消耗低、环境污染少、带动就业能力强、易于和相关产业融合等优势，逐渐成为深圳经济增长和转型升级的新引擎，以及供给侧结构性改革的重要突破口。

一、产业融合发展成果显著，创意文化精彩纷呈

随着经济发展方式的转型，深圳大力推动业态融合创新，整合产业优势，以创意设计和内容服务为核心，高新技术创新文化生产方式为基础，支持"文化+"新兴业态发展，推动文化创意产业在创

意内容、生产组织、营销推广等领域创新突破，拓展新型文化产品和服务，进一步强化文化创意对产品服务增值和文娱消费体验的支撑功能。

（一）"两城一都"建设硕果累累

1. 图书馆之城

2003年下半年，深圳市文化局首次在全国提出建设"图书馆之城"的新思路，以全市已有、在建和将建的图书馆网点和数字网络为基础，联合各图书情报系统，建立覆盖全城、服务全民的文献信息资源共享，将深圳建成一个没有边界的大图书馆网，为市民提供功能完善、方便快捷的图书馆服务。2012年4月23日，深圳市"图书馆之城"统一服务平台正式启动，将传统的公共文化资源融合高科技和创意理念变成新兴内容产业发展的资源，着力打造"全城一个图书馆"，利用数字技术统一全市公共图书馆的条形码、RFID标签，建立统一的书目数据库和读者数据库，实现对馆藏数据、读者数据、流通数据的集中运作、管理和维护，通过图书馆之城门户网站统一导航、统一检索、统一使用，为读者提供便捷、高效、无差别的一站式图书馆服务，成为深圳市"图书馆之城"建设又一个新的里程碑。2017年8月，新一代深圳"自助图书馆"升级亮相，二维码读者证登录、现场图书上架、高效借还、预借组柜、快递到家等多种便利服务广受市民赞誉。

在全城一体、便捷高效的图书馆网络下，深圳市民不但可以任意从一个图书馆借书，还可以在统一服务平台的任何一个图书馆还书，给广大读者提供了极大的便利。根据《2017年深圳"图书馆之城"阅读报告》统计，截至2016年年底，全市共有公共图书馆627个，其中市级图书馆3个，区级图书馆8个，街道及以下基层图书馆616

个,城市街区24小时自助图书馆240台,自助图书馆物流项目车辆运行里程达到96.08万公里,可绕地球赤道24圈,共同形成了覆盖全市的公共图书馆网络体系。累计持证读者208万人,超过全市常住人口的15%;年度文献外借量1228.53万册次,同比增长10.5%。统一服务平台年度新增读者24.47万人,同比增长2%,统一服务平台异地还书量158.63万册次,占还书总量的16.8%,同比增长47.54%。

深圳的统一文化服务在不断深化,越来越多的深圳人爱上阅读,创办于2000年的"深圳读书月"活动已走过19个年头,形成了一系列具有全国乃至国际影响力的阅读品牌活动,每年近千万人次参与其中,成为深圳市民关注度、参与度最高的文化盛事。2013年10月,联合国教科文组织特别授予深圳"全球全民阅读典范城市"的光荣称号。2016年11月,深圳将读书月总主题由"阅读·进步·和谐"改为"阅读·进步·圆梦",并确定"创新之城,读具匠心"为第十七届读书月的年度主题,成功举办各类主题活动754项,通过加强阅读形式和载体创新,专设"互联网+"板块,推出了"读书月年度十大好书、十大童书"有声版,并开设"经典诗文朗诵"网络全国赛区。

2. 钢琴之城

钢琴作为"乐器之王",其普及程度已成为判断一个城市文化艺术发展水平的重要指标。2004年,深圳依托"文化立市"的发展战略,提出建设"钢琴之城"的目标,通过举办钢琴音乐节、钢琴协奏曲比赛、国际古钢琴艺术展等活动,大力推广普及高雅艺术,并在保证专业性的前提下,钢琴艺术走进社区,大胆突破行业内自评束缚,吸引更多市民踊跃参与,提高大众的艺术欣赏水平,实现了公民享受文化权利的惠普性、便利性和均等性。经过十多年的发展,深圳成功培育了一批钢琴艺术领域的文化活动品牌和一流的钢琴艺术教育机构，琴童人数大幅度提高，钢琴销售交易与钢琴文化展示平台的建立也取得了重要成果。

2006年，经文化部批准，深圳市人民政府主办、深圳市文体旅游局和深圳市对外文化交流协会承办第一届"中国深圳国际钢琴协奏曲音乐周"。该赛事成为我国三大国际钢琴赛事之一，也是深圳文化艺术领域举办的最高级别赛事，是深圳市实施文化强市战略、打造"钢琴之城"、塑造文化品牌的重要抓手和举措。时隔十年，"国际音乐比赛世界联盟"（WFIMC）正式审议通过了中国深圳国际钢琴协奏曲音乐周加入联盟的申请，标志着年轻的"中国深圳国际钢琴协奏曲音乐周"从此跻身国际常设性艺术赛事，成为在国际平台上被关注和认可的专业赛事之一。截至2017年，赛事已成功举办了四届，为青年钢琴家搭建了一个与交响乐团合作演奏钢琴协奏曲的平台，提供展示音乐才华的机会，进一步促进国际间钢琴文化的交流，成为深圳建设"钢琴之城"及区域性文化生活的重要组成部分，其影响力已经逐步扩大到全世界范围，在国际同类赛事中具有越来越大的吸引力和影响力。四届赛事共吸引了万名市民现场观摩欣赏，从第二届开始，音乐周赛程利用网络视频进行直播，合计点击量超过50万次，得到了社会各界的高度赞赏。

通过"钢琴之都"建设这一平台，深圳以市民需求为导向，动态调整品牌活动形式和内容，积极引进中国交响音乐季、中国国际合唱节、"简单生活节"等国家级、具有广泛影响力的文化活动落户深圳，鼓励各区培育打造各区特色的文化活动品牌，支持福田莲花山草地音乐节、深圳粤剧周（罗湖）、深圳湾草地音乐会、盐田沙滩音乐节、龙岗区簕杜鹃、"四大音乐节"（迷笛、热波、草莓、百威）等文化活动；建立"城市文化菜单"，构建规模化、系列化、多层次的文化节庆活动品牌体系，提高市民参与度，逐步形成"月月有主题，全年都精彩"的文化生活新局面,让更多市民能体验高雅艺术的美妙,为市民打造了一个享受文化发展成果的大舞台。

3.设计之都

创意,是文化中最灵动的部分,是城市可持续发展的重要元素。深圳,因设计而生,以创意为魂。自2008年加入全球创意城市网络以来,深圳借助这个网络平台,对内凝聚本土力量,将全市设计资源统一到"设计之都"的旗帜下,形成了强大合力;对外带领"深圳设计"走出去,积极组织本地设计力量参与国际活动,与世界接轨,在全球设计舞台频频发声,获得了国内外设计界的充分肯定和赞赏。

深圳市平面设计协会是"深圳设计"首次引起国内外关注后成立的第一个设计领域的专业协会,也是国内首个非牟利的平面设计专业组织,旨在展现杰出的设计成就、鼓励和促进专业创作和探索的学术精神,推动社会对设计的关注和平面设计的发展,促进协会和国际专业机构的学术交流。在深圳被联合国授予"设计之都"称号之际,平面设计更成为深圳设计的行业代表得到了广泛赞赏,先后与美国、德国、法国、英国、日本、意大利、丹麦、韩国等国家进行了交流,并在多个国家举办展览,让中国的设计走向世界。继平面设计协会成立后,国内首个加入国际工业设计联合会的深圳市工业设计行业协会(SIDA),及具备专业性、学术性的深圳市海报设计协会陆续成立。截至2016年3月,深圳市工业设计行业协会已吸纳三诺、腾讯、华为、中兴、酷派、创维、TCL、OPPO、长虹、康佳、雷柏、嘉兰图、中世纵横、洛可可、白狐、无限空间、融一等712家来自全国各地的会员单位,成为全国规模最大的专业机构。经过多年的发展,深圳市工业设计行业协会各项工作硕果累累,连续9年举办中国(深圳)国际工业设计节,它是中国规模最大、国际化程度最高、影响力最广的业界盛会，先后与新加坡、芬兰等多个设计发达国家和城市签署设计战略合作协议；连续8年在深港交替举办深港文化创意论坛，为实现打造国际文化创意中心的目标搭建了载体和平台；2011年带领深圳展团首次闯进百分百设计展，推出在规模和面积均居首位的独立国家级展馆，开启了中国参展的零突破；2013年起每年11月承办全球工业设计第一展——深圳国际工业设计大展；2014年起，与香港联合举办被业界誉为"小米兰设计周"的深港设计双年展；2017年在德国iF设计大奖中，深圳企业揽得142项，占中国企业获奖项目的36%，连续6年居全国大中城市首位。此外，深圳的海报设计近年来表现抢眼，协会屡屡举办大型海报设计展，在创意设计、竞赛展出、资源共享、行业互助等方面与国内外设计行业进行交流与合作。

随着深圳设计登上国际舞台，深圳"创意十二月"也应运而生。从2005年至今，"创意十二月"秉承"政府倡导、市民参与、专业指导、市场运作"的方针，注重为专业设计师和艺术家提供高端平台，实现行业创意与产业发展无缝对接、艺术与市场紧密结合、本土特色与国际元素水乳交融，逐步发展成为全体市民参与、享受文化权利的品牌文化节日，成为我国最具影响力、成长力和创意力的创意博览会、创新策源地、创作孵化器之一。第十二届"创意十二月"以"创意城市，创享未来"为主题，涵盖科技创客、创意市集、工业设计、工艺美术、动漫游戏、演艺会展、文化会展、亲子互动等多个领域，共308项活动，潜移默化地激发着这座城市的创意理念和创新气质，让创意精神融入城市发展血液，让广大市民能十分便捷地参与创意活动和创意设计，尽享创意生活。今后，深圳的"创意十二月"还将在建设与现代化国际化创新型城市相匹配的文化强市进程中继续发挥不可替代的作用。

同时，深圳还引进"创客嘉年华"（Maker Faire）、"创意媒体未来"艺术展等全球具有影响力的创意展会，吸引国外的创客专家和团队参展，从而建立本地创意文化和国际交流平台，把深圳丰富的创意制造、创意概念生态圈传播出去，让全世界发现深圳，推动城市创意经济的发展。2015年，深圳作为当年国际创客周的主会场，以"我的世界，我来造"为主题，聚焦创客精神的本源，通过设置创客市集、工作坊、论坛、表演四大活动，覆盖新兴技术、科技工具、趣味科技、传统手工、创新教育、创新型媒体等各个方向，集聚了来自中、美、日、韩、欧洲等国家和地区的参展商，设置的展会超过200个，共吸引了26万余人参加，聚集全球创意资源，进一步优化深圳城市形象的传播效果。既能看到技术创新，也能感受到艺术创造，激励着企业更多地发挥主体性作用，积极整合企业内外不同群体的力量，不断探索新的服务领域，提高创新速度，扩大创新规模。2017年，国际艺术驻留项目——"创意媒体未来"艺术展在深举行。展览旨在宣传具有前瞻性的艺术媒介，通过自己的艺术想象力，结合计算机编程、机械原理、leap Motion、kinect人体感应器、热熔感应材料等前沿的科技手段，创造出具有互动感官体验的作品。参展艺术家的身份多元，有公共媒体艺术家、机械装置艺术家、交互设计师、创意编程师、新媒体科技艺术团体等，他们利用新媒体技术与观众产生互动，在模糊了科技与艺术边界的同时，也让艺术更好地走向公众的视野，让数字媒体、科技、艺术融为一体。

纵观"深圳设计"发展长河，从深圳走出去的设计作品获得的好评和奖项不胜枚举，在全球设计行业内享有一定的知名度。值得一提的是，深圳2016届初中毕业生晏劭廷凭借作品《Smart Helix》，从全球50多个国家和地区的5000多件优秀入围作品中脱颖而出，一举斩获2017年德国红点设计大奖概念设计最高荣誉奖——"最佳设计奖",年仅16岁的少年成为最年轻的"最佳设计奖"获得者。德国红点设计大奖素有设计界"奥斯卡"之美誉,评选的项目包括产品设计、概念设计和传达设计。其中,概念设计奖项是国际上公认的工业概念设计最高奖项,每年评出的最佳设计奖仅有40个团队(个人)获得(中国不足十席),代表了全球概念设计的顶尖水平。来自深圳的创意设计成功掀起了一股年轻活力、创意无限之美。

(二)新闻出版与广播影视业转型升级,新旧媒体融合发展

在新媒体时代,媒介服务的内涵和外延发生了较大的变化,新的媒介终端和内容类型不断刷新人们的观感体验,用户在媒体消费与服务选择上有了更多的可能。面对新媒体的冲击,报纸、电视等传统媒体的发行量、收视率、广告额等显著下滑,主流舆论阵地被迅速弱化甚至边缘化的现象已成为全球性趋势。深圳结合实际情况,依托城市资源,立足现有的文化产业基础和优势,在"互联网+"网络新思维的指引下,主动向现代媒体转型升级,推动新闻信息生产模式转型。深圳报业集团、深圳广电集团、深圳出版集团三大文化集团一马当先,继承和发扬了特区精神,突出打造新媒体平台,频频推出新产品,上马新项目,用户体量实现质的飞跃。2015年,读特、壹深圳、全民阅读App、掌上书城等一系列移动客户端陆续上线,传统媒体和新兴媒体融合发展成效显著。

1. 深圳报业集团做出多元探索,打造具有区域影响力乃至全国影响力的新媒体产品

2016年年初,"深圳报业集团媒体融合大数据服务平台"项目正式上线,实现了集团内部资源共享和跨媒体融合,为打造输出内容丰富、形态各异、载体多样、传播广泛的全媒体产品提供便捷通

道,有力协助传统媒体从一元化经营模式向多元化内容产品经营和信息增值服务转变,形成各具特色、社会效益和经济效益兼备的经营项目。

依托《深圳特区报》,时政新闻类客户端App"读特"于3月28日正式上线,旨在宣传重大决策、传播主流价值、发出权威声音,巩固壮大宣传舆论阵地,目前已开通11个频道,用户下载量突破40万,成为抢占舆论阵地制高点。

《深圳晚报》与ZAKER融合发展不断深化,在国内同行中与民营方合作,首创了中国融媒体改革转型发展的第三条道路。一方面,没有把自己的内容资源拱手相让,沦为新媒体平台的"打工者";另一方面,也没有采取所谓的技术外包,完全将平台运营置于不顾,而是将报纸的优质内容与品牌化的平台产品进行融合,将内容生产团队与产品运营团队进行高度融合,从而拥有了规模化的新媒体用户,自身也在内容运营上获取丰硕的经验与满意回报。深圳ZAKER自2015年8月正式启动以来,发展迅猛,目前用户近600万,"深圳ZAKER模式"成功入选全国报刊媒体融合创新案例前十名,全国各地传统媒体争相模仿复制,其中广州、武汉、南京、南昌、南宁、合肥等省会城市的ZAKER平台均已上线。

深圳新闻网重心逐渐从PC端转移到移动客户端,完成移动化改版上线,打造了城市级自媒体平台"@深圳",内容更加新锐,版式更符合读者的浏览习惯,进一步实现App化、平台化和移动化。国内首个专注于科技、财经的平台级主流新闻客户端"读创"App于12月28日正式上线,力争跻身国内一流科技财经类移动新闻客户端。《晶报》努力打造政务融媒体服务生态,加快转型为公共服务融媒体服务综合供应商。

2. 深圳广电集团转变制播方式，积极开拓移动互联网平台业务

深圳广电集团牵头发起城市联合网络电视台（CUTV），经过5年运营，已形成移动新媒体、广电安全云、城市电视台门户网站、互联网电视、天翼高清等核心业务，实现了从传统媒体"单一渠道采集、封闭式生产、点对面单向传播"向"全媒体汇聚、共平台生产、多渠道分发"的新型制播方式转变。现有联合开办台、成员台和紧密合作媒体近80家，形成拥有3000万至5000万用户规模的移动互联网业务平台，加快了城市台的媒体融合步伐。同时，依托城市联合网络电视台深圳台，重点面向移动互联网，大力发展广播电视伴随业务"壹深圳"项目。该项目聚合各频道、频率新闻内容资源，实现了节目直播、点播互动、新闻首发、城市公共服务等一系列功能，是一个立足深圳本土、以视频业务为核心，集节目直播、城市公共服务为一体的综合型客户端产品。目前，本地有效下载用户120万，系统平台在全国发展用户超过200万。

3. 深圳出版发行集团探索数字出版模式初见成效

深圳出版发行集团开启"一区一书城"和国家级数字出版基地建设、书城模式，被合肥等地借鉴推广。"掌上书城"App于2016年7月上线，下载量超过6万，"全民阅读"App于11月24日正式上线，下载量突破68万，积极探索数字阅读时代全民阅读的新模式。

2016年12月，国家新闻出版广电总局批准深圳出版发行集团筹建广东国家数字出版基地深圳园区龙华项目，这是继中国（深圳）国际文化产业博览交易会、深圳文化产权交易所（以下简称"文交所"）、国家对外文化贸易基地（深圳）之后的第四个国家级文化产业平台项目。该项目将参照上海、杭州国家数字出版基地"一城多区"发展建设模式，充分发挥深圳产业化和市场化的发展优势，采用"一个园区，多个分区"的建设模式，重点发展数字技术研发、

数字阅读、网络视频、影视、动漫游戏等数字出版产业,打造集总部独栋办公、生产研发、产业协作、配套商业、公寓等为一体的综合业态;率先落地龙华园区项目(国家级数字技术研发中心+众创空间),并计划逐步建设南山(影视游戏+IP内容产业)、福田(创意设计+数字内容)和前海(金融+国际数字内容版权交易服务中心)四大各具特色的分园区,以"互联网+出版"为核心,推动传统出版与新兴出版融合发展,聚合海内外优质创意资源,形成"文化+"组团式发展的产业格局,打造文化强市的数字出版产业战略高地。

(三)文化旅游业发展先行先试,引领国内潮流

"十二五"期间,深圳旅游业围绕建设国际滨海旅游城市的目标,推出了"创意深圳,时尚之都"城市宣传主题,以"文化+旅游"为模式打造了"滨海浪漫、主题公园、文化创意、运动休闲、都市风情"五大特色旅游品牌,高度重视文化产业对旅游产业的渗透和提升作用,丰富的历史文化、文物古迹、民俗风情、宗教信仰为旅游产品的生产提供了深厚的文化底蕴,大大增加了旅游资源对游客的吸引力。近年来,深圳旅游业转型升级成效显著,被列入"国家全域旅游示范区"首批创建名单,在2016年全球100座旅游目的地城市排行榜中排名第七;全年接待游客12485万人次,同比增长7.36%;旅游总收入1371亿元,同比增长10.18%。

2017年,深圳大鹏新区被国家认定为第二批国家级旅游业改革创新先行区,也是目前广东省唯一入选国家级旅游业改革创新先行区的地区。大鹏新区是深圳东部一个三面环海拥有独特山海风光和丰富生态资源的半岛,既是深圳的"文化之根",又是深圳的"生态基石",曾被权威的《中国国家地理》杂志评为中国最美八大海岸之一。大鹏新区作为深圳生态文明体制改革创新的典型,"文化+

旅游"改革创新成果亮点主要有：一是创新文化旅游业用地和投融资模式，玫瑰小镇建立"景区+厂区+社区"产业格局，实现政府、企业、居民三方"利益共同体"，打造了国内第一家婚庆文化旅游主体产业基地，目前正向婚庆全产业链的国际婚博园发展，并在国内福州、昆明、成都等地相继"绽放"，率先探索出"旅游+婚庆"之路。二是创新城市更新和特色小镇发展模式，较场尾民宿小镇在全国率先引入SGS启动民宿标准化建设，出台广东省第一个民宿管理办法，发布国内首部民宿发展白皮书，开创了"政府主导、市场主体、社区自治、行业自律"民宿发展的成功范例。截至目前，新区民宿数量达1200家，已占全省53.4%。三是创新"旅游+海洋+体育+文化"深度融合发展模式，大鹏游艇产业基地形成了集游艇研发、制造、展示、交易、比赛、租赁、培训等为一体的全产业链条，正大力推动深港两地游艇"自由行"，并推进"国际游艇交易运行运营总部"和"国际化游艇产业管理总部基地"的建设。目前，拥有两家游艇制造企业和三家游艇会，已形成集研发、制造、展示、培训和旅游于一体的游艇产业基地。

二、文化创意产业园区化集聚发展步伐加快

在深圳市政府的有力引导和推动下，一种介于政府、市场与企业之间的"以文带创、以创兴商、以商成文"的文化创意产业园区星罗棋布。通过采用行业集聚、空间集中的发展战略，聚集不同文化背景和专业知识的人才，刺激人们的创意，结合技术、资本、市场等要素，整合产业链，构建创意策划人才、创意作品汇集以及思想交流中心，营造多样化的设计与创作、经营与管理的创意氛围，已形成一定的创意产业规模效应。目前，深圳已拥有华侨城创意文化园、深

圳国家动漫画产业基地、南海意库、设计之都创意产业园、观澜版画原创产业基地、特区1980文化创意产业园区、力嘉创意文化产业园、深圳大学城创意园、F518时尚创意园、中芬设计园、深圳1979文化创意园等特色鲜明、优势主导的创意产业集群地，园区化集聚发展仍在加快步伐，不断促进文化创意产业的发展。重点介绍几个典型的示范园区：

（一）华侨城创意文化园

华侨城创意文化园是深圳唯一一家国家级文化产业示范园区，为华侨城集团公司旗下子公司全资运营管理的园区，于2006年5月正式挂牌。园区以混合型社区建设为核心主张，原入驻企业多为20世纪80年代引进的"三来一补"工业企业，在保留旧厂房的建筑形态和历史痕迹基础上，凭借深圳独特的城市区位优势及华侨城集团强大的平台优势，开发出具有华侨城特色的后工业LOFT模式，陆续引进设计、摄影、动漫创作、教育培训、艺术等不同类型的创意产业，衍生出更有朝气、更有生命力的产业经济，成为深圳乃至全国极具示范意义的文化创意园区。华侨城创意文化园项目自设立以来，一直致力于推动跨媒体的当代艺术、先锋音乐影像以及新锐创意设计的发展，既有国际水准的公共空间创意氛围，又为个性张力十足的艺术家和创意工作室提供自由创作空间，长年坚持以"创作、创新、创意"为宗旨，每年投入数百万元举行丰富多彩的有关当代艺术、创意设计、先锋音乐等领域的展览、论坛、公共艺术设计活动。目前，已引进香港著名设计师高文安、梁景华等人的工作室，具有百年历史文化的国际青年旅社，设计创意行业的品牌企业都市实践公司，鸿波信息公司的动漫设计基地，华侨城国际传媒演艺公司等约40家创意、设计、文化机构。近几年，随着园区品牌形象的成功树立,吸引各类设计文化企业争相入驻,入驻企业趋于饱和,园区的社会影响力和行业知名度大大提高。

(二)深圳国家动漫画产业基地

深圳国家动漫画产业基地创建于2006年,是由国家广播电影电视总局授牌的国家级动漫画产业基地之一,是深圳广播电影电视集团按照深圳市委市政府统一部署,在国家和省、市、区有关动漫产业发展政策扶持下建立起来的动漫产业基地,是广东省文化厅命名的"广东文化(创意)产业园区",是深圳市认定的"深圳市文化产业基地",也是我国唯一一家完全依托广播电视媒体,通过市场化运作建设的国家级动漫产业基地。基地成立以来,坚持以政府指导为导向、以原创为根本、以基础服务为核心的园区运作模式,构建了较为完善的"一个中心、八大平台"专业公共服务体系,重点发展三维动画项目,提倡动画精品项目创作,大力扶持重点动画企业和动画项目,优化扶持形式,拓展服务方式,积极引导国产动画生产创作由量的增长向质的提升。多年来,在政府政策和资金的大力扶持下,基地集聚效应、品牌效应得到了进一步的延伸,在实现高价值经济利益的同时,企业完全扭转了动漫产业经济以传统"三来一补"加工为主体的盈利模式,出现了一批有核心竞争力的动漫游戏企业和品牌,形成了以动漫基地为核心的"动漫产业总部经济"园区集聚效应的基地形态,十多年累计向全国各电视、网络、手机等媒体提供了近10万分钟的动漫原创作品,先后培育出了《憨八龟的故事》《火星娃》《神奇的悠悠》《熊出没》《甜心格格》《欢乐之城》《鹏鹏环游记》等原创动画精品项目。2015年,深圳动漫基地制作完成原创国产动画片25部(共计1133集,11717分钟),12家企业通过国家广电总局审批,17部动画片(共计609集,7270分钟)获得了总局发出的《播出发行许可证》，多部原创作品在全国各电视台和新媒体视频播出。其中，由基地企业深圳华强数字动漫有限公司出品的《熊出没之夏日连连看》、深圳市哈贝多文化传播有限公司出品的《帮帮团向前冲》分别荣获新闻出版广电总局2015年度优秀国产动画片一等奖和三等奖；华强方特（深圳）动漫有限公司出品的《熊出没之雪岭熊风》荣获2015年度优秀动画电影二等奖；深圳市世纪创意科技有限公司出品的《宝狄与好友》荣获2016年度第12届金龙奖最佳动漫角色奖；深圳市时代科腾文化传媒公司出品的以航空航天科幻题材为主题的《飞天少年》动画片被国家文化部列入"弘扬社会主义核心价值观"重点扶持品牌，获得国家新闻出版广电总局领导的高度重视和肯定，确立为全国"中国梦"影视题材六个重点项目之一。2017年，深圳原创电视动画片《聪明的顺溜》《正义红师》荣获广东省第十届精神文明建设"五个一工程"奖，深圳原创动画再次获得了社会各界肯定。

（三）设计之都创意产业园

中国（深圳）设计之都创意产业园创建于2007年，是以工业设计为主，集创意设计、研发、制作、交易、展览、交流、培训、孵化、评估、公共服务等综合功能为一体的创意设计文化产业园区。作为深圳市"文化立市"、建设"设计之都"的核心载体，深圳"十二五"建设质量城市、智慧城市核心创新源泉，深圳设计"走出去"对接世界的直接平台，设计之都创意产业园共进驻以工业设计为主的创意设计企业260余家，其中全国性的龙头企业占80%，包括洛可可、骄阳、中世纵横等中国工业设计领军企业以及靳刘高设计、KEA欧盟事务所等20多家香港及欧美龙头设计企业中国总部和机构代表处，形成国内集聚工业设计企业规模最大、龙头企业总部数量最多的创意产业园区,被业界誉为"中国工业设计第一园",并先后获得国家现代服务业工业设计产业化基地、国家工业设计高新技术产业化基地、国家级文化产业示范基地、中国创意产业杰出贡献奖、中国创意产业100强、中国创意产业最佳园区奖、广东省现代产业500强、广东省文化产业示范基地、广东省工业设计示范基地、深圳市文化产业示范基地、深圳市重点文化企业、深圳市工业设计特色工业园等多项荣誉。此外,园区已整合全球数千家设计尖端企业,与美国、德国、法国、澳大利亚、意大利、西班牙、韩国、日本、中国香港等设计发达国家和地区官方设计委员会及企业建立了商业级战略合作伙伴关系。

(四)特区1980文化创意产业园区

特区1980文化创意产业园是一个集创意设计、文化艺术交流展示、时尚旅游休闲为一体的复合型功能园区,于2012年5月开园全面运营。自2013年以来,特区1980文化创意产业园通过市、区两级文化产业办认定,连续四年成为承办深圳(中国)文博会分会场单位,2015年荣获"深圳市文博会优秀分会场"称号。长期以来,园区以"科学+艺术""技术+创意"作为发展总战略,以"服务区域产业升级,推动文化创意产业发展"作为服务宗旨,重点发展创意设计师聚集地,构建公共服务平台体系,是一个集视觉、听觉、触觉于一体,多感觉、全方位、立体化,凸显人文关怀与城市质感的地标式"创意综合体"项目。在传媒、设计、时尚、艺术等创意领域,整合产业链条,深化产业内容,通过和园区外的相关企业组织结成合作关系,促进产业链对接,建立创意设计一站式服务,实现交易,拉动生产,实现价值产生经济效益。在园区建筑设计上,主要采用"中国庭院"风格,运用多种造园艺术技巧和手法,将亭、台、楼、阁、泉、石、花、木组合在一起，环境优美，片区绿化面积大，绿化率达到30%，容积率仅为1.28，创造出人与自然和谐相处的办公环境。

（五）中芬设计园

中芬设计园是深圳和赫尔辛基正式结为国际友好城市并签署合作协议后，双方合作的首个重点项目，也是我国首个由中外合作、政府主导、市场化运作、专业化运营的设计文化基地。园区成立于2013年，建筑面积约6.12万平方米，采用"中外合作+政府支持+企业投资+专业运营"的商业模式，以设计驱动构建国际化创新创业生态链，通过"以大带小"创业模式加速园区企业发展，2015年中芬设计园区产值达到16亿元，已经入驻的国际设计机构和业内设计创新企业及品牌有41家。在短短的三年时间里，从中芬设计园走出来的作品荣获的奖项数不胜数，三个"第一"企业更是锦上添花。作为中芬设计园孵化的第一家上市公司，丝路视觉科技股份有限公司目前员工有1600多人，成为我国规模最大的数字视觉设计公司；由创客大爆炸和深圳市工业设计行业协会联合建设的国际创客开放平台和众创空间——深圳开放创新实验室，是深圳第一家与美国麻省理工学院（MIT）的比特与原子中心（CBA）正式合作授权认证的Fab Lab国际微观装配实验室，也是MIT Fab Lab 2.0合作研发伙伴；深圳市格外设计经营有限公司在成立一年多的时间内获得德国红点奖、红点设计至尊奖、德国iF设计奖、日本G-mark、美国IDEA、意大利A design等国外知名设计奖项30余项，是国内最短时间获奖最多的设计团队，也是深圳最具有发展潜力的新型设计服务机构之一。

依托深圳和芬兰两地设计行业合作平台，中芬设计园不仅拥有聚集全球设计创新资源的优势，而且向世界展现了"深圳设计"国际化前沿趋势的高端定位。

三、积极推动国家级平台建设，对外文化交流领域不断拓展

近年来，深圳积极打造会展平台工程，推动中国（深圳）国际文化产业博览交易会、深圳文化产权交易所、国家对外文化贸易基地（深圳）等国家级平台建设，为文化创意产业的发展提供了强力支撑，凝聚了文化创意产业众多企业及成果，充分发挥平台的辐射效应，扩大文化创意产品和服务供给，引领深圳文化创意产业"走出去"。

（一）中国（深圳）国际文化产业博览交易会

中国（深圳）国际文化产业博览交易会由中华人民共和国文化部、中华人民共和国商务部、国家新闻出版广电总局、中国国际贸易促进委员会、广东省人民政府和深圳市人民政府联合主办，是我国唯一一个国家级、国际化、综合性的文化产业博览交易会，也是唯一的获得UFI（国际展览联盟）认证的文化产业盛会。自2004年首办以来，文博会坚持"政府办展、企业办展、市场运作、打造平台、以展兴业"的运作机制，建立专业文化会展公司进行市场化运营，开创"主会场+分会场"的展会模式，逐步走出了一条办展办会的新路。作为"中国文化产业第一展"的文博会，既是展示文化创意产品的重要舞台，也是跨界融合的全新课堂。一方面，重点吸引产业化程度高、市场化前景好的文化项目和文化产品参展交易；另一方面，着力培育"文化+科技""文化+创意""文化+旅游""文化+金融"等新型业态，促进文化与资本对接，催生出一批知名文化企业和文化品牌，形成了充满生机活力的文化市场。

　　2017年5月11日至15日，第十三届文博会以"文牵一带，博汇丝路"为主题，吸引2302个政府组团、企业和机构参展，招展率达到100%，涵盖文化创意产业各重点领域和"文化+"新领域，其中"一带一路"沿线国家和地区参展国家从2015年的15个增加至当年的35个，文博会的海外资源得到进一步地丰富；为期五天的展会创下成交额为2240.85亿元，比上届增长10.3%，其中，合同成交2064.35亿元，零售及拍卖成交176.50亿元；总参观人数达到666.11万人次，相比上一届增加79.02万人次，同比增加13.5%；海外采购商有20016人，比上届增加493人，主要来自美国、英国、法国、德国、加拿大、澳大利亚、匈牙利、以色列、立陶宛等99个国家和地区。文博会主场馆由文化产业综合馆、时尚文化馆、影视动漫馆、媒体融合馆、文化科技馆、艺术品馆、一带一路·国际馆、非物质文化遗产馆、工艺美术馆九大展馆组成，文化创意产品浩瀚纷繁、包罗万象，五花八门的新产品、新技术、新模式一览无余。其中，工艺美术馆具有新题材、新设计、新工艺、新技术或新材料元素的展品高达85%，传统的"老手艺"被当代手艺人注入了无穷无尽的现代思维，探索新技法、新题材和新创意，许多濒临失传、消亡的传统工艺品种因为创新思路的实践而获得新生和超常发展，闯出了一条"深圳模式"的工艺美术传承和保护之路。一带一路·国际馆依托丝绸之路，汇集全球六大洲无尽的文化资源，不仅展示了文化交流、商贸沟通的历史成果，更带来中西文化的激情碰撞，成为"一带一路"国家文化交流与汇聚的重要平台。文博会就像一扇通往世界各地的大门，以"走出去+请进来"相结合的方式，在更深层次推动中外文化交流与合作的同时，持续推动深圳释放出更加强大的文化创造力和影响力。

（二）深圳文化产权交易所

为积极探索完善文化产业投融资机制，促进更多的风险资本、创业资本和社会资金进入文化产业领域，深圳市委市政府于2009年批准设立深圳文化产权交易所，以"文化+金融"的创新模式，为文化企业、文化产品和项目交易与投融资搭建起文化产业专业化、市场化、高效化的平台。2010年4月，由深圳广播电影电视集团、深圳报业集团、深圳文博会公司合资成立的深圳文交所正式注册并开始运营，深圳广播电影电视集团为主办单位，接受深圳市委宣传部的直接领导和深圳市金融办的行业管理，是一个立足深圳、面向全国、影响国际的国家级文化产权交易和投融资综合服务平台。经过六年的探索和发展，深圳文交所已形成了较为规范的运营和管理体制，始终坚持"八个重点"定位：一是以国家赋予的文化+金融先行先试的政策为导向；二是以国家关于创新驱动和构建多层次资本市场的战略为出发点；三是以服务于文化产业实体经济为立足点；四是以支持中小微企业进入资本市场为专注点；五是涵盖文化产权中的物权、非物权、人才产权全产权要素；六是覆盖文化企业资产处置、资本融通、股权交易、产品流通全产业链；七是囊括登记托管、招标发布、募集发行、挂牌交易、公开拍卖全交易手段；八是整合柜台交易、线下撮合、层级路演和线上交易全平台服务。

2016年，深圳文交所开始转型发展，于4月18日上线了"文化四板"，围绕构建文化产业专属的资本市场的目标，以"文化四板"为核心，文化资产处置、"文化四板"和文化产权线上托管综合业务三位一体的框架和模型，展开了一系列探索和试验，进一步畅通文化产业交易与投融资渠道。目前，基本形成了物权、非物权、人才产权全产权要素，登记托管、招标发布、层级路演、挂牌拍卖全业务流程,线上线下全交易平台的文化产业资本市场模型,"文化四板"已挂牌企业数量近200家,近20家企业已达成融资意向,100余家挂牌企业已获得资本孵化和各类服务对接,服务实现率达60%以上。

(三)国家对外文化贸易基地(深圳)

2014年1月21日,经中华人民共和国文化部批准,国家对外文化贸易基地(深圳)挂牌成立,深圳由此成为继北京、上海之后,我国第三个、华南地区唯一拥有国家对外文化贸易基地的城市。深圳基地采取"平台+园区"模式的功能布局,着力打造8个文化贸易专业服务平台、一个基地运营综合服务平台和两个产业集聚园区,从产品交易、版权交易、资本融合、人才交流、理论研究等不同层面,吸纳广博资源,提供全产业链服务。自基地成立以来,不仅面向服务广东、华南地区和港澳地区,还着眼于东南亚乃至全球文化市场,积极开拓"海上丝绸之路"创意产业和文化贸易服务中心,重点打造与文化创意产业链高度融合的文化贸易服务链,在全球文化市场竞争中创建有独特引领能力和资源集聚能力的国际文化贸易创新试验区,在对口交流、政策互利、信息共享、产品流通、资本运营等领域寻求深入合作;通过参加海内外专业展会、举办推介会、推动海外投资合作等多种形式,加强粤港澳文化产业和文化贸易合作,加强与各个国家和地区文化交流、文化贸易合作,逐步提高我国文化产品、服务和投资的海外市场占有率,推动中华优秀文化产品和文化服务"走出去",使之成为我国华南地区具有较强影响力、辐射力的对外文化贸易平台。"十三五"期间,平台将加强"一带一路"专业服务能力建设,扩大对"一带一路"沿线国家(地区)的文化贸易。2017年5月,为庆祝中国和以色列建交25周年,由中国文化部和以色列外交部共同主办、国家对外文化贸易基地(深圳)承办的

"2017中国文化产品国际营销年会·中国-以色列数字文化创意产业论坛"在深圳举行,该论坛为推动两国间数字文化创意领域深入交流及未来的长期合作夯实了基础,并对推动两国数字文化创意产业的发展起到引领性、标杆式作用。

第三节　深圳文化创意产业的经验

立足于"文化立市"战略,深圳市政府秉承与时俱进的精神,根据国际国内不同时期发展趋势和本区域实际情况,以国际视野和超前眼光适时优化产业结构,以打造文化产业升级版为方向,强化城市文化创新基因和创新优势为目的,逐步确立文化创意产业的战略地位,合理规划中长期可持续发展目标,综合运用经济、法律、行政等手段促进产业发展,先后出台产业发展规划、金融支持政策等一系列产业指引和保障文件,建立和完善文化创意产业知识产权法律援助和纠纷行业调解机制,加强文化创意产业知识产权保护,严厉打击侵权行为,维护知识产权人的合法权利,从战略上高度重视文化创意产业,积极营造和优化产业发展环境。

一、深入推进文化体制改革,激发文化创意企业活力

长期以来,深圳的文化体制改革一直走在全国的前列,率先形成文化市场综合执法机制,较早建立了"大文化"管理体制,成为全国首批文化体制改革综合性试点地区之一,多年被评为"全国文化体制改革先进地区"。2016年,深圳市文化体制改革和发展工作领导小组出台《深圳文化创新发展2020(实施方案)》,针对目前文化

改革发展中存在的问题和薄弱环节,采取扎实有效的举措,加快转变政府职能,继续推动文化体制机制创新。根据该方案,深圳将通过构建"以社会主义核心价值观为引领的城市精神体系、以国际先进城市为标杆的文化品牌体系、以媒体融合发展为标志的现代文化传播体系、以市民精神文化需求为导向的公共文化服务体系、以质量型内涵式发展为特征的现代文化产业体系"五大体系,加快建设与现代化国际化创新型城市相匹配的文化强市。

经过多年的改革探索,深圳文化体制改革成果可圈可点。一是出台《深圳市深化国有文艺院团体制改革实施方案》,按照"一团一策"原则实施改革,创新机制、加大投入、整合资源,探索文艺团体优势互补、统一管理的新路子,实行"加法"与"减法"并行:一方面组建深圳歌剧舞剧院、建立深圳交响乐发展理事会(基金会);另一方面推动深圳粤剧团和深圳戏院融合发展,通过财政资助、专项基金扶持、奖项奖励、院团经营、社会捐赠等多渠道筹集资金,加大对深圳粤剧团等本土专业戏曲艺术团体扶持力度,确保文艺院团做优做强,实现可持续发展。在文艺院团体制改革的推动下,深圳文艺院团朝气蓬勃,市属院团转型升级,民营院团百花齐放,"深圳原创"作品屡屡获得国内外重大奖项。其中,《走向复兴》等12部作品荣获中宣部"五个一工程"奖,儿童电影《鹰笛·雪莲》获第七届欧洲万像国际华语电影节"最佳儿童故事片奖"及第十三届圣地亚哥国际儿童电影节"故事片最佳音乐奖",《你幸福我快乐》获第十一届美国百老汇国际电影节"最佳儿童故事片奖"、第十三届世界民族电影节"最佳儿童故事片奖"。此外,还创作了交响乐作品《神州和乐》《交响山歌·客家新韵》《人文颂》,歌舞演出《千古风流》《天禅》,新编粤剧《风雪夜归人》等精品力作,多次参加国内外演出。二是加快推进文化审批制度改革,进一步规划和完善行政审批程序、行政审批目录、办事指南、业务手册等工作。2016年，通过适当降低文化市场准入门槛和扩大网上审批范围，市级文化审批事项由19项减少至8项，减幅达58%，审批效率得到有效提高。各区在市一级文化类商事登记改革的基础上，也不断加强商事登记改革配套的审批制度改革，将文化类的所有审批事项由前置审批调整为后置审批，取消了立项环节，进一步改善便民服务方式。三是深化深圳报业、广电、出版发行三大国有文化集团改革，实施整体"瘦身"方案解决结构臃肿、人员冗杂的问题，报业集团、广电集团领导职数分别缩减35.3%和30.8%，累计注销58家下属公司，关停待注销公司18家；加大媒体改革和产业融合发展力度，解决媒体内容同质化和影响力弱化的问题；加强经营管理和资本运作，解决"造血"功能不足，可持续发展能力不强问题，从而提高国有文化集团竞争力。

二、完善经济政策，从资金、税收等方面提供适当的政策扶持

（一）建立健全政府投入保障机制

在财政投入方面，加大文化创意产业投入力度，设立市级文化创意产业发展专项资金，并鼓励区级政府按照《深圳文化创意产业振兴发展规划》设立区级文化创意产业投资引导资金，与市级专项资金形成配套，确保本地文化创意产业投入稳定增长。加强对文化事业资金、文化创意产业发展专项资金管理使用情况的监督和审计，充分发挥市、区文化创意产业发展专项资金的引导作用，通过项目资助、奖励和贷款贴息等方式对符合条件的企业、社会组织予以扶持，切实提高资金使用效益。

深圳市文化创意产业发展专项资金主要采用原创研发自主、

贷款贴息、无偿资助、配套资助、保险费资助、房租补贴、百强奖励、政府购买服务等多种形式，对文化创意产业予以扶持和资助。2011—2015年，深圳市每年集中5亿元，用于支持文化创意产业发展。其中，市高新技术重大项目专项资金安排1亿元、市宣传文化事业发展专项基金安排0.8亿元、市文化产业发展专项资金安排1.2亿元，市财政新增2亿元。对深圳文化创意产业发展专项资金的管理，主要依靠市委宣传部牵头，市发展改革委、市经贸信息委、市财政委员会、市文体旅游局等部门组成深圳市文化创意产业发展联席会议，负责文化创意产业发展专项资金的协调和管理。在项目申请方面，市委宣传部主要负责内容产业奖励、创意设计奖、重大活动和高雅艺术票房补贴等方面；市发展改革委主要负责文化创意产业领域核心技术自主研发、分离设立创意设计企业资助、公共技术和服务平台建设等方面；市文体旅游局主要负责原创文化创意项目和非物质文化遗产产业化项目研发资助、优秀新兴业态企业、文化创意产业百强企业和文化出口企业十强发布和奖励、文化创意产业园区认定和中小文化创意企业配套房租补贴、贷款贴息及保险费资助、知识产权保护体系资助等方面。

此外，深圳还致力于丰富产业文化内涵，加大对优秀原创作品采购、扶持和奖励力度，支持文化创客、文化创客团队入驻文化创意产业园、文化创客孵化基地，通过制定版权输出的扶持措施和文化创意基地建设相关优惠政策，提升文化创意产业的社会效益和价值导向功能。

（二）综合运用税收调节经济的功能

贯彻落实和适时完善文化创意产业的税收优惠政策，发挥好税收政策的杠杆作用，是深圳推进文化创意产业发展的主要举措之一。落实国家有关税收政策,对经认定为国家高新技术企业的工业设计、建筑设计、文化软件等文化创意企业按减15%的税率征收企业所得税;对纳入增值税征收范围的国家重点鼓励的文化服务出口实行增值税零税率或免税;对国家重点鼓励的文化产品出口实行增值税零税率。实施企业和个人捐赠、兴办公益性文化事业的税收优惠政策,调动社会力量参与公益文化建设。加大对文化创意产业支持力度,引导和支持依法发起组建各类文化创意产业投资基金和机构。

(三)拓宽多元化的投融资渠道

依托深圳良好的金融资本市场,深圳市政府相关部门加强与银行等金融机构以及风险投资、证券公司的合作,积极为中小创业文化创意企业、成长性文化创意项目以及创意成果转化提供融资市场,构筑了覆盖惠及文化创意企业在内的中小企业担保体系,首创了"联贷联保"新的信贷业务品种,探索开展了无抵押贷款、版权质押贷款、版权质押+第三方担保贷款。同时,积极推动文化创意企业通过上市、发行债券等直接融资手段获得金融支持的方案并鼓励各类社会资本以产业投资基金和众筹等多种形式投资文化创意产业,支持个人工作室、独立策划机构、"文化创客"等小微创意企业加快成长,支持文化创意企业向专、精、特、新方向发展,组建以产业链、产品链、技术链为依托的文化创意产业集团和产业联盟,打造中小企业集群,提高文化创意产业的综合竞争实力。社会资本进入文化创意领域的渠道得到不断拓展,进一步激发了社会力量参与文化创意产业建设的积极性。

三、深化国际和区域合作，充分利用深圳资源大力推动本市文化创意产业"走出去"

（一）构建和完善国家级产业服务平台，集聚盘活文化市场要素资源

一是立足于打造国际知名展会品牌，创新文博会办展办会机制，突出质量型、内涵式发展，突出社会效益，不断完善"1+N"模式，重点打造若干文博会专业展会，与国际专业组织合作，同时探索设立文博会海外分会场，着力提升文博会国际化、市场化、专业化水平，健全更具竞争力、影响力和充满活力的市场运作模式。二是支持深圳文交所发展，将深圳文化产权交易所打造成为国家级的文化创意产业产权交易、无形资产评估和投融资综合服务平台，对于符合条件通过深圳文交所平台进行私募、登记托管、股改、鉴定评估、挂牌等活动的本市企业，推动深圳文交所搭建新闻出版、广播影视内容版权以及文化企业无形资产登记和交易平台，积极开展市场化业务，拓宽文化投融资服务领域。三是推进国家对外文化贸易基地（深圳）公共技术服务平台和"一带一路"专业服务平台建设，扩大对外文化贸易。四是以建设广东国家数字出版基地深圳园区为契机，加快形成国内领先的数字出版产业链。

（二）致力于寻求城市与城市之间的交流与合作

随着当今时代日益开放，文化的繁荣发展离不开同世界各种文明的交流，积极拓展海外市场和鼓励对外文化交流是深圳实现文化"走出去"战略的重要举措。截至2015年，与深圳互为友好交流关系的城市共52个，其中国际友好城市有18个。

积极拓展海外市场。借助文博会、对外文化贸易基地等平台,打造与文化创意产业链高度融合的文化贸易服务链,培育骨干文化出口企业,扩大产品和服务出口,通过海外并购、联合经营、设立分支机构等方式积极开拓国际市场。尤其加强与"一带一路"沿线国家(地区)的文化交流与合作,拓展"一带一路"文化出口市场。鼓励文化创意产业领域龙头企业在"一带一路"沿线国家设立展示展销中心、连锁店等,支持有条件的企业与沿线国家共建文化创意产业园、创业孵化中心等。每年安排不超过500万元的专项资金,对参加经认定的境内外专业文化展会的文化创意企业给予展位费、翻译费等补贴。

鼓励对外文化交流。2015年,第一个在海外设立的以创意产业为内容的孵化中心诞生。在深圳文化创意产业主管部门和外事部门的共同推动下,深圳与苏格兰互设国际文化创意产业孵化中心。该中心借助政府力量为文化创意产业企业提供一站式服务,成为两个城市间文化交流的平台和产业合作发展的特别通道,进一步加强国际文化创意产业的交流与合作,从而助推产业发展、助推企业"走出去"、助推国际化城市建设。9月,深圳–爱丁堡国际创意产业孵化中心在爱丁堡利斯创意中枢成立,包括合纵文化集团在内的8家深圳企业入驻中心,与爱丁堡展开深度合作和文化交流。在2017年爱丁堡艺穗节上,由深圳市文体旅游局打造的"深圳文化周"首次亮相这个世界历史上最悠久、规模最大的舞台,这也是深圳文化登陆英伦的一次重要尝试。深圳的原创作品《夫人计》和中国新城·深圳新声"跨界专场音乐会还被纳入爱丁堡艺穗节"聚焦中国"板块,展现了深圳的原创艺术力量,提升了深圳的国际形象和美誉度。与此同时,深圳也积极引进一批国际性、国家级品牌文化节庆和赛事,加强与境内外主流机构的合作,深化与友好城市、联合国教科文组织创意城市网络的交流与合作,加强民间文化国际交流,形成多层次的对外文化交流格局。

四、注重创意人才的培养,构筑文化创意人才高地

文化创意产业的产生与发展不仅依靠技术的进步,更依靠人类的创意与创新,把脑力与体力同信息与信息化等现代化手段相结合,实现智能生产与快捷生产。因此,拥有一大批具有创造和创新能力的创意人才是文化创意产业欣欣向荣的根本保证。2016年,深圳出台《关于促进人才优先发展的若干措施》,借助优越的地理优势,注重从物质和精神两个层面制定不同层次人才政策,围绕"实行更具竞争力的高精尖人才培养引进政策、大力引进培养紧缺专业人才、强化博士后'人才战略储备库'功能、加快培养国际化人才、提高技能人才培养水平"等20个方面构筑文化创意人才高地,集聚一批哲学社会科学、新闻出版、文化艺术、文化专门技术和创意人才,支持高等院校、职业院校与文化创意企业联合建设文化创意产业人才培养基地和职业技能公共实训基地。

五、点燃市民创意生活,促进文化创意消费

深圳从产业发展角度推动文化创意产业的同时,还兼顾市民参与文化创意活动的积极性。一方面,广泛开展群众文化活动,为他们提供与文化创意接触的机会,支持并鼓励成立各类群众文化创意团队,充分挖掘民间优秀表演团队和演艺人才,促进文化与创意发展良性互动。2016年以来,深圳先后举办了首届深圳(国际)科技影视周、2016华语电影深圳盛典、第22届中国电视纪录片颁奖盛典、

　　"一带一路"国际音乐季、深圳设计周、深圳国际摄影大展等一批国际化、标志性品牌主题活动，为市民奉上丰富的文化大餐；与此同时，通过建立群众文化需求反馈机制，及时准确地了解和掌握群众的文化需求，制定公共文化服务供给目录，开展菜单式、订单式、互动式服务，实现供需对接。另一方面，深圳作为国家文化消费试点城市之一，深化与银联等金融机构的合作，整合本市文化创意产业企业、公共文化服务和相关产业的便民服务功能，采取发行文化主题信用卡等措施激发市民参与文化消费的热情，增强文化供给与市民消费需求结构的适应性，扩大和提升文化消费需求，使文化消费成为生产力，加快推动文化创意产业对城市经济的贡献率。

第六章　深圳建设国际创新中心的思考与展望

　　随着知识化和全球化深入推进，创新越来越成为新时代的战略选择，全球范围内配置科技创新资源、开展科技创新活动越来越频繁，一批具有全球影响力的科技创新中心迅速崛起。我们认为国际科技、产业创新中心是一个国家或地区综合科技与经济实力的集中体现和核心依托，对全球创新资源流动具有显著的引导、组织和控制作用。

　　面向新时代，迎接新挑战，深圳建设国际创新中心既是国家战略安排，也是深圳自身进一步转型升级的迫切需要。本章分析了深圳建设国际科技、产业创新中心的时代背景与战略意义，通过与国际顶级创新中心比较，客观评价深圳的基础优势和相对不足。未来，深圳要服务国家战略，对标国际一流，突出深圳特色，始终坚持科技创新与产业发展互动融合，着力推进"建设国际重要的科技创新中心、建设创新成果转移转化最佳地、建设全球领先的产业创新中心、广泛利用和集聚全球顶尖人才、打造全球创新网络核心枢纽"五大任务建设，争取担当国家创新改革试验的顶层设计主动权、争取国家支持主动建设新经济发展试验区、增强金融服务科技与产业创新的综合能力、打造符合科技与产业创新发展的城市空间体系,进一步完善创新体系、产业体系、政策体系三大体系,构筑城市新的发展动力系统。

第一节 深圳代表国家参与国际科技产业竞争的历史使命

习近平总书记在2016年5月30日召开的全国"科技三会"上指出:创新是推动一个国家和民族向前发展的重要力量,也是推动整个人类社会向前发展的重要力量。近年来,一场以创新为核心的全球竞赛持续深入推进。全球新一轮科技革命和产业变革正在重塑世界竞争格局,创新驱动成为许多国家谋求竞争优势的核心战略。随着全球化发展不断深入推进,依托科技、产业创新中心布局的全球创新活动已成为创新驱动发展的基本规律和各国谋求全球竞争主动权的主要手段。为此我国也提出了要加快建设北京、上海、深圳等科技创新中心,支持世界科技强国建设,在新一轮国际科技产业竞争中赢得战略主动。

一、知识化与全球化孕育了一批国际创新中心,以硅谷为代表的一批科技创新中心发挥引领作用

(一)科技中心的兴起和发展是一般趋势

全球性流动的创新要素在一些基础较好的地区"黏结"起来,成为全球创新网络中的重要节点,这种节点城市就可能发展成为全球科技创新中心。全球科技创新中心,特别是高等级全球科技创新中心,是一个国家综合科技实力的集中体现和核心依托。全球科技

创新中心的孕育和兴起是当今世界经济与科技发展的基本规律和客观趋势，有利于提升全球科技创新资源的配置能力。随着当今世界的知识化与全球化发展，一批城市实现了迅速转型，科技创新逐步发展成为城市核心功能，并渗透到生产生活的方方面面，提升了城市发展效率和质量。与此同时，全球化促进了创新资源在全球范围内快速流动，全球创新网络和节点快速形成，全球创新资源逐步在一些科技创新型城市聚合，并逐步扩大影响力，这些城市逐步发展成为具有全球影响力的科技创新中心，提升了全球科技创新资源配置能力。

（二）科技中心是全球经济发展的引领力量

欧美发达国家和地区的发展经验表明，打造一批世界级科技创新中心能够为建设全球经济和科技强国提供战略支撑。美国、德国、英国、加拿大等国家以及它们的许多城市群不仅经济发达，而且在全球科技创新网络处于支配地位，一批科技创新中心支撑着这些国家经济持续健康发展。澳大利亚一家名为2thinknow的咨询机构评选出的2014年全球最具影响力的40个支配性创新城市中，美国拥有最多，达9个，它既是全球第一经济大国，也是当之无愧的科技创新强国，其次是德国拥有6个、加拿大拥有3个、日本拥有3个，这些国家也在全球科技创新网络和经济中扮演重要角色。此外，美国大西洋沿岸城市群、美国西海岸城市群、北美五大湖城市群、英国城市群、欧洲西北城市群、日本大阪城市群等地区均是世界科技创新资源集聚地，也是世界经济发展重镇。

二、创新中心东移窗口战略机遇显现，我国具备打造全球重要科技创新中心的基础优势

（一）科技中心的转移与地区经济兴旺

在人类历史的发展进程中，世界的科技中心发生过多次转移，从古代的中国到意大利、英国、法国、德国，直到今天的美国，科学中心已经发生了四次转移。历史经验表明，世界科技和经济中心的转移往往以某个重要的经济、社会或科技变革（如产业革命等）为先导，变革使人们的思想得到空前的解放，率先大规模引进先进技术和智力资源的国家或地区，科技会得到飞速发展。科技的进步驱动了经济增长，经济增长也为科技投入提供保障，而部分科技已被转化为第一生产力，成为国家或地区的垄断产业，获得巨额利润，从而推动科技经济文化的全面腾飞，最终实现了世界科技中心的转移，从而促使世界经济中心的转移。

（二）科技中心的转移与中国机遇

当前，新一轮科技创新浪潮方兴未艾，世界政治经济格局正在急剧调整和变化，全球创新空间和分工体系处于一次"大洗牌"的前夜。亚洲正处于新一轮科技浪潮的活化地带，在全球生产网络中的枢纽地位已经确立并将继续巩固，正从世界经济空间体系边缘向核心区域过渡，包括创新资源在内的全球高级要素正呈现出系统性东移的趋势。在此背景下，未来的亚洲必将诞生一批世界级的科技创新中心，从而重构世界政治经济和科技版图。

作为亚洲第一大国和世界第二大经济大国，中国具有无与伦比的战略优势，这不仅在于人口、国土面积和地理位置，更重要的是中国有海量的科技人力资源、极富活力的经济体系和不断壮大的市

场规模。2015年，全社会研究与试验发展经费支出达14220亿元；国际科技论文数稳居世界第二位，被引用数升至第四位；全国技术合同成交金额达到9835亿元；国家综合创新能力跻身世界第18位。科技进步贡献率从2010年的50.9%提高到2015年的55.3%。科技创新国际化水平大幅提升，全社会创新创业生态不断优化。与此同时，庞大的市场规模、完备的产业体系、多样化的消费需求与互联网时代创新效率的提升相结合，都为创新提供了广阔空间。

三、建设世界科技强国的号角已经吹响，亟须建设一批国际创新中心作为战略支撑

（一）中国开启建设世界科技强国新征程

党的十八大提出实施创新驱动发展战略，强调科技创新是提高社会生产力和综合国力的战略支撑，必须摆在国家发展全局的核心位置。这是中央在新的发展阶段确立的立足全局、面向全球、聚焦关键、带动整体的国家重大发展战略。我国经济发展进入新常态，传统产业发展动力不断减弱，粗放型增长方式难以为继。必须依靠创新驱动打造发展新引擎，培育新的经济增长点，持续提升我国经济发展的质量和效益，开辟我国发展的新空间，实现经济保持中高速增长和产业迈向中高端水平"双目标"。

2016年5月30日，全国科技创新大会、中国科学院第十八次院士大会和中国工程院第十三次院士大会、中国科学技术协会第九次全国代表大会在北京人民大会堂隆重召开。召开这个盛会，就是要把科技创新摆在更加重要的位置，吹响建设世界科技强国的号角。会议提出三步走战略目标安排：第一步，到2020年进入创新型国家行列，基本建成中国特色国家创新体系，有力支撑全面建成小康社会

目标的实现;第二步,到2030年跻身创新型国家前列,发展驱动力实现根本转换,经济社会发展水平和国际竞争力大幅提升,为建成经济强国和共同富裕社会奠定坚实基础;第三步,到2050年建成世界科技创新强国,成为世界主要科学中心和创新高地,为我国建成富强民主文明和谐的社会主义现代化国家、实现中华民族伟大复兴的中国梦提供强大支撑。

(二)科技产业创新中心将成为世界科技强国的战略支撑

充分依托创新基础雄厚、新兴产业发达、引领带动力强的地区加快建设国际科技、产业创新中心,这是我国应对新一轮科技革命挑战的重要举措,是增强国际竞争力的战略支点,也是实施创新驱动发展战略、加速建成创新型国家和世界科技创新强国的内在要求。为此国家提出,推进上海、北京、深圳等中心城市的建设,利用其区位条件等相对优越的优势,加速建成全国科技创新要素最为集中的地区,成为全国的创新龙头,成为跨国公司全球研发网络中的关键节点和重要枢纽,进一步成为具有广泛影响力的全球科技创新中心。

第二节 深圳具备建设国际创新中心的基础

深圳经济特区作为中国改革开放的"窗口"和"试验田",始终坚持自主创新的城市发展主导战略,逐步发展成充满活力的"创新绿洲",创新生态体系日益完善,创新能级迅速攀升,国际影响力不断扩大,已成为我国自主创新的代表作。然而,与波士顿、硅谷等全球顶级创新中心相比,还存在较大差距。

一、创新效率较高，科技与产业实现有效衔接互动

　　坚持打通创新上游（科学发现和知识创新）、中游（科学发现和创新的知识孵化为新技术）、下游（新技术的应用）各环节，切实促进科技与产业互动融合创新发展，形成了追赶爬坡过程中富有深圳特色的以企业为主体的自主创新体系，表现为六个"90%"现象①，创新效率极高。

（一）舍得创新投入

　　一方面，全社会研发投入持续加大，占生产总值比重由2010年的3.47%增加到2015年的4.05%，规模实现五年翻番。国际上通常认为，R&D经费占比达2.5%，标志着创新能力基本达到或接近发达国家水平。2014年，深圳以一个城市的经济体量，R&D经费占比达到4.05%，是G8国家平均水平的近2倍。而全球R&D经费占比超过4%的国家，仅有以色列和韩国。

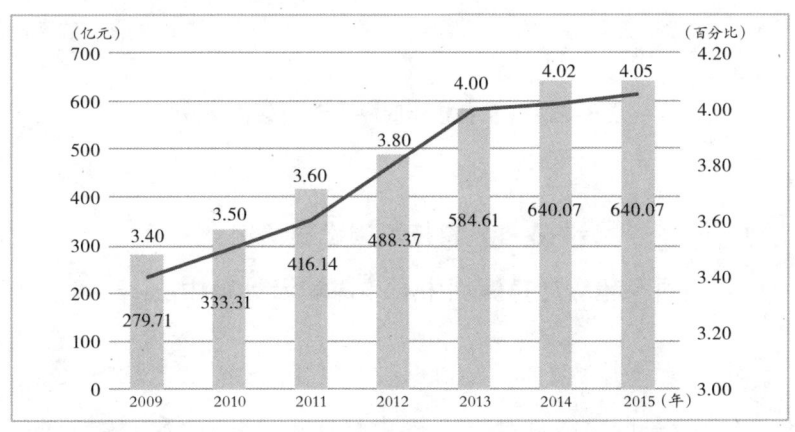

图6-1　2009—2015年深圳R&D经费投入及占比情况

---

① 即90%的创新型企业是本土企业、90%的研发人员在企业、90%的科研投入来源于企业、90%的专利生产于企业、90%的研发机构建在企业、90%以上的重大科技项目发明专利来源于龙头企业。

　　另一方面，深圳非常注重创新基础设施建设。近年来，创新基础设施建设不断加强，建设国家超算深圳中心、国家基因库、大亚湾中微子实验室等国家重大科技基础设施。中科院先进院、光启等45家新型研发机构异军突起，华大基因等新型研发机构呈现引领式创新、爆发式增长态势，各类创新载体累计达1283家。境内外优质教育资源密集引入，研究型大学和国际化特色学院建设取得新进展。

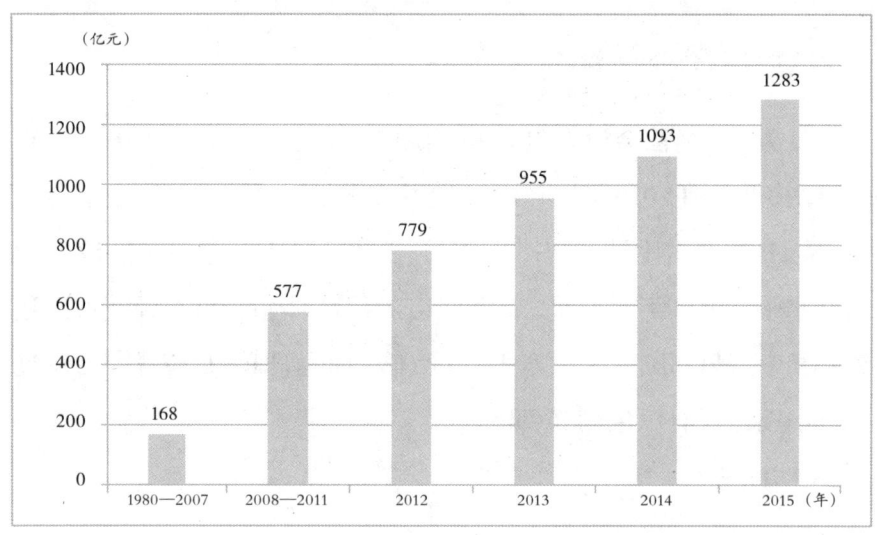

图6-2　截至各年年底深圳创新载体数量

专栏6-1　科技基础设施情况：
国家超级计算深圳中心（深圳云计算中心）

　　该中心是深圳市建市以来由市政府投资最大的国家级重大科技基础设施，总投资12.3亿元人民币，其中科技部拨款2亿元。建筑、电力等基础设施中国第一。计算机运算速度世界第二。计算机资源应用全国首创。数据安全保障亚洲领先。高性能计算应用软件国内最多。

专栏6-2　科技基础设施情况：国家基因库

深圳国家基因库是国家发展改革委员会、财政部、工业和信息化部、卫生和计划生育委员会四部委批复，服务于国家战略的国家级公益性创新科研及产业基础设施建设项目，是我国唯一一个获批筹建的国家基因库，"十二五"重点基础能力建设项目。深圳国家基因库初步建成"三库两平台"的业务结构和功能，"三库"由生物资源样本库、生物信息数据库和生物活体库组成，"两平台"为数字化平台、合成与编辑平台。深圳国家基因库位于大鹏新区，占地面积超过5万平方米，建筑总面积11.6万平方米。深圳国家基因库是继NCBI（美国国立生物技术信息中心）、EMBL-EBI（欧洲生物信息研究所）、DDBJ（日本DNA数据库）全球三大国家级基因库后的第四个国家级基因库。

专栏6-3　科技基础设施情况：大亚湾中微子实验室

大亚湾反应堆中微子实验站项目2006年获准立项。2012年3月宣布发现新的中微子振荡模式，精确测量到中微子混合角13。这是中国诞生的一项重大物理成果，被称为中微子物理的一个里程碑。2012年年底，大亚湾中微子实验成果入选美国《科学》杂志2012年度十大科学突破。2013年1月19日，该项科技成果被选为2012年中国十大科技进展。2016年度国家自然科学奖一等奖得主揭晓，"大亚湾反应堆中微子实验发现的中微子振荡新模式"获得殊荣。

（二）创新产出高效

在高科技研发投入的刺激下，深圳引领产业创新，科技成果不仅数量多而且质量高，科技创新正从"跟跑"向"领跑"转变。"十二五"期间，实现国家技术发明一等奖"零"的突破，累计获国家科学技术奖励51项。2015年PCT国际专利申请量超越英、法等国，达1.33万件，占全国47%，有效发明专利累计近8.4万件，约占全国十分之一。2016年深圳荣获16项国家科技奖，首次获得自然科学奖、首次获得科技进步奖特等奖。第四代移动通信、基因测序等领域核心技术水平跻身世界前列。

专栏6-4 创新产出大户：华为

华为聚焦ICT管道战略，为实现更好的全联结世界，在关键技术、基础工程能力、架构、标准和产品开发等方向持续投入，致力于用更宽、更智能、更高性能、更可靠的零等待管道，为用户创造更好的体验。华为通过全球15个研究院/所、36个联合创新中心，在全球范围内开展创新合作，共同推动技术的进步。2016年，华为创新研究计划（HIRP）资助超过200个创新研究项目，通过资助数学、物理、化学等基础理论的研究，探索理论突破对ICT行业技术发展的重大创新。截至2016年12月31日，华为累计获得专利授权62,519件；累计申请中国专利57,632件，累计申请外国专利39,613件。其中90%以上为发明专利。华为坚持每年将10%以上的销售收入投入研究与开发。2016年，从事研究与开发的人员约80,000名，约占公司总人数45%；研发费用支出为人民币763.91亿元，占总收入的14.6%。近十年累计投入的研发费用超过人民币3130亿元。

专栏6-5　创新产出奇迹：华大基因

华大基因被顶级学术期刊《自然》评为"世界领先的遗传学研究中心"和"基因组学、蛋白质组学和生物信息分析领域的领头羊"。截至2017年5月4日，华大基因累计发表论文超2173篇，SCI收录的有1759篇；在国际四大顶尖学术期刊《自然》系列、《科学》、《细胞》、《新英格兰医学》上共发表文章256篇。全球学术影响力排名位列第87位，产学研合作全球第一，科研产出名列中国产业机构首位、全球产业机构第12名。华大基因在知识产权方面已申请国内外专利1583件，已获得授权发明专利384件。

（三）创新经济引领

深圳新兴产业发展全国领先，科技进步贡献率超过60%，三次位居福布斯中国大陆创新城市榜首。"十二五"期间，深圳坚决贯彻落实国家加快培育和发展战略性新兴产业的重大部署，积极抢占新一轮经济和科技发展制高点，前瞻布局生物、互联网、新能源、新材料、文化创意、新一代信息技术和节能环保七大战略性新兴产业，铸就了经济发展和产业升级的"主引擎"，率先迈入质量引领、创新驱动的发展道路。战略性新兴产业发展迅猛，2015年产业规模达到2.3万亿元，产业增加值超过7000亿元，年均增长17.4%，成为经济发展和产业升级的主引擎，成为全国新经济发展的重要引领区。战略性新兴产业增加值占全市生产总值比重提升至40%，远高于国家8%左右的目标，经济发展的科技含量、价值含量、绿色含量显著提升，增长动力升级、产业结构优化迈上新台阶，率先进入经济发展新常态。

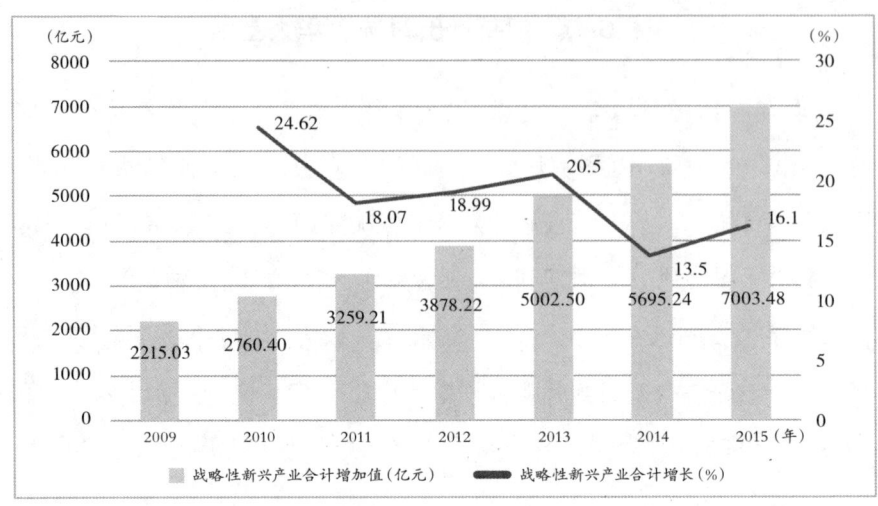

图6-3 深圳战略性新兴产业增加值及增长

数据来源：各年政府工作报告

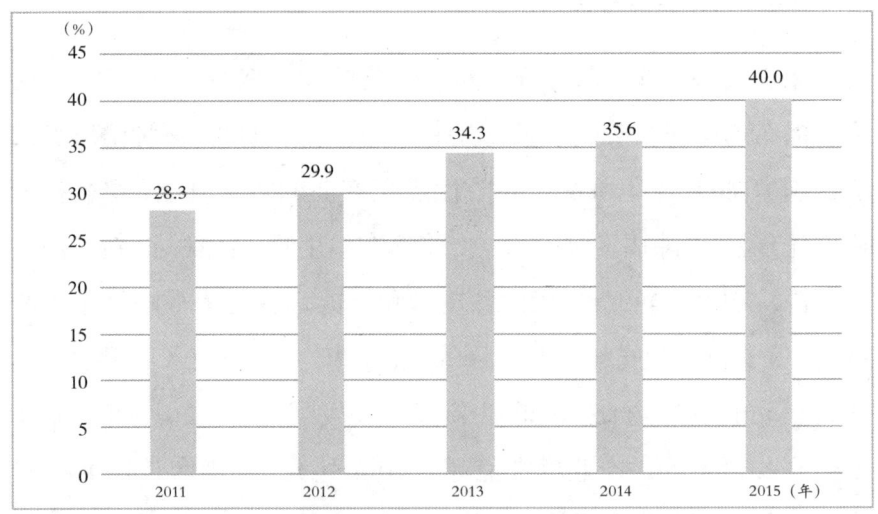

图6-4 深圳战略性新兴产业占生产总值比重情况

数据来源：各年政府工作报告

从行业看，信息经济占据主导地位，优势全球领先。当前，深圳以新一代信息技术产业、互联网产业以及相关融合产业为代表的信息产业发展优势明显，占比高、增速快，成为全球有影响力的信息产业基地。2015年新一代信息技术产业增加值为3173.07亿元，占比为45.31%，互联网产业增加值为756亿元，占比为10.8%，两者累计占比超过56%，占据领导位置。

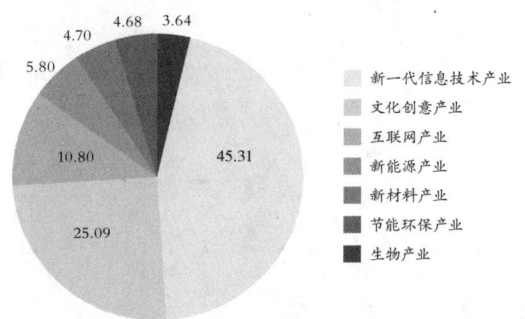

图6-5 2015年深圳战略性新兴产业行业占比情况

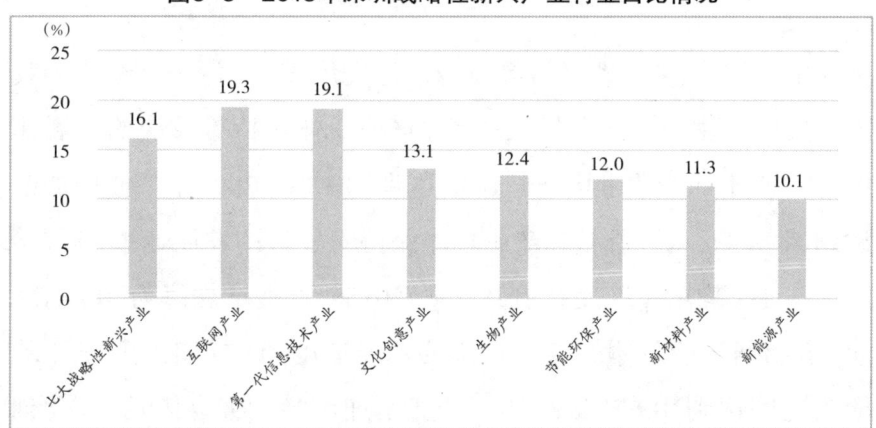

图6-6 2015年深圳七大战略性新兴产业增速情况

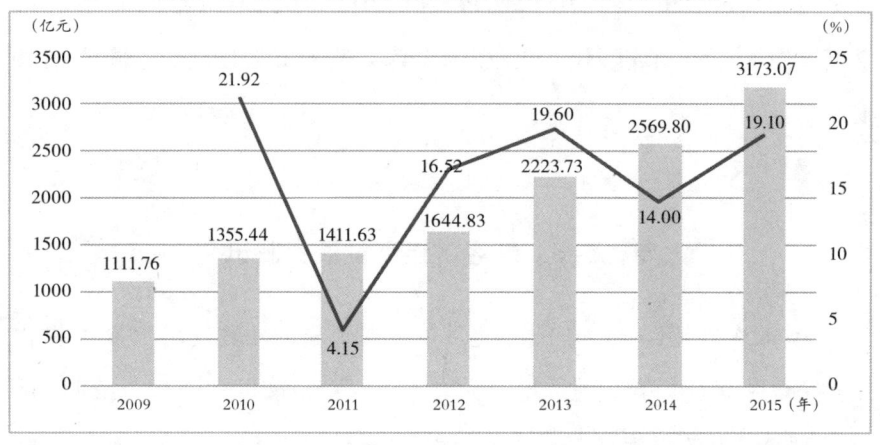

图6-7 2009—2015年深圳新一代信息技术产业增加值及其增长情况

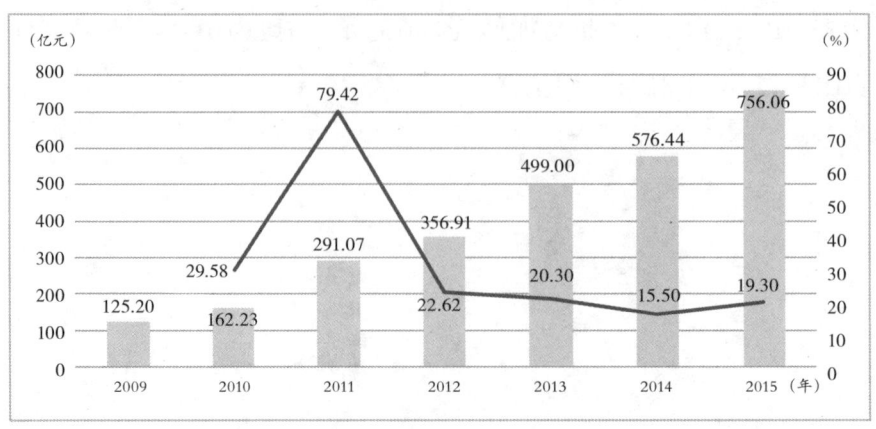

图6-8　2009—2015年深圳互联网产业增加值及其增长情况

　　生物、新能源、新材料等行业总体发展较快。深圳已经成为我国重要的生物医药产业发展基地，产业总体保持着较快的发展速度，近7年来的产业平均增长速度达到10.13%，2015年产业增加值达到329.24亿元。新能源产业总体保持着较快的发展速度，近7年来的产业平均增长速度达到19.2%，2015年产业增加值为405.87亿元。新材料产业总体保持着较快的发展速度，近7年来的产业平均增长速度达到18.67%，2015年产业增加值为329.24亿元。文化创意产业近7年来的平均增长速度达到20.43%，2015年产业增加值为1757.14亿元。节能环保产业2015年规模为327.42亿元，同比增长12%。

专栏6-6　新经济迅猛发展：腾讯

　　腾讯成立于1998年11月，是目前中国领先的互联网增值服务提供商之一。成立10多年以来，腾讯一直秉承"一切以用户价值为依归"的经营理念，为亿级海量用户提供稳定优质的各类服务，始终处于稳健发展的状态。2004年6月16日，腾讯控股有限公司在香港联交所主板公开上市（股票代号700）。

通过互联网服务提升人类生活品质是腾讯的使命。目前，腾讯把"连接一切"作为战略目标，提供社交平台与数字内容两项核心服务。通过即时通信工具QQ、移动社交和通信服务微信和WeChat、门户网站腾讯网（QQ.com）、腾讯游戏、社交网络平台QQ空间等中国领先的网络平台，满足互联网用户沟通、资讯、娱乐、金融等方面的需求。截至2017年3月31日，QQ的月活跃账户数达到8.61亿，最高同时在线账户数达到2.66亿；微信和WeChat的合并月活跃账户数达9.38亿。腾讯的发展深刻地影响和改变了数以亿计网民的沟通方式和生活习惯，并为中国互联网行业开创了更加广阔的应用前景。

2016年，总收入为人民币1519.38亿元，比2015年同期增长48%。

专栏6-7 新经济迅猛发展：大疆创新

深圳市大疆创新科技有限公司，成立于2006年，是全球领先的无人飞行器控制系统及无人机解决方案的研发和生产商，客户遍布全球100多个国家。通过持续的创新，大疆致力于为无人机工业、行业用户以及专业航拍应用提供性能最强、体验最佳的革命性智能飞控产品和解决方案。

深圳市大疆百旺科技有限公司是大疆创新旗下全资子公司，是专业致力于无人驾驶飞行器的高科技智能化制造工厂，于2016年通过SGS机构的ISO9001：2015质量管理体系认证。

大疆公司通过技术创新创造消费级无人机新市场，已占据全球约80%市场份额，2016年产值突破100亿元，8年增长1万倍。

二、产业配套发达，逐步成为全球硬件创新高地

（一）深圳已成为"硬件硅谷"

硬件作为深圳的优势和标志性产业，也成就了深圳全球电子信息制造业重镇的地位。深圳已成为全球重要的下一代信息网络产业基地和知名的"硬件之都"，被业界认为有望成为下一个"硅谷"。华为、中兴、腾讯等龙头企业已跻身国际行业前列。深圳已成为全球重要的电子信息产业基地，信息产业配套全球领先，通信产业的设备研发能力及市场占有率全球领先，由此延伸和孵化的产业形态层出不穷。以智能手机为例，以华为终端为代表的自主品牌智能终端打破终端手机市场被国外品牌垄断的神话，深圳良好的产业配套能力使创新成果能够得到迅速转化。根据清科数据统计，从2015年到2016年8月底，深圳共862起投资案例，金融以118起排名第一，电商以117起排名第二，硬件企业获得116起融资，排到第三。《2015年中国创新智能硬件市场发展专题研究报告》指出，深圳、北京硬件创业最为活跃，目前国内智能硬件企业主要集中在深圳和北京。凭借20多年来在供应链方面的积累，深圳吸引了国内44.4%的硬件团队前来安家，深圳的硬件创业公司数量遥遥领先北京。

（二）"百公里一小时"的手机产业配套圈

围绕深圳，100公里范围内的东莞、惠州的产业链配套非常强大，产业链非常完整，一款新手机从设计到零部件采购再到组装完成，只需要一个星期，而在硅谷则可能需要数月。以销售和生产已呈规模的智能手环为例，华为以32.9%的国内市场占有率排名第一，小米、乐心分别位列二三，三家企业两家出自深圳。"如果你是一个工程师，想在5天或两周的时间实现一个创作理念，在哪儿可以

实现?"美国硬件创业团队SPARK创始人扎卡利·克洛基给出的答案是:深圳。扎卡利·克洛基说,"在深圳,你能在不超过一公里的范围内找到实现这个想法想要的任何原材料,只需要不到一周的时间,你就能完成'产品原型—产品—小批量生产'的整个过程"。

(三)优越的配套助力无人机爆发

无人机是当下智能硬件领域最火的项目之一,以大疆创新为代表的企业不仅在国内独领风骚,也占领着全球70%的无人机消费级市场。在抢占这个新型千亿级产业的进程中,深圳之所以拔得头筹,也是因为深圳在碳纤维材料、航空铝后加工业、陀螺仪、GPS模块等传感器、特种塑料、锂电池、磁性材料等关键配件及材料诸多方面形成了良好的配套优势。

三、创新环境优越,政府响应和引导能力快速敏捷

(一)持续加强和完善规划政策引领

政府战略规划引导的响应水平快速提升。这几年,深圳一直在不遗余力地实施创新驱动发展战略,制定出台、适时调整、柔性实施一系列的新兴产业发展规划和政策,从财政金融、人才支撑、创新载体建设、科技服务业发展等各个方面,全面加大对自主创新的支持力度,形成了覆盖自主创新体系全过程的政策链条,加快发展新经济、培育新动能。为不断完善创新顶层设计,深圳坚持把自主创新作为城市发展的主导战略,加强创新体系顶层设计,以制度创新、政策创新推动科技创新。推进国家创新型城市建设,获批我国首个以城市为基本单元的国家自主创新示范区。制定出台自主创新"33条"、国家创新型城市建设"1+4"文件、国家自主创新示范区

"1+10"文件等一系列全局性、前瞻性的政策,初步形成较为完善的创新政策法规体系。创新体制机制持续优化,创新驱动发展基础不断夯实,国家自主创新排头兵的作用进一步强化。

(二)优化创新创业生态体系

提出并强化"创新、创业、创投、创客"的"四创联动"新思路,创新创业氛围浓厚,大力弘扬敢于冒险、勇于创新、追求成功、宽容失败、力戒浮躁的创新文化。积极打造国际创客中心,一批众创空间快速兴起,高交会、"IT+BT"双领袖峰会等成为促进创新创业的重要平台,创业投资高度活跃,科技金融被赋予新内涵,大众创业、万众创新氛围日益浓厚。面向国际化、市场化和法治化,深入实施知识产权和标准化战略,全面展开国际创新合作,夯实深港创新圈,拓展深莞惠创新资源共享。全社会的创新动力、创新活力和创新潜力进一步激发,开放创新和协同创新优势日益凸显。

四、顶层资源不足,是未来突破与发力的方向

与硅谷、波士顿、北京、上海等全球顶级科技创新中心和国内重要科技创新中心相比,深圳国际创新中心仍存在一些不足,创新基础能力建设滞后,全球顶级学校几乎没有,全球顶级创新人才和团队不多,全球顶级创新型企业不多,全球顶级创新成果不多,源头创新不多,国际科技、产业创新中心建设任重而道远。

以波士顿和硅谷为例,它们都拥有众多国家级科研基础设施,拥有世界一流大学及学校群,集聚了全球顶级人才,拥有一批诺贝尔奖得主和美国科学院院士,集结了美国和世界各地的科技人员,研发机构众多,科研实力突出,平均研发强度高,信息、生物等新兴

产业全球引领(第二),风险资本全球引领(第一),创新创业氛围浓厚,创新政策法规和知识产权保护法律体系完善,科技中介及专业服务发达。

深圳高等教育资源不足,普通高等学校数量只是北京的1/10、上海的1/8,研究生培养机构仅28家,远低于北上广等城市,人才自给率仅为35%。国家级创新载体78个,不及北京中关村的一半;认定的市级以上外资研发中心不足30家,仅为上海的1/12。创新载体弱势限制了源头创新供应和企业创新发展。

表6-1 世界知名科技创新中心的科技创新基础能力情况

序号	国家/城市	科技创新基础能力情况
1	美国硅谷	科技基础设施众多,4家国家实验室(直线加速器中心、劳伦斯伯克利实验室、洛斯·阿拉莫斯实验室、劳伦斯利弗莫尔实验室)。研发机构众多,科研实力突出。2013年,150强科技企业研发投入超过730亿美元,平均研发强度超过10%,13家企业PCT专利申请量进入全球前100位
2	美国波士顿	拥有国家级科技基础设施:林肯国家实验室。科研实力强。1900—2013年,共发表三类期刊论文数约50万篇。国防、通信、民航技术科研实力强
3	德国慕尼黑	科技基础设施强。欧洲最活跃的研究基地之一,如马克思普朗克等离子研究所、弗兰恩霍夫研究所、歌德学院总部、辐射与环境研究会。 科技创新机构多。占巴伐利亚州的25%
4	韩国首尔	创新基础设施较好。 研发设计水平高。韩国设计中心集聚了该国73%的设计师
5	以色列特拉维夫	研发机构集聚。英特尔、微软分别在以色列建立了第一家海外研发中心,IBM、谷歌、苹果等都在此成立了研发机构。 科技创新产出丰硕。人均科技论文数排世界第三位,人均论文引用数居世界第四位

表6-2　世界知名科技创新中心的大学群落情况

序号	国家/城市	大学群落（括号内数字为全球排名）
1	美国硅谷	拥有世界一流大学及学校群，如斯坦福大学（2）、加州大学伯克利分校（4）、加州大学旧金山分校（18）、圣何塞州立大学、福特希尔学院、圣克拉拉大学、米逊社区大学等
2	美国波士顿	拥有世界一流大学及学校群，如哈佛大学（1）、麻省理工学院（3）、波士顿学院（31）、波士顿大学（75）、萨福克大学、马萨诸塞美术学院、新英格兰音乐学校、伯克利音乐学院
3	德国慕尼黑	拥有水平较高大学及学校群，如慕尼黑大学（48）、慕尼黑工业大学（94）、慕尼黑理工大学、国防大学、Hochschule Muenchen等10余所高校
4	韩国首尔	拥有水平较高的大学，学校群落发达，如首尔大学（31）、建国大学、庆熙大学、祥明大学、中央大学、延世大学、高丽大学、汉阳大学
5	以色列特拉维夫	拥有自然科学专业较强的大学，如以色列理工学院（159）、特拉维夫大学。中东地区受教育水平最高的地区，在全球范围内也居于前列

表6-3　世界知名科技创新中心的顶级人才团队情况

序号	国家/城市	人才拥有情况
1	美国硅谷	拥有大批世界顶级杰出人才，获得诺贝尔自然科学奖32人、经济学奖8人。在硅谷任职的美国科学院院士超千人。 提供高质量就业岗位。集结了美国和世界各地的科技人员达到100多万人，高科技从业人员比重约为29%，人才发展制度优越，创业平均年龄为34.1岁
2	美国波士顿	拥有大批世界顶级杰出人才，获得诺贝尔自然科学奖69人、经济学奖24人。创业者平均年龄36.8岁
3	德国慕尼黑	拥有大批世界顶级杰出人才，20多名诺贝尔奖大师。 职业教育体系发达，学校与企业建立"双元"制教育体制。 学生数量众多，高校在校学生超过10万人。 研发队伍庞大，研发人员超过11万人，占德国的20%
4	韩国首尔	拥有高质量就业岗位，设计产业创造了17万个工作岗位。万人拥有科研人员63.1人。 人才培养机制良好
5	以色列特拉维夫	拥有世界顶级杰出人才，10多位以色列籍或以色列裔学者曾获得过诺贝尔奖。 研发队伍庞大，从事研发的全职人员超过7万人，占总人口的比例为9.1%。 创业者平均年龄为36.2岁

表6-4　世界知名科技创新中心的优势产业情况

序号	国家/城市	产业概貌
1	美国硅谷	信息科技产业发达,拥有苹果、英特尔、甲骨文、惠普、思科、谷歌、eBAY、雅虎、特斯拉、领英等一批全球引领企业。2013年排名前10位公司销售收入总计超过5300亿美元,利润占比为90%。近年来,生物技术产业得到了较大突破
2	美国波士顿	生物科技产业发达,是生物工程的"硅谷"。辉瑞、默克公司设有研发中心,一批全球领先的生物高科技公司落户于此。 生命健康医疗产业、电子信息产业发达
3	德国慕尼黑	生物工程、软件及服务、航空航天、激光光电、媒体业、会展业发达,成为欧洲"新经济"中心。 拥有10多家世界500强企业,宝马、西门子、英飞凌总部所在地
4	韩国首尔	IT产业、电子产业、汽车制造发展迅猛,列入世界设计之都
5	以色列特拉维夫	电子信息产业、生物产业、新能源产业发达,拥有世界第二多的初创企业和拥有第三多的纳斯达克上市公司

与此同时,深圳科技产业创新发展过程中还存在关键核心技术掌握不足,科技管理体制机制改革有待进一步深化,科技创新质量有待进一步提升,科技成果转移转化效率不高,科技研发投入不均衡,政府支持存在软硬失衡、大小失衡、供需失衡、远近评估失衡,关键共性技术投入不集中等问题。科技创新综合评价体系需要进一步完善等问题。鼓励创新、容错试错机制缺失,迫切需要先行先试、探索一套适合全面引领创新的政策体系。

表6-5　世界知名科技创新中心的创新生态情况

序号	国家/城市	创新生态概貌
1	美国硅谷	风险资本全球第一。2010—2013年风险投资总额超过100亿美元,占全球的19%。 创新创业氛围浓厚。1930年以来,仅斯坦福大学师生创办企业数就超过3.9万家,每年产生收益高达2.7亿美元,共创造了540万个工作岗位。 创新政策法规完善。创新法律和法制环境优越,知识产权保护法律体系完善,市场公开透明。公布了《专利商标法》《反不正当竞争法》《谢尔曼法》《拜杜法案》等。 科技中介及专业服务发达

续表

序号	国家/城市	创新生态概貌
2	美国波士顿	风险资本全球领先,排名第二。2010—2013年风险投资总额超过31亿美元,占全球的5.6%。 创新创业氛围好。 创新政策制度完善。 创新服务体系完善
3	德国慕尼黑	创新活力突出,欧洲硅谷。 融资服务环境好。金融业德国第二,拥有德国1/4金融机构;保险业德国第一、欧洲第三,有100多家保险公司;拥有德国第三大证券交易所。 政策扶持力度大。注重发展"未来攻势""高科技攻势"。 中介服务体系完善,有多种创业者中心、中介机构、创业培育程序。 科技创新创业服务好、全球性交易博览中心、重视对外交流
4	韩国首尔	惠及全民的创新创业氛围。 多层次的创意培训。 规划园区促进集聚
5	以色列特拉维夫	号称第二硅谷。 金融服务环境好。吸引大量风险投资,人均风险投资远高于其他国家。以色列是最早设立政府引导资金的国家,目前有70多只活跃的风险投资资金。 创业氛围浓厚,创业效果好。集聚了全球最高密度的科技初创公司,是全球人均初创企业数最多的公司。 科技管理体制灵活优越,创新支持政策完善,创新生态模式运营良好

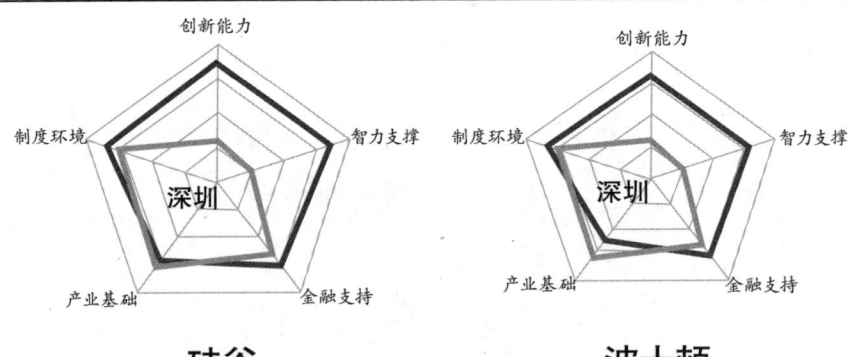

硅谷　　　　　　　波士顿

图6-9　深圳对比硅谷、波士顿科技与产业综合创新能力图

说明:课题组对有关数据资料进行处理,并以此示意图表达。

第三节　实施"一三五"战略路径
构建创新发展的动力系统

深圳建设国际创新中心,总体上就是要服务国家战略,对标国际一流,突出深圳特色,始终坚持科技创新发展与产业转型升级双向互动融合,进一步完善创新体系、产业体系、政策体系这三大体系,共同构筑城市新的发展动力系统。

一、战略思路

服务国家战略,立足全球视野,深刻把握"四个全面"战略布局的要求,牢固树立创新、协调、绿色、开放、共享发展理念,面向世界科技前沿,面向国家重大需求,面向国民经济主战场,坚持科技创新与制度创新双轮驱动,坚持科技突破与产业发展融合互动,突出企业创新主体地位,突出人才创新根基作用,全面深化创新改革试验,完善综合创新生态体系,着力提高创新供给质量和效率,支撑供给侧结构性改革,为经济持续健康发展注入源源不断的内生动力,发展新经济、培育新动能,优化以创新为主要引领和支撑的经济体系和发展模式,勇当创新驱动发展排头兵和先行者,续写特区新篇章,再创特区新辉煌,通过三步走实施策略,最终将深圳建设成为创新能力卓越、创新经济领先、创新生态一流的国际科技、产业创新中心,成为我国建设创新型国家和世界科技创新强国战略支点,代表国家参与全球科技、产业创新竞争与合作。

二、战略路径

建设国际科技、产业创新中心是一项长期复杂的系统工程,必须紧紧围绕国家创新驱动发展战略规划纲要,始终坚持科技创新发展与产业转型升级双向互动融合"一个核心",推进创新能力、创新经济、创新人才"三个引领发展",落实"五大任务",加快构建城市新的发展动力系统。

(一)围绕提升创新策源能力,夯实战略创新力量

深圳按照"应用导向、优势优先,聚焦重点、前沿攀升"的思路,围绕国家目标和战略需求,主动筹备国家实验室,争取建设一批重大科技基础设施,全面提升高等学校创新能力,建设全球一流科研载体群,构筑提升原始创新能力和实现重大科技突破的坚实基础。同时,系统组织实施面向国家战略任务和科学前沿的基础研究和重大科技项目,抢占更多世界科学发展战略制高点,增强创新驱动发展源头供给。

(二)围绕实现更多创新价值,促进科技成果转移转化

围绕科技成果转移转化关键问题和薄弱环节精准发力,进一步优化科技成果转移转化体制机制,完善相关配套措施,强化科技成果转移转化服务能力建设,畅通科技成果转移转化链,大力推进军民融合科技创新,加快建立以企业技术创新需求为导向、以市场化交易平台为载体、以专业化服务机构为支撑的科技成果转移转化体系,吸引全球高水平科技成果在深圳落地转化,促进本地优秀科技成果向外溢出,实现创新价值。

（三）围绕培育和发展新动能，打造新经济引领区

强化企业的多功能主体作用，加快形成创新型领军企业"顶天立地"、科技型中小微企业"铺天盖地"的发展格局。以产业技术体系能级的提升推动新经济的持续创新发展，努力打造信息经济和生命经济的全球高地，加快培育一批未来新亮点，增强经济发展新动能。强化等高对接合作，优化创新区域梯次布局，加强引领辐射带动作用，支撑更大范围的产业转型升级，大幅提升区域经济质量和总体竞争力。

（四）围绕筑牢创新驱动根基，建设高水平人才队伍

坚持人才优先发展战略，突出人才作为驱动创新的第一资源作用，推进人才体制机制改革创新，完善人才治理体系、管理制度及服务体系，突出"高精尖缺"导向，面向全球汇聚创新人才，优化创新型科技人才结构战略性调整，着力培养具有国际视野的企业家群，加快建设一支质优、量大的全球领先一流人才队伍，激发各类人才创新动力、活力及潜力，切实打牢创新驱动发展的根本基础。

（五）围绕打造全球双创高地，完善创新创业生态

系统优化创新发展环境，争取更多改革试验，形成自由、竞争、开放、透明的综合创新生态体系。坚持以全球视野谋划和推动创新，积极融入和主动布局全球创新网络，建设粤港澳大湾区创新共同体，全方位提升科技创新的国际化水平。深化科技金融改革创新，建立覆盖科技创新与产业发展全过程的金融服务体系。强化创新创业基因，营造创新文化氛围，优化创新创业网络，激发创新创业热情，推动大众创业万众创新。

第四节　深圳建设国际创新中心的
战略任务和政策建议

一、战略任务

（一）建设国际重要的科技创新中心

加快建设国家级高水平科技创新基地，抢占更多科技发展战略制高点，增强创新驱动发展源头供给。

1. 前瞻布局重大科技基础设施

一是主动谋划国家实验室。围绕国家目标和战略需求，整合区域创新资源，主动谋划建设国家实验室。建立目标导向、绩效管理、开放共享的国家实验室新型运行机制，探索符合大科学时代科研规律的人员管理机制，经费渠道多元化、协同合作国际化的组织形式，着力开展具有重大引领作用的跨学科、大协同科学研究，突破一批核心基础理论和关键技术，成为我国在信息技术与生命科学领域具有重要国际影响力的研究基地。在信息和生物等优势领域，争取若干国家级重大科技基础设施落户深圳。

二是强化科技基础设施。衔接国家相关科学计划，围绕信息科学、生命科学、环境科学、物质科学等领域，规划布局一批国家重大科技基础设施，为探索发现自然规律、突破科学前沿、解决经济社会发展和国家安全重大科技问题提供科学研究。探索灵活的项目建设和实施机制，支持央地共建等多种方式，参与建设未来网络试验设施、空间环境地面模拟装置等国家重大科技基础设施建设。深圳要结合产业发展需要，自选领域和方向，主动规划筹建一批重大科技基础设施。加快建设深圳国家基因库、国家超级计算深圳中心、深圳综合细胞库和区域细胞制备中心。

三是建设应用导向的基础研究机构。依托有条件的高等院校、科研机构和创新型企业，在环境科学、信息安全、金融科技、量子通信、脑科学、新材料、数字生命、海洋科学、新能源等领域，建设一批应用导向的基础科学研究院，探索基础科学与应用科学相互促进结合的新路径。在数学、化学、生物、物理、光电、材料等领域，引进一批诺贝尔奖科学家，领衔建设一批国际化、专业化、开放性、公益性的研究机构。

四是建设科技创新支撑的应用研究机构。聚焦重点产业，组建一大批应用技术型研发机构，建立成果转化平台和创业投资基金，促进技术研发、成果转化和产业孵化一体化发展。

五是加强与国家大院大所合作。发挥深圳科技成果转移转化的优势，加强与中国科学院、中国工程院、中国医学科学院、中国农业科学院、军事科学院等国家科研机构合作，在深圳设立实体研发机构、人才培训基地、成果转移南方中心等，共同设计创新议题，联合开展创新活动。

2. 打造顺应创新发展需要的国际化高水平大学

一是创新发展高等教育。推进高等教育由知识灌输向创新培育转变，增强学生对经济社会发展创新需求的敏感度。与世界百强高校合作办学，高起点高标准地建设研究型大学。加快建设民生保障和产业发展急需的医学类、理工类学科，开展学科国际评估，培育新兴交叉学科。推进高校和科研院所的院系国际化，探索国际化课程体系和培养模式，大力引进一流国际师资。

二是大力发展特色学院。依托境内外著名高校、科研机构和企业，聚焦特定产业或领域，加快推动清华–伯克利深圳学院、深圳墨尔本生命健康工程学院等一批特色学院的建设。以产教融合、科教协同为原则推进学生培养改革，强化产学研用，培养支撑重点产业发展的创新型、应用型优秀人才。

3. 建设满足产业创新需求的科研机构群

一是组建新型技术研究机构。结合国家有关新型研发机构的定位，聚焦重点产业，依托有条件的高等院校、科研机构和创新型企业，支持组建一批新型应用技术研发机构，内设成果转化平台和创业投资基金，促进技术研发、成果转化和产业孵化一体化发展。

二是构建有特色的新兴产业创新平台。支持建设适合深圳发展的科学研究基地和技术创新基地，构建开放共享互动的创新网络。优化重点实验室布局，建设省部联合、军民融合及深港澳伙伴实验室。支持建设工程实验室、工程（技术）研究中心、企业技术中心等创新平台，吸引海内外顶尖实验室、研究所、高校、跨国公司来深设立全球领先的科学实验室和研发中心。

三是组织开展多学科交叉前沿研究和重大科技攻关。以深圳已建、新建、积极争取承建的国家重大科技基础设施的支撑研究方向为基础，结合深圳优势条件，衔接国家科技重大专项和重大科技项目，发起设立多学科交叉前沿研究，力争在更多战略性领域带动群体性重大技术变革。坚持有所为有所不为，结合深圳比较优势，重点围绕量子信息、超材料、太赫兹、人工智能、纳米科技、石墨烯、干细胞及转化、下一代网络、新一代基因组学等领域，实施多学科交叉前沿研究计划，以重大原创性突破推动重大技术变革。围绕提升产业核心竞争力，在新一代信息网络、生物与生命健康、绿色能源、生态环保等重点领域，依托大企业、创新型领军企业、新型研发机构集聚创新资源，加强战略领域、关键环节的技术研发，为产业创新发展提供强大技术支撑。

（二）建设创新成果转移转化最佳地

完善科技成果，打通科技创新向现实生产力转化的通道，吸引全球顶尖科技成果来深圳实施转移转化。

1. 增强企业科技成果转移转化能力

企业是科技和经济紧密结合的重要力量，要强化企业转移转化科技成果的主体地位，发挥企业家整合技术、资金、人才的关键作用，提高企业转移转化科技成果的积极性和能力。

一是推动企业加强科技成果转化应用。完善技术成果向企业转移扩散的机制，以创新型企业、高新技术企业、科技型中小企业为重点，鼓励企业与高校、科研院所联合设立研发机构或技术转移机构。支持企业引进国内外先进适用技术，开展技术革新和改造升级。

二是发展多样化产业技术创新联盟。围绕"中国制造2025""互联网+"等国家重点产业发展战略，发挥行业骨干企业的主导作用，联合上下游企业和高校、科研院所，组建多领域多形式的产业技术联盟，共同开展研究开发、成果应用与推广、标准研究与制定。加强产业技术联盟承担重大科技成果转化项目，推动跨领域跨行业协同创新，探索联合攻关、利益共享、知识产权运营的有效机制与模式。

2. 拓展高校和科研院所科技成果转移转化渠道

完善高校和科研院所科技成果转移转化管理机制和激励机制，拓展科技成果转移转化渠道，激发科研人员知识创造和创新创业活力，加快科技成果转化为现实生产力。

一是完善高校和科研院所科技成果转移转化管理机制。探索科技成果产权制度改革，探索高校开展科技成果转移转化试点，研究建立专业化校际科技成果转移转化平台，明确统筹科技成果转移转化与知识产权管理的职责，强化科技成果以许可方式对外扩散, 加强市场化运营能力。深化科研院所管理体制改革, 进一步完善理事会等管理和运行制度, 增强研发主体的独立性和自主性, 提高科研院所的研发水平和整体创新效率。开展科研院所科技成果转移转化机制改革试点, 建立职务科技成果披露与管理制度, 实行技术经理人市场化聘用制, 建设运营机制灵活、专业人才集聚、服务能力突出、具有国际影响力的国家技术转移机构。

二是完善科技成果转移转化激励机制。组织高校和科研院所梳理科技成果资源, 推动科技成果与产业、企业需求有效对接, 通过研发合作、技术转让、技术许可、作价投资等多种形式, 实现科技成果的市场价值。下放科技成果处置权, 将财政资金支持的, 不涉及国防、国家安全、国家利益、重大社会公共利益的科技成果的使用权、处置权和收益权, 下放给符合条件的项目承担单位。允许协议确定科技成果交易、作价入股的价格, 科技成果转移转化所得收入全部留归单位, 提高科技成果贡献人员和团队的收益比重, 落实技术人员股权激励个人所得税优惠政策。研究探索科研机构、高校领导干部正职任前在科技成果转化中获得股权的代持制度。

3. 建设科技成果转移转化平台

以需求为导向, 连接技术转移服务机构、投融资机构、高校、科研院所和企业等, 建设集聚成果、资金、人才、服务、政策等各类创新要素的科技成果转移转化平台, 完善成果转化的市场体系, 让科技成果更好地与经济对接。

一是建设国际化协同创新平台。围绕大数据、集成电路设计与应用、光电材料及应用、水处理与土壤修复、医药创制等领域, 实行基础研究、应用研究、产业发展、应用示范, 通过协同创新基金紧密结合, 形成以原始创新与行业整体技术进步为导向的技术发展机制。搭建知识产权引进平台, 建立全球知识产权转移网络, 精准对接技术需求与供给, 完善知识产权担保制度和信用评价体系, 建立知识产权服务行业规范, 培养专业人才, 设立股权投资基金, 提升知识产权引进转化实效。

二是加快建设一批公共服务平台计划。加快国家技术转移南方中心建设, 提供技术转移全球交易、知识产权运营、国际并购等服务。对接国家科技成果信息系统, 推动中央和地方各类科技计划、科技奖励成果存量与增量数据资源互联互通。建设知识产权保护、跨境电子商务、品牌培育与评价、工业设计公共服务领域的公共服务平台。

4. 完善科技成果转移转化服务体系

构建快捷高效的科技成果转移转化通道, 健全科技服务体系, 充分发挥知识产权的价值纽带作用, 建立科技资源开放共享机制, 全面提升科技成果转移转化服务的专业化、网络化、规模化发展水平。

一是提升全链条科技服务能力。围绕创新链完善服务链, 大力发展专业科技服务和综合科技服务。重点发展研究开发、技术转移、检验检测认证、创业孵化、科技咨询、技术标准、知识产权、投融资等服务。充分运用现代信息和网络技术, 依托各类科技创新载体, 整合科技服务资源, 推动技术集成创新和商业模式创新, 积极培育科技服务新业态。建立健全科技服务的标准体系, 促进科技服务业规范化发展。壮大科技服务市场主体, 培育一批拥有知名品牌的科技服务机构和龙头企业, 形成一批科技服务产业集群。通过创业券、创新券等方式引导科技服务机构为创新创业企业和团队提供高质量服务。

二是加强知识产权保护和运用。严格知识产权保护, 建立重点产业和重点市场的知识产权保护机制和企业知识产权保护直通车制度,探索建立并落实惩罚性赔偿制度,建立故意侵权行为纳入社会信用记录制度。引导支持市场主体创造和运用知识产权,以知识产权利益分享机制为纽带,促进创新成果知识产权化。

三是推进科技资源开放共享。推动重大科研基础设施和大型科研仪器设备向社会开放,进一步提高科技资源利用效率,促进科技资源服务企业和产业发展、服务创新创业。完善全市科研设施与仪器开放共享管理体系,建立以用为主、用户参与的评估监督体系,健全科研设施与仪器向社会服务的数量、质量与利益补偿、后续支持相结合的奖惩机制。

(三)建设全球领先的产业创新中心

以产业技术体系能级的提升推动新经济的持续创新发展,打造全球信息与生命健康两大产业高地,加快发展新经济,着力培育新动能,全面推进质量、标准、品牌、信誉"四位一体"发展,成为全球新经济发展风向标。

1. 打造创新型企业梯队

强化企业创新主体地位和主导作用,着力培育和再造世界级航母企业,推动行业领军企业加速发展,持续孵化创新型中小企业,引导领军企业联合中小微企业链条式布局,加快形成创新型领军企业"顶天立地"、科技型中小微企业"铺天盖地"的生动发展新格局。

一是培育更多世界级航母企业。支持创新能力强、产业带动大、具有国际影响力的龙头企业涉足高水平研发机构和产业基地,在全球范围内配置创新资源,加速向科技"无人区"进军,创造并巩固领先发展优势,打造成参与国际科技、产业竞争的"主力军"。按照国家部署,率先在战略性领域,支持龙头企业主导、社会多方参与整合形成若干产业创新中心。

二是推动行业领军企业加速发展。从技术创新、市场开拓、投资融资、人才培训、品牌创建等方面为创新型骨干企业的高速成长创造优良的政策环境。支持核心技术能力突出、集成创新能力强、商业模式新、成长速度快、产业效益好的细分领军企业发展壮大，打造成为参与国际竞争、引领产业跨越式发展的"先锋队"。

三是持续孵化创新型中小企业。把握世界范围内创新创业发展趋势，打造一批多样化、专业型、互动式孵化器群，通过完善的服务和优惠政策吸引科研人员、大学生、境外人才等在深或来深创业，孵化一大批小微企业。

2. 打造全球信息产业高地

加快落实网络强国战略、大数据战略、"互联网+"战略，依托珠三角结构优化、体系完备的电子信息产业链优势，培育和孵化一批具有国际竞争力的战略产品，努力掌握信息产业创新发展全球话语权。

一是加强信息基础设施建设，建设国际一流信息港。实施"宽带深圳"行动计划，加快构建高速、泛在、融合、安全的下一代网络基础设施和应用平台，打造"万物互联"的国际一流信息港。实施宽带接入、下一代互联网、光通信等重大专项，提升IPv6用户普及率和网络接入覆盖率，推进下一代互联网的超前布局和商用。加快"三网"融合进程。开展国家物联网重大应用示范工程区域试点。深度参与国家多轨道宽带卫星通信网络建设，发展卫星通信产业。发展微小卫星、北斗卫星导航系统应用产业化。完善网络安全保障体系，提高网络治理能力，保障网络信息安全。

二是加快实施5G全球创新引领行动。支持龙头企业积极推进第五代移动通信（5G）和超宽带关键技术研究，加快5G试验网建设并启动商用。构建技术场景和检测验证服务平台，突破5G核心关键技术，制定5G国际标准。部署5G创新示范网络，研制5G通信系统设备、移动通信仪器仪表、移动终端。

三是深度推进互联网与工业融合发展，推广智能制造。争取建设国家智能制造示范基地，推动信息技术与制造业深度融合。发展工业互联网，布局若干国家制造业创新中心，开展智能制造试点示范，推广智能工厂，加快建设工业云平台，加强工业大数据的开发与利用，提升网络化协同制造水平，促进制造业数字化、智能化、网络化、服务化发展。支持家电、钟表、珠宝等优势传统制造业智能化改造和绿色化升级。

四是打造全球领先电子信息产业链。巩固和提升下一代网络设备产业全球领先优势，着力发展下一代网络设备、光传输设备、移动通信仪器仪表、移动终端等关键设备和产品。推动集成电路跨越发展，重点突破集成电路设备制造领域的核心关键环节。完善新型显示产业链，推进重点项目建设。加快发展高端软件、大数据硬件产品链等。

五是大力培育"互联网+"经济新形态。深入实施"互联网+"行动计划，争创国家信息经济示范市，促进互联网与经济社会各领域深度融合，推动形成智能化、网络化、服务化、协同化的"互联网+"产业生态体系。支持"互联网+"创新创业，鼓励大型互联网企业利用技术优势和产业整合能力，向小微企业和创业团队开放平台入口、数据信息、计算能力等资源，提供研发工具、经营管理和市场营销等方面的支持和服务。支持发展"众创、众包、众扶、众筹"等新平台，促进新一代信息技术与金融、商贸、物流、文化等领域的融合创新，积极培育分享经济新模式。建设国家新型智慧城市和信息惠民示范城市，增强网络化精准治理能力，提高城市智能化管理水平。

3．加速迈入全球生命健康产业第一方阵

落实"健康中国"战略，发起组织生命健康"大科学计划"，构建生命健康大数据平台，建设先进生物技术试验区，高水平建设国家生物医药产业基地，打造全球知名的生命健康产业基地。

一是争取加快建设先进生物技术试验区。积极探索灵活审慎的监管制度，主动改变不适应生物与生命健康产业发展的监管理念。建设医疗器械、药品进口注册审批绿色通道及细胞治疗先行区，放宽市场准入，建立适合细胞治疗、基因检测、组织工程等新兴技术和业态发展需要的新管理机制。探索试行国际通行的药品、医药器械的监管审批制度，缩短重大创新药品的评审和审批时间。深化"放管服"改革，加快建立专家决策与政府评议相结合的新药和新医疗器械审评制度。加快落实药品上市许可持有人试点政策。

二是创新发展精准医疗服务。打造国际领先的精准医疗示范区，支持建设国际一流的精准诊疗平台和临床转化体系。提升基因检测技术水平，突破基因测序仪核心部件及技术应用瓶颈。加快个体化治疗临床应用，率先建立个体化治疗技术及临床应用等国家标准和质量管理体系，形成覆盖全国的个体化细胞治疗国家级网络平台。推动临床医疗由事后治疗向精准预防转变，加快组建精准医疗临床转化机构，探索产、学、研、医协同创新模式，完善精准医疗的新技术、新产品和新服务产业链，参与或主导精准医疗国际标准，掌握国际精准医疗发展话语权。

三是抢先布局数字生命产业。依托大健康基础设施，运用新一代信息技术，建立高效共享的大规模临床样本生命信息库和重大疾病临床样本数据协作网络，系统化、规模化收集临床样本元数据及相关基因组、蛋白组、代谢组等生命组学信息，构建全生命周期的健康信息数据库，制定信息数据技术标准，促进共享利用。建设

生命大数据标准研发和应用服务平台，开发关键技术和工具，提高生命信息挖掘能力、分析效率及知识发现能力。

四是高水平建设国家生物产业基地。承接国家重大新药创制、重大传染病防治、转基因生物新品种等重大专项，实施一批重大产业项目，提升产业发展能级，打造国家生物产业基地升级版。建设国际性高端医疗器械产业基地，大力研发新型医疗器械，推广智能诊疗，提升生物医学工程整体竞争力。争取设立国家医疗诊断和高端医用电子设备技术审评分支机构，缩短审评时限。加快推进生物医药产业转型升级，重点研发抗肿瘤药物、抗体药物、治疗性疫苗等新产品。

4. 培育更多产业新亮点

培育未来产业新亮点。掌握新一轮产业变革的战略主动，聚焦基础好、潜力大、链条长的重点领域，集聚发展一批新兴产业集群。在先进制造、新能源、新材料、航空航天、海洋经济、节能环保、数字创意等领域集聚发展一批新兴产业集群，孵化和培育梯次接续的新兴产业集群，培育未来经济增长点。紧密跟踪全球产业技术发展趋势，高度关注可能引起现有投资、人才、技术、产业、规则"归零"的颠覆性技术，坚持优势优先，聚焦虚拟现实与增强现实、智能汽车、金融科技、新型海洋装备、增材制造、材料基因组、纳米材料与器件、石墨烯材料、量子通信与量子计算机、脑科学和类脑人工智能、深空与深海等产业创新前沿制高点，孵化和培育梯次接续的新兴产业集群。实施"2020+"前沿领域计划，持续跟踪国际科技、产业变革新趋势，服务国家发展战略，结合实际情况，按照"成熟一项、启动一项"的原则，有序布局未来领域，掌握新一轮产业变革的战略主动。

5. 提升产业发展质量和效益

一是大力发展新业态新模式。抢抓数字经济、信息经济,推动大数据、云计算、物联网、移动互联网、人工智能等信息技术与生产生活各领域融合创新,重构创新链、产业链、价值链、管理链。引领生产方式变革,促进技术与市场快速精准对接,发展研发、制造、流通新模式,大力发展柔性制造、个性化制造、服务型制造。顺应消费升级新趋势,着力发展电子商务、远程医疗、智慧教育等新兴消费,推动平台经济、分享经济、体验经济快速发展。培育数字生命、智慧医疗、精准医疗等生命经济,推广智慧环保、智慧能源、新能源汽车等绿色经济,发展文化创意与设计服务融合的创意经济,推动新业态新模式持续迸发。

二是提升质量发展服务能力。把深圳质量贯穿经济社会发展和生产生活全过程,全面提升经济、社会、文化、生态、政府行政服务质量。高标准国际化构建质量保障体系,完善检验检测认证监管制度,系统建设质量服务支撑平台。推动基础通用标准、检测方法与国际接轨,推进检验检测论证结果和技术能力国际互认,推广先进质量管理技术和方法。

三是创建国际一流标准体系。率先在健康、安全、环保等领域,制定实施一批国内领先、国际先进的深圳标准。建设重点产品标准符合性认定平台,推动重点产品技术、安全标准全面达到国际先进水平。鼓励和支持企业参与国际国内标准制定,在若干重点领域成为国际标准引领者。

四是提升深圳品牌国际影响力。实施品牌战略,创建全国知名品牌示范区,培育一批世界领先的品牌,提升产品品牌价值,使深圳制造成为品牌象征。打造诚信深圳,完善信用体系,加强行业监管,强化行业和企业自律,健全守信激励和失信惩戒机制,使深圳品牌、深圳信誉成为中国品牌和信誉的典范。支持深圳品牌价值评价国际化进程,加大深圳品牌宣传推广力度,代表国家树立中国品牌良好形象。

(四)广泛利用和集聚全球顶尖人才

坚持人才优先发展战略,推进人才体制机制改革创新,完善人才政策体系,面向全球汇聚创新人才,筑牢科技、产业创新中心根基。

1. 推进人才结构战略性调整

结合国际创新中心建设需求,面向全球加速汇聚一批具有国际视野的创新型企业家群、国际顶尖水平的科学大师、科技领军人才、高技能人才,大力培育规模宏大的创客队伍,打造具有国际竞争力的人才队伍。

一是培育具有国际视野的企业家群。大力倡导企业家精神,建立有利于企业家参与创新决策、凝聚创新人才、整合创新资源的新机制。培育完善职业经理人市场,建立企业培育和市场化选聘相结合的职业经理人制度,培养一批勇于创新、敢于冒险的创新型企业家,建设专业化、市场化、国际化的职业经理人队伍。合理提高国有企业经营管理人才市场化选聘比例,选择若干家市属中小企业开展经营班子整体市场化选聘试点。

二是引进和培育杰出人才。实行更具竞争力的高精尖人才培养引进政策,努力造就一批世界级科技大师、领军人才、尖子人才。支持企事业单位设立院士(科学家、专家)工作站(室),未来五年重点培养一批具有成长为中国科学院、中国工程院院士的潜力人才。重点引进诺贝尔奖获得者、国家最高科学技术奖获得者以及两院院士等杰出人才。

三是大力培育引进海内外高层次人才。瞄准世界科技产业创新发展前沿,突出"高精尖缺"导向,深化和拓展"孔雀计划",每年安排10亿元支持培育引进海内外高层次创新创业人才和团队。支持中国科协海外人才离岸创新创业基地建设。强化博士后"人才战略储备库"功能,支持高校、科研机构和企业设立博士后流动站、工作站和创新实践基地,造就一批专业拔尖、掌握核心技术的科技产业领军人才。

四是发展壮大重点产业人才队伍。依托特色学院、技工院校和职业学校,加强科教融合与校企联合,建立集人才培养和研发于一体的实训基地,培养一批企业紧缺的专业人才。实施"技能菁英工程",开展职业技能培训券发放政策试点,培养高级技师、技术工人等高技能人才。组织开展"鹏城工匠"评选活动,大力培育工匠精神。

2. 完善人才创新创业政策

加快构建以知识价值为导向的收入分配机制。完善人才和科研项目评价机制,强化市场发现、市场认可、市场评价的引才机制。完善创新科技评价和科研项目管理制度,构建以科技创新质量、贡献、绩效为导向的分类评价体系。优化海外高层次人才引进机制。

一是加快推进人才立法。加快出台深圳经济特区人才工作条例,充分发挥"双自"政策叠加与联动优势,率先在前海开展人才政策突破和体制机制创新,重点推进国际人才吸引、服务、奖励、创业、宜居、评价等方面改革,构建与国际接轨、与社会主义市场经济体制相适应、有利于激发人才创造活力的体制机制。

二是完善创新创业人才奖励制度。完善鹏城杰出人才认定办法,加大经费支持力度。完善市长奖、自然科学奖、技术发明奖、科技进步奖、青年科技奖、专利奖、标准奖等奖励办法。市财政每年安排专项资金对在产业发展与自主创新方面做出突出贡献的人给予奖励。

三是建立多维度人才评价体系。完善多元评价主体和多维度评价标准,组建由各行业杰出人才和领军企业高管担任成员的举荐委员会,可推荐35岁以下优秀年轻人直接认定为高层次人才。探索建立高层次人才市场认定机制,发挥政府、市场、专业组织、用人单位等多元评价主体作用,探索建立高层次人才积分制认定办法。

3. 优化人才发展环境

一是营造良好的科技创新文化氛围。弘扬科学精神和"崇尚创新、宽容失败"的创新文化,完善保护创新的法治环境,充分激发全社会的创新思维和创新热情。加强科普教育,鼓励大学、科研机构、企业建立各具特色的科普基地,持续推进"科普云"公共服务平台建设。

二是建设具有国际影响的"双创"中心。完善创客生态,突破制约创业创新的制度瓶颈。支持各类机构建设低成本、开放式的创客空间,鼓励发展面向大众、服务中小微企业的创新创业平台。壮大创客导师队伍,推广创客教育。办好全国双创周暨深圳国际创客周全国主会场,举办中国(深圳)创新创业大赛,打造制汇节、国际微观装配实验室年会、创客高峰论坛等创客活动品牌,广聚国内外创客。努力建成交流广泛、资源丰富、创业活跃的国际创客中心。

(五)打造全球创新网络核心枢纽

搭建国际创新合作平台,建设海外创新节点,加速布局全球创新网络,努力在更大范围配置创新资源、整合创新链条、提升创新能级,建成深度辐射、广度覆盖、便捷高效的全球创新网络核心枢纽。

1. 建设粤港澳大湾区创新共同体

发挥深圳毗邻香港、辐射内地得天独厚的区位优势,借助香港科技实力和国际化氛围,联动广州、东莞等区域的科技基础资源,共同建设湾区协同创新共同体,促进粤港澳共同创新、共同繁荣、共同发展,辐射和带动珠三角及泛珠三角区域转型升级。

一是深化深港澳创新合作。发挥港澳地区的独特科技优势和开放平台作用,促进同港澳科技合作机制化与制度化。与香港科技园共建国家现代服务业产业化伙伴基地,加快设立双币科技风险投资基金。设立面向香港的国家级科技成果孵化基地和深港青年创新创业基地。加快推进落马洲河套地区规划和发展,服务深港创新合作,连接全球创新资源,打造跨境协同创新发展先导区。

二是引领珠三角建设世界级创新型城市群。发挥深圳在区域发展中的核心引擎作用,推动珠三角地区在全球产业价值链地位的提升。加强深圳前海与广州南沙、珠海横琴三大创新发展平台的交流合作,构建区域协同发展新优势。与广州、香港、东莞加强合作,促进创新资源广泛集聚与充分利用,打造具有国际竞争力的珠江东岸创新走廊。

2. 布局全球科技与产业创新网络

主动服务对外开放和"一带一路"倡议,统筹国际和国内创新资源,以更主动的姿态融入全球创新网络,以更开阔的胸怀吸纳全球创新资源,搭建国际创新合作平台、布局建设海外创新节点,营造创新要素全球流动的"点、线、网",打造全球创新网络核心枢纽。

一是搭建国际创新合作平台。搭建全球化、网络化的协同创新平台,利用全球众智资源,拓展全球科技创新合作的深度与广度。完善创新创业直通车运转机制,与法国、德国、日本等全球主要创新高地建立一批全球创新创业直通车。依托高交会、IT峰会、BT峰会,打造具有全球影响力的科技产业创新成果展示、发布、交易一体化合作交流平台。吸引高水平国际学术会议、专业论坛在深圳永久性落地。

二是布局建设海外创新节点。依托企业、研究机构等各类主体,在国际创新资源高度密集的美国硅谷和波士顿、法国巴黎大区、以色列海法等地区部署建设若干国际研发中心、海外孵化器等,实现两地联动、资源互补、信息互通,集聚并孵化培育符合我市产业发展需求的高端产业人才、技术和项目,打造"在国外创新孵化,在深圳加速转化"的新型模式。建设"一带一路"数据中心和环境技术交流与转移中心(深圳)、海上丝绸之路科技合作与转化中心。

3. 加强与国家战略区域创新合作

一是提升与国家战略区域合作层级。充分发挥深圳科技产业创新先发优势,打通战略通道、互联互通创新要素,推动珠三角区域与京津冀、长江经济带等战略区域的科技产业创新合作,构建更广范围的功能互补、梯度发展、协调共进的区域创新产业生态体系。

二是加强与国家战略区域创新合作。落实国家区域发展战略,充分对接北京科技创新中心、上海科技创新中心,加快合作交流,促进三地"高校、设施、产业"等优势互补协同发力,共同打造国家创新驱动发展的战略支点。

二、政策建议

(一)争取国家创新改革试验的顶层设计主动权

新时期,中国经济要实现动力转换和生产方式转变,关键是创新制度供给,推进体制机制深刻变革。当前,全球新一轮科技革命和产业变革加速演进,经济社会发展模式快速迭代,新经济发展机遇稍纵即逝,迫切需要依托科技产业先发城市在区域创新中的主体作用，增强创新制度供给，提高创新体系效能，打造建设科技强国的战略支点，赢得大创新时代的战略主动，提升国家在全球创新发展格局中的位势。深圳经济特区作为改革开放的试验田，敢闯敢试，勇当改革开放排头兵，为探索建立中国特色社会主义市场经济体制积累了宝贵经验。新常态下，无论是国家要求还是深圳自身发展需要，都需要深圳继续弘扬"敢为天下先"的精神，着力实现创新改革突破发展，为全国探索新路径、创造新经验。为此，建议国家从战略全局层面支持深圳建设国家科技、产业创新中心，给予国家创新改革试验的顶层设计主动权，自主完善顶层设计，科学地推进科技创新体制机制改革、新经济发展改革、开放创新改革等。与此同时，深圳要根据实际情况争取国家更多创新资源、创新政策、创新改革活动在深圳率先落地实施。

（二）争取国家支持主动建设新经济发展试验区

变是发展的永恒主题，唯有求变、应变、快变，才能在快速变化的世界科技产业中抢得先机，赢得胜利。建议深圳依托全面创新改革试验机制和经济特区立法权优势，积极争取国家支持，在深圳搭建现实应用模拟场景，重点推动创新产品和服务的试验发展和推广应用，积极探索市场准入、行业监管、应用示范等体制机制改革创新。放宽产业市场准入，采取底线监管思路，切实完善以负面清单为主的战略性新兴产业准入管理制度，按照"非禁即入""非禁即准"的原则，取消不必要的行业门槛限制。深化"放管服"改革，建立适应新经济技术更迭和产业变革要求的标准动态调整和快速响应机制，对处于研发阶段、缺乏成熟标准或完全不适应既有监管体系的产业，探索事前备案并同步研究科学有效的监管方法。

（三）增强金融服务科技与产业创新的综合能力

深化科技金融改革创新，优化科技资源与金融资源有效对接机制，围绕创新链和产业链部署资金链，建立覆盖科技创新与产业发展全过程的科技金融综合体系，提高金融在促进重大科技成果转化和产业化等方面的支撑服务作用，营造科技、金融、产业一体化的生态环境。充分发挥财政资金引导作用，组建产业发展基金，大力发展创业投资和风险投资，鼓励发展并购基金，强化对种子期、初创期创业企业的直接融资支持。深化创业板市场改革，健全适合创新型、成长型企业发展的多层次资本市场，鼓励以创新创业的形式进入资本市场融资，支持企业做大做强做优。建立服务科技企业发展的新型金融机构体系，探索新型融资模式试点，开辟科技信贷绿色通道。完善科技融资风险分担和补偿机制，建立科技创新企业信用增进机制，切实完善和优化科技金融发展环境。

（四）加快打造符合科技与产业创新发展的城市空间体系

从科技、产业创新中心建设的内在要求出发，深圳应当树立"精耕深圳拓展优质空间、跳出深圳寻找发展空间、融入区域寻找突破空间、面向世界寻找合作空间"的空间发展理念；从信息网络深度应用的信息经济时代看，深圳应当树立"不求所有、不求所在、只求所用"的广泛使用生产要素的理念；在土地空间的政策支持上，深圳应当建立"顺应产业变化、适时调整优化、有机辐射外溢、更大范围联动"等基本思路，坚持"高效集约、紧凑有序、均衡协同、绿色生态、公平开放"等原则，以创新驱动城市空间重塑，统筹实施产业空间扩容、体质增效计划，以空间提升促进科技产业创新集聚式发展。一是保证创新发展空间，根据科技、产业中心建设发展需要，科学调整城市各类功能用地指标, 结合城市空间布局战略, 发挥各区优势, 打造协同联动、各具特色的创新型产业区域布局格局。二是提升产业综合运营能力。把握园区发展和产业运营升级规律, 增强创业孵化、产业发现、企业培育、资本运作、园区运营等功能的综合能力, 加快建设新一代智慧型、创新型、生态型科技新城和产业新城, 打造一批特色产业集群。三是推动一批产业空间升级改造。探索产城融合的城市空间规划布局, 制定创新友好型城市设计导则, 构建复合功能的创新空间, 营造适宜创新创业的空间载体, 探索园区高质量发展新路径。重点优化产业园区硬条件与软环境, 建设一批精准定位、产城融合、服务完善、产出高效的产业园区。加快推动国家自主创新示范区各片区、战略性新兴产业集聚区和基地、重点区域等区域发展, 进一步提升区域集聚引领能力和辐射带动作用。

参考文献

[1] 深圳市政协文化文史和学习委员会.四大支柱产业的崛起：物流[M].北京：中国文史出版社, 2010.

[2] 深圳市统计局, 国家统计局深圳调查队, 2016年深圳统计年鉴[M].北京：中国统计出版社, 2017.

[3] 深圳市统计局, 2016年深圳市国民经济和社会发展统计公报[EB/OL]. http://www.sztj.gov.cn/xxgk/tjsj/tjgb/201705/t20170502_6199402. htm, 2017-04-28.

[4] 深圳市交通运输委员会, 深圳市发展和改革委员会.深圳市现代物流业发展"十二五"规划[EB/OL]. http://www.sztb.gov.cn/xxgk/ghjh/ fzgh/201112/t20111201_5270755.htm, 2011-12-01.

[5] 深圳市交通运输委员会, 深圳市发展和改革委员会.深圳市现代物流业发展"十三五"规划[EB/OL]. http://www.sztb.gov.cn/xxgk/ghjh/ fzgh/201701/t20170104_5863174.htm, 2017-01-04.

[6] 深圳市交通运输委员会, 深圳市发展和改革委员会, 深圳市规划和国土资源委员会.深圳市综合交通"十三五"规划[EB/OL]. http://www.sztb. gov.cn/xxgk/ghjh/fzgh/201702/t20170217_5981399.htm, 2017-02-19.

[7] 深圳市交通运输委员会. 2016年工作总结及2017年工作计划[EB/OL]. http://www.sztb.gov.cn/xxgk/ghjh/jhzj/201702/t20170222_6004112. htm, 2017-02-22.

[8] 深圳市交通运输委员会. 统计信息[EB/OL]. http://www.sztb.gov.cn/ xxgk/tjxx/, 2012-02-17至2017-02-06.

[9] 深圳市朗华供应链服务有限公司. 朗华供应链管理模式创新[EB/OL]. http://www.chinawuliu.com.cn/xsyj/201611/09/316754.shtml, 2016-11-09.

[10] 蒋三庚, 王晓红. 文化创意产业研究[M]. 北京: 首都经济贸易大学出版社, 2006.

[11] 深圳市政协文化文史和学习委员会编. 深圳四大支柱产业的崛起: 文化[M]. 北京: 中国文史出版社, 2010.

[12] 周晶, 曹麦. 文化创意产业发展对经济增长的贡献研究——以北京为例[J]. 调研世界, 2015 (6).

[13] 张骁儒. 深圳文化发展报告 (2016) [R]. 北京: 社会科学文献出版社, 2016.

[14] 张骁儒. 深圳文化发展报告 (2017) [R]. 北京: 社会科学文献出版社, 2017.

后 记

　　《深圳的国际科技产业创新之路》是《深圳创新发展2020书系》的研究成果之一。由深圳市委政研室原主任乐正同志牵头主编，组织深圳各领域的专家和学者共同撰写而成。本书从2017年5月起开始撰写，历时近半年时间，其间经过了多次讨论和修改。执笔分工如下：

　　第一章：葛洪、莫大喜、廖明中、胡雪涛

　　第二章：葛洪、莫大喜、余红兵、胡雪涛

　　第三章：刘国宏

　　第四章：胡雪涛

　　第五章：周岚

　　第六章：阮萌、汪云兴

　　参与撰写的专家学者们都付出了辛勤的劳动，特此感谢！

本书写作组

2018年9月